150
crônicas escolhidas

150

crônicas escolhidas

RUBEM BRAGA

150

crônicas escolhidas

Seleção e prefácio • André Seffrin

São Paulo
2023

© Espólio Roberto Seljan Braga, 2022

1ª Edição, Global Editora, São Paulo 2023

Jefferson L. Alves – diretor editorial
Gustavo Henrique Tuna – gerente editorial
Flávio Samuel – gerente de produção
Jefferson Campos – assistente de produção
André Seffrin – coordenação editorial
Nair Ferraz – coordenação de revisão
Amanda Meneguete – assistente editorial
Flavia Baggio, Sandra Brazil e Giovana Sobral – revisão
Fabio Augusto Ramos – projeto gráfico e capa
Taís do Lago – diagramação

Dados Internacionais de Catalogação na Publicação (CIP)
(Câmara Brasileira do Livro, SP, Brasil)

Braga, Rubem, 1913-1990
   150 crônicas escolhidas / Rubem Braga ; seleção e prefácio
André Seffrin. – 1. ed. – São Paulo : Global Editora, 2023.

   ISBN 978-65-5612-378-3

   1. Crônicas brasileiras I. Seffrin, André. II. Título.

22-132106   CDD-B869.8

Índices para catálogo sistemático:
1. Crônicas : Literatura brasileira B869.8
Cibele Maria Dias - Bibliotecária - CRB-8/9427

Obra atualizada conforme o
NOVO ACORDO ORTOGRÁFICO DA LÍNGUA PORTUGUESA

Global Editora e Distribuidora Ltda.
Rua Pirapitingui, 111 – Liberdade
CEP 01508-020 – São Paulo – SP
Tel.: (11) 3277-7999
e-mail: global@globaleditora.com.br

 globaleditora.com.br   @globaleditora

 /globaleditora   @globaleditora

 /globaleditora   /globaleditora

blog.grupoeditorialglobal.com.br

 Direitos reservados.
Colabore com a produção científica e cultural.
Proibida a reprodução total ou parcial desta
obra sem a autorização do editor.

Nº de Catálogo: **3726**

SUMÁRIO

Rubem Braga sabia as coisas –
André Seffrin 15

Amor, etc. 21

Divagações sobre o amor 23

Sobre o amor, etc. 25

Uma lembrança 28

Os amantes 31

Encontro 34

Sobre o amor, desamor... 36

O amigo sonâmbulo 38

O pavão 40

O homem e a cidade 41

Não ameis à distância! 43

A moça chamada Pierina 45

O desaparecido 47

Era um sonho feliz 48

A inesquecível Beatriz 50

Aproveite sua paixão 52

Amor em tempo de gripe 54

Encontros, desencontros 57

Lembrança de um braço direito 59

A visita do casal 64

O senhor 66

Do Carmo 68

Mudança 70

A viajante 72

Mangue 74

Um sonho 76

Visão 78

Opala 80

Neide 81

O novo caderno 83

Rita 85

O gesso 86

A corretora de mar 88

Os amigos na praia 89

A moça 91

A primeira mulher do Nunes 92

Viúva na praia 96

A mulher que ia navegar 98

A grande mulher internacional 100

O verdadeiro Guimarães 102

Viver sem Mariana é impossível 104

Bicho e gente **107**

O conde e o passarinho 109

Bruno Lichtenstein 111

História do corrupião 113

Biribuva 122

Histórias de Zig 127

Do temperamento dos canários 132

Quinca Cigano 136

A borboleta amarela 138

O homem dos burros 142

Impotência 144

Lembranças da fazenda 146

Ele se chama Pirapora 148

História triste de tuim 151

O gavião 154

História de pescaria 156

Conversa de compra de passarinho 159

O compadre pobre 161

Os Teixeiras moravam em frente 163

As Teixeiras e o futebol 165

A vingança de uma Teixeira 167

Monos olhando o rio 169

Apareceu um canário 171

Negócio de menino 174

Lembrança de Tenerá 176

Passarinho não se empresta 178

Procura-se fugitivo em Ipanema 181

Olhe ali uma toutinegra! 183

O enxoval da negra Teodora 186

O sr. Alberto, amigo da natureza 191

Política e protesto 193

Cuspir 195

Animais sem proteção 197

Cangaço 199

Londrina 201

O motorista do 8-100 203

A velha 205

O sino de ouro 207

O telefone 209

Manifesto 211

Os perseguidos 213

Cansaço 215

Dalva 217

Homenagem ao sr. Bezerra 219

Um mundo de papel 221

Bilhete a um candidato 224

Clamo e reclamo e fico 226

O chamado Brasil brasileiro 229

Na revolução de 1932 233

"Trivial variado" 238

Plínio e Prestes 240

A traição das elegantes 242

Guerra **245**

Comidas 247

Frente calma 250

A menina Silvana 253

Cristo morto 257

Os alemães em Ca' Berna 260

Aventura em Casablanca 265

Fim da aventura em Casablanca 268

Verdadeiro fim da aventura
em Casablanca 271

Uma certa americana 274

Em Roma, durante a guerra 276

Um combate infeliz 279

Onde nomeio um prefeito 282

Arte, artistas 285

Sobre livros 287

Poetisas 289

O velho Cardoso 291

Carmen 294

Caymmi, compositor 296

Ary Barroso, compositor 297

Duke Ellington 300

Vanja Orico, artista 301

José Pedrosa, escultor 303

Frans Post 307

O "meu" Segall 308

Lembrança de Guignard 310

O milagre da pintura 312

Assim é Goeldi 314

Um brasileiro 316

O pintor 318

Imitação da vida 320

O mundo especial do poeta 322

Odabeb 324

Beethoven 326

O poema que não foi aprovado 328

Dois escritores no quarto andar 331

Nascer no Cairo, ser fêmea de cupim 334

A minha glória literária 336

O mistério da poesia 338

O crime (de plágio) perfeito 340

Antigamente se escrevia assim 342

Por quem os sinos bimbalham 345

O velho 348

Lobato 350

Alvinho 352

Meu professor Bandeira 353

Clarice Lispector, uma contista carioca 355

Gente que morre 357

O doutor Progresso acendeu o cigarro
na Lua 358

Lembrança de Cassiano Ricardo 361

João Caetano não estudou anatomia 363

Os que vieram morrer no outono 365

De como eu acabei (não) trabalhando
no teatro 367

A lua semeava crisântemos 369

Memória **371**

Procura-se 373

Marionetes 375

O inventário 377

As luvas 379

Coisas antigas 381

Os embrulhos do Rio 384

Os sons de antigamente 386

Ainda a memória **389**

Fumando espero aquela... 391

Terraço 398

Origem das crônicas 405

Sobre o autor 409

Sobre o selecionador 411

RUBEM BRAGA SABIA AS COISAS

Como todo autêntico inventor, Rubem Braga sabia fazer arder em nítidas cintilações as melhores gemas, e exemplos não faltam: "O pavão", "Opala", "Rita". Porém não só, porque nem tudo em sua obra cabe em tal formato, digamos, de maquete, ou melhor, de breve poema em prosa. De fato nunca pretendeu construir catedrais como *Os sertões, O tempo e o vento, Grande sertão: veredas* ou outros extensos livros que admirava; enxergava um horizonte próximo, não alimentou qualquer pretensão de ultrapassar a barreira descompromissada da crônica, ao gosto do freguês de jornal ou revista.

Essa sua despretensão, no entanto, camuflava às vezes insuspeitados voos ficcionais, de um criador disfarçado em franjas de um singular contorno épico. Algo que parecia acontecer sem aviso, de modo imperceptível até para ele próprio talvez, no seu habitual ser e cismar ao balanço da rede. Nessas horas, em meio a reportagens ligeiras ou registros comezinhos, de repente na sua oficina se insinuavam narrativas que, apesar da brevidade, nada ficavam a dever ao melhor da literatura em língua portuguesa. Então, às "maquetes" anteriormente citadas, de índole lírica, ele juntava, como que levantados do chão, textos como os da aventura tríplice em Casablanca, e "O enxoval da negra Teodora", "O sino de ouro", "Biribuva", entre numerosos outros, de um desassombrado e puro e grande contador de histórias.

Todavia a crônica mais característica de seu engenho é feita mesmo de pequenos nadas, como os poemas de Manuel Bandeira, e também banhada nas marés montantes do passado, como em Mario Quintana. Esses poetas, como o velho Braga, trabalharam igualmente ao rés do chão, com a mais sólida e áspera sabedoria da simplicidade. No diverso destas tantas crônicas cabem também generosas excursões a ancestralidades remotas e alguns extravios de sereno desespero, nem tanto ao modo de Cecília Meireles, mas com igual fervor. Assim como certa navegação proustiana que ora se furta, ora se expande, como no Drummond de *Boitempo*, no Pedro Nava dos inventários familiares, no Thiers Martins Moreira das moradas da infância.

Apesar daquela retilínea confissão que envolve o poeta de "Pasárgada" ("minha adesão a Bandeira foi imediata e completa"), na crônica "Meu professor Bandeira", e de certa afinação com esses autores modernos, Braga manteve boa distância de influências que interferissem na sua cozinha, nos seus temperos. Como distante ficou das catequeses de Mário de Andrade, quase hegemônicas entre poetas e ficcionistas do período. E aqui não seria errado concluir que ele se abeberou mais das fontes clássicas, das densas heranças brasileira e portuguesa, em frequentações literárias constantes, desde a juventude: leu o seu Camões, o seu Vieira, as suas Escrituras. Contraiu dívida com este ou aquele autor? Creio que não, e a crônica "Nascer no Cairo, ser fêmea de cupim" torna explícita essa sua liberdade. Igual desassombro o fez um dia denunciar um ensaísta, Otto Maria Carpeaux, que não o incluiu na *Pequena bibliografia crítica da literatura brasileira*, o mesmo Carpeaux que logo depois implicou com as *Novelas nada exemplares* de Dalton Trevisan. Ah! os subúrbios de nossa literatura, comumente alimentados por alaridos... ou silêncios comprometedores.

Na seara dos clássicos da língua, bem como dos escritores que contam na literatura viva de um país, como se pode notar, Rubem se fez sozinho. Tornou-se assim um escritor indispensável, desde 1936, com *O conde e o passarinho*, num percurso que não terminou em 1988, com *As boas coisas da vida*, pois se estende num legado ainda desconhecido em sua totalidade. As antologias iniciais, a começar pela de 1936, foram em grande parte motivadas por eventuais apertos financeiros do autor, frequentes em sua vida de puxador de assunto na feira livre da crônica diária. Nas décadas seguintes, ele intensificou a publicação dessas antologias e, em seguida, das antologias de antologias – *50 crônicas*, em 1951, *100 crônicas*, em 1958, e *200 crônicas*, em 1977, todas "escolhidas", numa série que aprimorava as escolhas iniciais, realizadas a partir de seus livros mais conhecidos. E em quase todas essas escolhas, ele contou com a ajuda de amigos como Fernando Sabino, Otto Lara Resende e Paulo Mendes Campos.

De modo geral, esta nova antologia, ajustada em *150 crônicas*, é empresa de colecionador descontente. Isso porque todo antologista tem o ânimo do colecionador, isto é, do eterno insatisfeito. Insatisfeito aqui pela limitação imposta de abarcar apenas pequena parte de um vasto baú de riquezas sem fim. Baú de artífice por demais especial, uma vez que até mesmo em cartas, bilhetes e anotações, ele não descansou, enraizado nesse estilo particularíssimo que o instituiu entre nossos escritores essenciais, como o são Machado de Assis, Cecília Meireles, Guimarães Rosa ou Clarice Lispector. Entre todos, o único a erguer imenso patrimônio por meio do exclusivo e miúdo espaço da crônica de jornal, ancorado em falta de assunto ou no puxa-puxa de quem toma gosto ou desgosto pelo assunto, de quem sabia as coisas nessa vereda que é sua e apenas sua por direito de conquista.

No entanto, aqui temos centena e meia de crônicas, desta vez em blocos temáticos não estanques, em que atuam misturados o poeta lírico, o contador de histórias e o jornalista engajado, combativo, de franca oposição ao *status quo*. Mistura em que cabe ainda o memorialista intermitente, despertado por eventuais visões de objetos ou paisagens – ora em relevo elegíaco, ora repassado de ironia, como naquela crônica em que relembra um tormento: o intragável vício do cigarro. Na glória ou na miséria do trato humano, eis novamente o clássico cronista, árdego e íntegro no seu ruminar.

André Seffrin

150

crônicas escolhidas

Amor, etc.

DIVAGAÇÕES

...MOR

...atar, tantas vezes idade de morrer, só ou
...a esse crime tão triste havido agora no Rio é
...ara de refletir sobre essas coisas. Refletir não é a
...caso; deve ser divagar. São coisas a um tempo graves
...o embora fundamento deste nosso mundo, nele sempre
...estranhas.

Não evitaremos a pergunta que está no começo dessa história e de mil outras, versando sobre o que seja o amor. Que é o amor? Sorrireis. Sois práticos. Usais e sentis o amor como o homem que tem em casa luz, telefone, ventilador, geladeira e jamais se pergunta o que é a eletricidade. E quando se pergunta isso, logo lhe ocorre que é alguma coisa que vem pelo fio e pela qual se tem de pagar mensalmente a um polvo canadense qualquer. E que pode dar choque, e até matar, mas usualmente acende lâmpadas e esquenta ferro.

Sois práticos; e tendo pago a conta da Light, vos julgais quites com a eletricidade em geral, e seus mistérios mais fundos. Assim pagamos todos a conta do amor e dele usamos a luz e a força: e considerando que a vida é curta, acho que fazemos bem não indagando muita coisa.

Amor é, como a eletricidade, um fluido. Ficamos muito satisfeitos ao dizer isso, o que é um meio de não dizer nada. Seria infame se fôssemos parecer engenhosos usando palavras elétricas para os sentimentos, falando de voltagem, frequência, acumuladores...

O que há de horrível no amor é que muitas vezes depois que ele acaba dá a impressão de que não devia ter começado e, pior ainda, de que não houve. "Não era amor" – declara o ex-apaixonado, com toda a sinceridade. Tempos atrás se alguém lhe dissesse isso ele se lançaria ao chão e invocaria as estrelas, premindo as mãos contra o peito, e dizendo que se aquilo não era amor não havia amor neste mundo.

"Eu a achava interessante e ela era mesmo bonitinha, mas..." – diz outro de alguém a quem achava precisamente (sem fazer por menos) divina, tipo "eu vi nesta mulher uma perfeita Vênus" ou "nunca houve uma mulher como a do coletor".

Ora, podemos chamar a isso cinism... nada. Outros preferem dar nome de amo... vamos supor, o mesmo tempo necessário pa... de um comerciário em nossa legislação trabalhis... Romeu e Julieta não se amavam e Paolo e Francesc... amar no inferno, o que não está direito.

Não divaguemos mais. Sim, confesso que tenho algum... desde muito tempo ando pensando. Mas ainda não estão ac... pensar e agora, a esta altura da minha vida, já é tarde para "colher mã... como dizem os romancistas amantes da realidade. Há sobretudo dois... três materiais que gostaria imenso de colher para examinar, mas se trata... precisamente de pessoas incapazes de fazer um sacrifício no interesse do desenvolvimento da psicologia científica e, ao invés, se deixam colher de boa mente por rapagões bem-nadantes e bem-dançantes, verdadeiros idiotas, que a cólera de Deus os fulmine ou, pelo menos, os entorte com doenças cruéis. Ah, quão pouco vale hoje em dia a beleza da alma!

E, dando tal suspiro, me fecho em copas.

Novembro, 1946

SOBRE O AMOR, ETC.

Dizem que o mundo está cada dia menor.

É tão perto do Rio a Paris! Assim é na verdade, mas acontece que raramente vamos sequer a Niterói. E alguma coisa, talvez a idade, alonga nossas distâncias sentimentais.

Na verdade há amigos espalhados pelo mundo. Antigamente era fácil pensar que a vida era algo de muito móvel, e oferecia uma perspectiva infinita e nos sentíamos contentes achando que um belo dia estaríamos todos reunidos em volta de uma farta mesa e nos abraçaríamos e muitos se poriam a cantar e a beber e então tudo seria bom. Agora começamos a aprender o que há de irremissível nas separações. Agora sabemos que jamais voltaremos a estar juntos; pois quando estivermos juntos perceberemos que já somos outros e estamos separados pelo tempo perdido na distância. Cada um de nós terá incorporado a si mesmo o tempo da ausência. Poderemos falar, falar, para nos correspondermos por cima dessa muralha dupla; mas não estaremos juntos; seremos duas outras pessoas, talvez por este motivo, melancólicas; talvez nem isso.

Chamem de louco e tolo ao apaixonado que sente ciúmes quando ouve sua amada dizer que na véspera de tarde o céu estava uma coisa lindíssima, com mil pequenas nuvens de leve púrpura sobre um azul de sonho. Se ela diz "nunca vi um céu tão bonito assim" estará dando, certamente, sua impressão de momento; há centenas de céus extraordinários e esquecemos da maneira mais torpe os mais fantásticos crepúsculos que nos emocionaram. Ele porém, na véspera, estava dentro de uma sala qualquer e não viu céu nenhum. Se acaso tivesse chegado à janela e visto, agora seria feliz em saber que em outro ponto da cidade ela também vira. Mas isso não aconteceu, e ele tem ciúmes. Cita outros crepúsculos e mal esconde sua mágoa daquele. Sente que sua amada foi infiel; ela incorporou a si mesma alguma coisa nova que ele não viveu. Será um louco apenas na medida em que o amor é loucura.

Mas terá toda razão, essa feroz razão furiosamente lógica do amor. Nossa amada deve estar conosco solidária perante a nuvem. Por isso indagamos com tão minucioso fervor sobre a semana de ausência.

...e aqueles sete dias de distância são sete inimigos: queremos ...os até o fundo, para destruí-los.

Não nego razão aos que dizem que cada um deve respirar um pouco, e fazer sua pequena fuga, ainda que seja apenas ler um romance diferente ou ver um filme que o outro amado não verá. Têm razão; mas não têm paixão. São espertos porque assim procuram adaptar o amor à vida de cada um, e fazê-lo sadio, confortável e melhor, mais prazenteiro e liberal. Para resumir: querem (muito avisadamente, é certo) suprimir o amor.

Isso é bom. Também suprimimos a amizade. É horrível levar as coisas a fundo: a vida é de sua própria natureza leviana e tonta. O amigo que procura manter suas amizades distantes e manda longas cartas sentimentais tem sempre um ar de náufrago fazendo um apelo. Naufragamos a todo instante no mar bobo do tempo e do espaço, entre as ondas de coisas e sentimentos de todo dia. Sentimos perfeitamente isso quando a saudade da amada nos corrói, pois então sentimos que nosso gesto mais simples encerra uma traição. A bela criança que vemos correr ao sol não nos dá um prazer puro; a criança devia correr ao sol, mas Joana devia estar aqui para vê-la, ao nosso lado. Bem; mais tarde contaremos a Joana que fazia sol e vimos uma criança tão engraçada e linda que corria entre os canteiros querendo pegar uma borboleta com a mão. Mas não estaremos incorporando a criança à vida de Joana; estaremos apenas lhe entregando morto o corpinho do traidor, para que Joana nos perdoe.

Assim somos na paixão do amor, absurdos e tristes. Por isso nos sentimos tão felizes e livres quando deixamos de amar. Que maravilha, que liberdade sadia em poder viver a vida por nossa conta! Só quem amou muito pode sentir essa doce felicidade gratuita que faz de cada sensação nova um prazer pessoal e virgem do qual não devemos dar contas a ninguém que more no fundo de nosso peito. Sentimo-nos fortes, sólidos e tranquilos. Até que começamos a desconfiar de que estamos sozinhos e ao abandono trancados do lado de fora da vida.

Assim o amigo que volta de longe vem rico de muitas coisas e sua conversa é prodigiosa de riqueza; nós também despejamos nosso saco de emoções e novidades; mas para um sentir a mão do outro precisam se agarrar ambos a qualquer velha besteira: você se lembra daquela tarde em que tomamos cachaça num café que tinha naquela rua e estava lá

uma loura que dizia etc., *etc*. Então já não se trata mais de an.
porém de necrológio.

Sentimos perfeitamente que estamos falando de dois outros sujeitos, que por sinal já faleceram – e eram *nós*. No amor isso é mais pungente. De onde concluireis comigo que o melhor é não amar; porém aqui, para dar fim a tanta amarga tolice, aqui e ora *vos* direi a frase antiga: que melhor é não viver. No que não convém pensar muito, pois a vida é curta e, enquanto pensamos, ela se vai, e finda.

Maio, 1948

LEMBRANÇA

Foi em sonho que revi a longamente amada; sentada numa velha canoa, na praia, ela me sorria com afeto. Com sincero afeto – pois foi assim que ela me dedicou aquela fotografia com sua letra suave de ginasiana.

Lembro-me do dia em que fui perto de sua casa apanhar o retrato, que me prometera na véspera. Esperei-a junto a uma árvore; chovia uma chuva fina. Lembro-me de que tinha uma saia escura e uma blusa de cor viva, talvez amarela; que estava sem meias. Os leves pelos de suas pernas lindas queimados pelo sol de todo o dia na praia estavam arrepiados de frio. Senti isso mais do que vi, e, entretanto, esta é a minha impressão mais forte de sua presença de quatorze anos: as pernas nuas naquele dia de chuva, quando a grande amendoeira deixava cair na areia grossa pingos muito grandes. Falou muito perto de mim, e perguntei se tomara café; seu hálito cheirava a café. Riu, e disse que sim, com broas. Broas quentinhas, eu queria uma? Saiu correndo, deu a volta à casa, entrou pelos fundos, voltou depois (tinha dois ou três pingos de água na testa) com duas broas ainda quentes na mão. Tirou do seio a fotografia e me entregou.

Dei uma volta pela praia e pelas pedras para ir para casa. Lembro-me do frio vento sul, e do mar muito limpo, da água transparente, em maré baixa. Duas ou três vezes tirei do bolso a fotografia, protegendo-a com as mãos para que não se molhasse, e olhei. Não estava, como neste sonho de agora, sentada em uma canoa, e não me lembro como estava, mas era na praia e havia uma canoa. "Com sincero afeto..." Comi uma broa devagar, com uma espécie de unção.

Foi isso. Ninguém pode imaginar por que sonha as coisas, mas essa broa quente que recebi de sua mão vinte anos atrás me lembra alguma coisa que comi ontem em casa de minha irmã. Almoçamos os dois, conversamos coisas banais da vida da cidade grande em que vivemos. Mas na hora da sobremesa a empregada trouxe melado. Melado da roça, numa garrafa tampada com um pedaço de sabugo de milho – e veio também um prato de aipim quente, de onde saía fumaça. O gosto desse melado com aipim era um gosto de infância. Lembra-me a mão longa de uma jovem empregada preta de minha casa: lembro-me quando era criança, ela me servia talvez aipim, então pela primeira vez eu reparei em sua mão, e como era muito mais clara na palma do que no dorso; tinha os dedos pálidos e finos, como se fosse uma princesa negra.

Foi no tempo da descoberta da beleza das coisas: a paisagem vista de cima do morro, uma pequena caixa de madeira escura, o grande tacho de cobre areado, o canário-belga, uma comprida canoa de rio de um só tronco, tão simples, escura, as areias do córrego sob a água clara, pequenas pedras polidas pela água, a noite cheia de estrelas... Uma descoberta múltipla que depois se ligou tudo a essa moça de um moreno suave, minha companheira de praia.

Foi em sonho que revi a longamente amada; entretanto, não era a mesma; seu sorriso e sua beleza que me entontecia haviam vagamente incorporado, atravessando as camadas do tempo, outras doçuras, um nascimento dos cabelos acima da orelha onde passei meus dedos, a nuca suave, com o mistério e o sossego das moitas antigas, os braços belos e serenos. Gostaria de descansar minha cabeça em seus joelhos, ter nas mãos o músculo meigo das panturrilhas. E devia ser de tarde, e galinhas cacarejando lá fora, a voz muito longe de alguma mulher chamando alguma criança para o café...

Tudo o que envolve a amada nela se mistura e vive, a amada é um tecido de sensações e fantasias e se tanto a tocamos, e prendemos e beijamos é como querendo sentir toda sua substância que, entretanto, ela absorveu e irradiou para outras coisas, o vestido ruivo, o azul e branco, aqueles sapatos leves e antigos de que temos saudade; e quando está junto a nós imóvel sentimos saudade de seu jeito de andar; quando anda, a queremos de pé, diante do espelho, os dois belos braços erguidos para a nuca, ajeitando os cabelos, cantarolando alguma coisa, antes de partir, de nos deixar sem desejo mas com tanta lembrança de ternura ecoando em todo o corpo.

Foi em sonho que revi a longamente amada. Havia praia, uma lembrança de chuva na praia, outras lembranças: água em gotas redondas correndo sobre a folha da taioba ou inhame, pingos d'água na sua pele de um moreno suave, o gosto de sua pele beijada devagar... Ou não será gosto, talvez a sensação que dá em nossa boca tão diferente uma pele de outra, esta mais seca e mais quente, aquela mais úmida e mansa. Mas de repente é apenas essa ginasiana de pernas ágeis que vem nos trazer o retrato com sua dedicatória de sincero afeto; essa que ficou para sempre impossível sem, entretanto, nos magoar, sombra suave entre morros e praia longe.

Janeiro, 1949

OS AMANTES

Nos dois primeiros dias, sempre que o telefone tocava, um de nós dois esboçava um movimento, um gesto de quem vai atender. Mas o gesto era cortado no ar. Ficávamos imóveis, ouvindo a campainha bater, silenciar, bater outra vez. Havia um certo susto, como se aquele trinado repetido fosse uma acusação, um gesto agudo nos apontando. Era preciso que ficássemos imóveis, talvez respirando com mais cuidado, até que o aparelho silenciasse.

Então tínhamos um suspiro de alívio. Havíamos vencido mais uma vez os nossos inimigos. Nossos inimigos eram toda a população da cidade imensa, que transitava lá fora nos veículos dos quais nos chegava apenas um estrondo distante de bondes, a sinfonia abafada das buzinas, às vezes o ruído do elevador. Sabíamos quando alguém parava o elevador em nosso andar; tínhamos o ouvido apurado, pressentíamos os passos na escada antes que eles se aproximassem. A sala da frente estava sempre de luz apagada. Sentíamos, lá fora, o emissário do inimigo. Esperávamos, quietos. Um segundo, dois – e a campainha da porta batia, alto, rascante. Ali, a dois metros, atrás da porta escura, estava respirando e esperando um inimigo. Se abríssemos, ele – fosse quem fosse – nos lançaria um olhar, diria alguma coisa – e então o nosso mundo estaria invadido.

No segundo dia ainda hesitamos; mas resolvemos deixar que o pão e o leite ficassem lá fora; o jornal era remetido por baixo da porta, mas nenhum de nós o recolhia. Nossas provisões eram pequenas; no terceiro dia já tomávamos café sem açúcar, no quarto a despensa estava praticamente vazia. No apartamento mal iluminado, íamos emagrecendo de felicidade, devíamos estar ficando pálidos, e às vezes unidos, olhos nos olhos, nos perguntávamos se tudo não era um sonho; o relógio parara, havia apenas aquela tênue claridade que vinha das janelas sempre fechadas; mais tarde essa luz do dia distante, do dia dos outros, ia se perdendo, e então era apenas uma pequena lâmpada no chão que projetava nossas sombras nas paredes do quarto e vagamente escoava pelo corredor, lançava ainda uma penumbra confusa na sala, onde não íamos jamais.

Pouco falávamos: se o inimigo estivesse escutando às nossas portas, mal ouviria vagos murmúrios; e a nossa felicidade imensa era ponteada de alegrias menores e inocentes, a água forte e grossa do chuveiro, a fartura festiva de toalhas limpas, de lençóis de linho.

O mundo ia pouco a pouco desistindo de nós; o telefone batia menos e a campainha da porta quase nunca. Ah, nós tínhamos vindo de muito e muito amargor, muita hesitação, longa tortura e remorso; agora a vida era nós dois, e o milagre se repetia tão quieto e perfeito como se fosse ser assim eternamente.

Sabíamos estar condenados; os inimigos, os outros, o resto da população do mundo nos esperava para lançar seus olhares, dizer suas coisas, ferir com sua maldade ou sua tristeza o nosso mundo, nosso pequeno mundo que ainda podíamos defender um dia ou dois, nosso mundo trêmulo de felicidade, sonâmbulo, irreal, fechado, e tão louco e tão bobo e tão bom como nunca mais, nunca mais haverá.

*

No oitavo dia sentimos que tudo conspirava contra nós. Que importa a uma grande cidade que haja um apartamento fechado em alguns de seus milhares de edifícios; que importa que lá dentro não haja ninguém, ou que um homem e uma mulher ali estejam, pálidos, se movendo na penumbra como dentro de um sonho?

Entretanto, a cidade, que durante uns dois ou três dias parecia nos haver esquecido, voltava subitamente a atacar. O telefone tocava, batia dez, quinze vezes, calava-se alguns minutos, voltava a chamar; e assim três, quatro vezes sucessivas.

Alguém vinha e apertava a campainha; esperava; apertava outra vez; experimentava a maçaneta da porta; batia com os nós dos dedos, cada vez mais forte, como se tivesse certeza de que havia alguém lá dentro. Ficávamos quietos, abraçados, até que o desconhecido se afastasse, voltasse para a rua, para a sua vida, nos deixasse em nossa felicidade que fluía num encantamento constante.

Eu sentia dentro de mim, doce, essa espécie de saturação boa, como um veneno que tonteia, como se meus cabelos já tivessem o cheiro de seus cabelos, se o cheiro de sua pele tivesse entrado na minha.

Nossos corpos tinham chegado a um entendimento que era além do amor, eles tendiam a se parecer no mesmo repetido jogo lânguido, e uma vez que, sentado de frente para a janela, por onde se filtrava um eco pálido de luz, eu a contemplava tão pura e nua, ela disse: "meu Deus, seus olhos estão esverdeando".

Nossas palavras baixas eram murmuradas pela mesma voz, nossos gestos eram parecidos e integrados, como se o amor fosse um longo ensaio para que um movimento chamasse outro; inconscientemente compúnhamos esse jogo de um ritmo imperceptível como um lento, lento bailado.

Mas naquela manhã ela se sentiu tonta, e senti também minha fraqueza; resolvi sair, era preciso dar uma escapada para obter víveres; vesti-me lentamente, calcei os sapatos como quem faz algo de estranho; que horas seriam?

Quando cheguei à rua e olhei, com um vago temor, um sol extraordinariamente claro me bateu nos olhos, na cara, desceu pela minha roupa, senti vagamente que aquecia meus sapatos. Fiquei um instante parado, encostado à parede, olhando aquele movimento sem sentido, aquelas pessoas e veículos irreais que se cruzavam; tive uma tonteira, e uma sensação dolorosa no estômago.

Havia um grande caminhão vendendo uvas, pequenas uvas escuras; comprei cinco quilos, o homem fez um grande embrulho de jornal; voltei, carregando aquele embrulho de encontro ao peito, como se fosse a minha salvação.

E levei dois, três minutos, na sala de janelas absurdamente abertas, diante de um desconhecido, para compreender que o milagre se acabara; alguém viera e batera à porta, e ela abrira pensando que fosse eu, e então já havia também o carteiro querendo recibo de uma carta registrada e, quando o telefone bateu foi preciso atender, e nosso mundo foi invadido, atravessado, desfeito, perdido para sempre – senti que ela me disse isso num instante, num olhar entretanto lento (achei seus olhos muito claros, há muito tempo não os via assim, em plena luz), um olhar de apelo e de tristeza, onde, entretanto, ainda havia uma inútil, resignada esperança.

Rio, julho de 1952

ENCONTRO

Com atenção não seria difícil descobrir pequenas mudanças: os cabelos mais claros, e entretanto com menos luz e vida; a boca pintada com um desenho diferente, e o batom mais escuro. Impossível negar uma tênue, fina ruga – quase estimável. Mas naquele instante, diante da antiga amada que não via há muito tempo, não eram essas pequenas coisas que intrigavam o seu olhar afetuoso e melancólico. Havia certa mudança imponderável, e difícil de localizar – a voz ou o jeito de falar, o tom ao mesmo tempo mais desembaraçado e mais sereno?

E mesmo no talhe do corpo (o pequeno cinto vermelho era, pensou ele, uma inabilidade: aumentava-lhe a cintura), na relação entre o corpo e os membros, havia uma sutil mudança.

Sim, ela estava mais elegante, mais precisa em seu desenho, mas perdera alguma indizível graça elástica do tempo em que não precisava fazer regime para emagrecer e era menos consciente de seu próprio corpo, como que o abandonava com certa moleza, distraída das próprias linhas e dos gestos cuja beleza imprevista ele fora descobrindo devagar, com uma longa delícia.

Por um instante, enquanto conversava com outras pessoas presentes assuntos sem importância, ele tentou imaginar que impressão teria agora se a visse pela primeira vez, se aquela imagem não estivesse, dentro de seus olhos e de sua alma, fundida a tantas outras imagens dela mesma perdidas no espaço e no tempo. Não tinha dúvida de que a acharia muito bonita, pois ela continuava bela, talvez mais bem-vestida; não tinha dúvida mesmo de que, como da primeira vez que a vira, receberia sua beleza como um choque, uma bênção e um leve pânico, tanto a sua radiosa formosura dá uma vida e um sentido novo a qualquer ambiente, traz essa vibração especial que só certas mulheres realmente belas produzem. Mas de algum modo esse deslumbramento seria diferente do antigo – como se ela estivesse mais pessoa, com mais graça e finura de mulher, menos graça e abandono de animal jovem.

O grupo moveu-se para tomar lugar em uma mesa no fundo do bar. Ele andou a seu lado um instante (como tinham andado lado a lado!) mas não quis sentar, recusou o convite gentil, sentia-se quase um estranho naquela roda. Despediu-se. E quando estendeu a mão àquela que tanto amara, e recebeu, como antigamente, seu olhar claro e amigo, quase carinhoso, sentiu uma coisa boa dentro de si, uma certeza de que nem tudo se perde na confusão da vida e que uma vaga mas imperecível ternura é o prêmio dos que muito souberam amar.

Julho, 1953

SOBRE O AMOR, DESAMOR...

Chega a notícia de que um casal de estrangeiros, nosso amigo, está se separando. Mais um! É tanta separação que um conhecido meu, que foi outro dia a um casamento grã-fino, me disse que, na hora de cumprimentar a noiva, teve a vontade idiota de lhe desejar felicidades "pelo seu primeiro casamento".

E essas notícias de separação muito antes de sair nos jornais correm com uma velocidade espantosa. Alguém nos conta sob segredo de morte, e em três ou quatro dias percebemos que toda a cidade já sabe – e ninguém morre por causa disso.

Uns acham graça em um detalhe ou outro. Mas o que fica, no fim, é um ressaibo amargo – a ideia das aflições e melancolias desses casos.

*

Ah, os casais de antigamente! Como eram plácidos e sábios e felizes e serenos...

(Principalmente vistos de longe. E as angústias e renúncias, e as longas humilhações caladas? Conheci um casal de velhos bem velhinhos, que era doce ver – os dois sempre juntos, quietos, delicados. Ele a desprezava. Ela o odiava.)

*

Sim, direis, mas há os casos lindos de amor para toda a vida, a paixão que vira ternura e amizade. Acaso não acreditais nisso, detestável Braga, pessimista barato?

E eu vos direi que sim. Já me contaram, já vi. É bonito. Apenas não entendo bem por que sempre falamos de um caso assim com uma ponta de pena. ("Eles são tão unidos, coitados.") De qualquer modo, é mesmo muito bonito; consola ver. Mas, como certos quadros, a gente deve olhar de uma certa distância.

*

"Eles se separaram" pode ser uma frase triste, e às vezes nem isso. "Estão se separando" é que é triste mesmo.

*

"Adultério" devia ser considerado palavra feia, já não digo pelo que exprime, mas porque é uma palavra feia. "Concubina" também. "Concubinagem" devia ser simplesmente riscada do dicionário; é horrível. Mas do lado legal está a pior palavra: "cônjuge". No dia em que uma mulher descobre que o homem, pelo simples fato de ser seu marido, é seu "cônjuge", coitado dele.

*

Mas no meio de tudo isso, fora disso, através disso, apesar disso tudo – há o amor. Ele é como a lua, resiste a todos os sonetos e abençoa todos os pântanos.

Rio, setembro, 1957

O AMIGO SONÂMBULO

Na semana passada chegou a Primavera; na semana que vem são as eleições, e no futebol já teve início o returno; eia, pois, ergue-te, cronista, e cumpre o teu dever.

Mas o cronista sonha; nem as açucenas primaveris nem a cívica peleja nem o clamor do Maracanã o despertam; será morfina, será maconha, será amor?

Será amor? Talvez apenas um vago sonho de amor. Ele sorri; alguém lhe falou da bem-amada de um amigo, a que se vestia de rendas negras e tinha ao ombro uma rosa-chá; sorri como quem manda em silêncio um recado: sede felizes. Para si mesmo ele não pretende isto; nem pensa.

Ama? *Animula vagula, blandula* essa que ama, sonâmbulo. Muito antigamente já terá sido mulher, e amor. Mas ficou tão longe, se fez tão longe, que é uma sombra junto a si, pairando... Amiga? Ele se humilha. A amiga é feito a crase, no tempo em que Ferreira Gullar era poeta e, no lugar de dizer ema lema eva leve leva leme, dizia: "a crase não foi feita para humilhar ninguém", e ouvia o galo cantar, e sabia onde; agora ninguém sabe mais. Talvez saibam, não digam.

Importa pouco. Os galos cantam em direção do oriente; dê sua direita ao amor, fique de frente para o passado, terá o remorso à esquerda e a sombra da morte às suas costas. A boa sombra; a que virá crescendo devagar, e então você não sonhará, não desejará sequer beijar o pé da amada, não se angustiará, não será mais.

Esta é, na verdade, a grande consolação. Mas entrementes ainda estamos vivos, todos nós, mesmo ele, o sonâmbulo; e na vida há sol, há ventos, rios correndo, ondas a estourar nas pedras. Isso não desperta o sonâmbulo, mas o agita. Está dopado de amor.

Como lhe devolver a dignidade? A ele, que já teve gestos ásperos; e ia calado; ia; topava; era duro, viril. Amar não é viril. Isto é, amar assim, sem esperança de ser amado, amor de menino burro ou doente. O sentimento que ele tem de estar sobrando na vida, de ninguém precisar dele; vaga estima, tolerância amiga. Viajou. "Ah, viajou? Mas escute, você já viu esse filme do Metro?" Ou: "falar nisso, e aquele amigo dele que esteve na Rússia, como é que se chama?" Enfim, qualquer frase serve de necrológio ao desamado ausente.

Certo, Manuel Bandeira fala de uma "limpa solidão", ou alguém disse isso dele. Não creio. Solidão limpa só com vassoura e aspirador permanente: a solidão do homem é cheia de detritos, lembranças, pequenos fantasmas que são como objetos inúteis, quebrados, em um porão, nomes riscados em um caderno de telefones, teias de antigas aranhas. Mas por que lamentar o sonâmbulo? Ele sorri. Neste momento, ao menos está feliz. Seus dedos movem-se, como se acariciassem os cabelos da amada, a esquiva nuca. Murmura: vem... Isso, entretanto, nos corta o coração. Podíamos prendê-lo em um banho turco para suar suas melancolias, mandar-lhe um jato de água fria, atacá-lo para que reaja, despertá-lo com gargalhadas para que acorde banhado em ridículo e chore, leve um tapa na cara, tome dexamyl spansule, morda pimenta-malagueta, viva! Ou apelaremos para a psicanálise, o hipnotismo, a lavagem de cérebro, a propaganda subliminar durante o banho de mar?

Na verdade, temos outras coisas a fazer e desistimos tacitamente de jamais recuperar o sonâmbulo; vamos disfarçando, disfarçando até que um dia ele morra e então diremos sem muita hipocrisia: coitado.

Rio, outubro, 1958

O PAVÃO

Eu considerei a glória de um pavão ostentando o esplendor de suas cores; é um luxo imperial. Mas andei lendo livros, e descobri que aquelas cores todas não existem na pena do pavão. Não há pigmentos. O que há são minúsculas bolhas d'água em que a luz se fragmenta, como em um prisma. O pavão é um arco-íris de plumas.

Eu considerei que este é o luxo do grande artista, atingir o máximo de matizes com o mínimo de elementos. De água e luz ele faz seu esplendor; seu grande mistério é a simplicidade.

Considerei, por fim, que assim é o amor, oh! minha amada; de tudo que ele suscita e esplende e estremece e delira em mim existem apenas meus olhos recebendo a luz de teu olhar. Ele me cobre de glórias e me faz magnífico.

Rio, novembro, 1958

O HOMEM E A CIDADE

Agora, que não preciso mais ir à cidade todo dia, descubro um prazer novo em andar por essas velhas ruas do centro onde tanto vaguei outrora.

E pego um estranho dia de verão: há um alto nevoeiro aéreo sob o céu azul, mas o vento espanta alegremente as nuvens esgotadas de chover; o ar é fino, a luz é clara, a manhã é assanhada, com uma alegria de convalescente que pela primeira vez, depois de longa doença, sai a passear entre as árvores, o mar e as montanhas azuis.

Parece que estamos em maio ou setembro, num desses dias cambiantes e leves em que as folhas têm um brilho mais feliz. E sinto prazer em andar pela calçada larga da rua do Passeio, em espiar as grandes vitrinas coloridas de presentes de Natal. (Não quero comprar nada, não preciso ganhar mais nada, não é verdade que recebi na minha porta a graça juvenil de uma rosa amarela?)

A calçada está cheia de gente, e é doce a gente se deixar ir andando à toa. Na rua Senador Dantas vejo livros, camisas, aparelhos elétricos, discos, fuzis submarinos, gravatas; e os cartazes dizem que tudo é muito barato e fácil de comprar, os cartazes me fazem ofertas especiais para levar agora e só começar a pagar em fevereiro... Muito obrigado, muito obrigado, mas não preciso de nada. Entretanto, gosto de ver essa fartura de coisas: fico parado numa porta de mercearia contemplando reluzentes goiabadas e frascos de vinho, bebidas e gulodices de toda a espécie que vieram de terras longes se oferecerem a mim.

Mas de repente houve alguma coisa – a visão de um muro, o som de uma vitrola distante, algum rosto no meio da multidão? – alguma coisa que me devolveu ao meu ser antigo. Sou um rapaz magro nesta mesma rua, sou o verdadeiro estudante de 1929 e talvez cruze numa esquina, sem conhecê-la ainda, aquela que há de ser a minha amada, e tire do bolso a minha carteirinha da faculdade para ter direito ao abatimento no cinema. Mas logo, por um instante, sou o homem dramático e silencioso de 1938, e caminho carregado de angústia por essa calçada que, entretanto, é a mesma de hoje – há o vento palpitando nos vestidos coloridos de mulheres finas que sorriem com dentes muito brancos entre os lábios úmidos. E vou andando, tomo um café, sinto uma grande ternura pela cidade grande onde outrora te amei tanto, tanto, oh! para sempre perdida Lenora.

Lenora... E me dá uma humildade entre o povo, completo o dinheiro da entrada de um menino que quer ir ao cinema, espero um bonde, ajudo uma senhora gorda a subir com seu embrulho, ela agradece e sorri, é cinquentona e pobre, mas seu sorriso é bom, ela e eu somos cidadãos da mesma cidade e antes de saltar ela me desejará boas-entradas. Vem o condutor, tem cara de alemão e é gordo, mas ágil e paciente, todos pagam sua passagem na boa ordem civil e cordial. Um homem conduz uma gaiola dentro do bonde, todos querem ver o passarinho – é um pintassilgo, diz ele.

Quieto, vou repetindo sem voz, para mim mesmo, teu nome, Lenora – perdida, para sempre perdida, mas tão viva, tão linda, batendo os saltos na calçada, andando de cabelos ao vento dentro de minha cidade e de minha saudade, Lenora.

Rio, janeiro, 1960

NÃO AMEIS À DISTÂNCIA!

Em uma cidade há um milhão e meio de pessoas, em outra há outros milhões; e as cidades são tão longe uma da outra que nesta é verão quando naquela é inverno. Em cada uma dessas cidades há uma pessoa; e essas pessoas tão distantes acaso pensareis que podem cultivar em segredo, como plantinha de estufa, um amor à distância?

Andam em ruas tão diferentes e passam o dia falando línguas diversas; cada uma tem em torno de si uma presença constante e inumerável de olhos, vozes, notícias. Não se telefonam mais; é tão caro e demorado e tão ruim e além disso, que se diriam? Escrevem-se. Mas uma carta leva dias para chegar; ainda que venha vibrando, cálida, cheia de sentimento, quem sabe se no momento em que é lida já não poderia ter sido escrita? A carta não diz o que a outra pessoa está sentindo, diz o que sentiu na semana passada... e as semanas passam de maneira assustadora, os domingos se precipitam mal começam as noites de sábado, as segundas retornam com veemência gritando – "outra semana!", e as quartas já têm um gosto de sexta, e o abril de de-já-hoje é mudado em agosto...

Sim, há uma frase na carta cheia de calor, cheia de luz; mas a vida presente é traiçoeira e os astrônomos não dizem que muita vez ficamos como patetas a ver uma linda estrela jurando pela sua existência – e no entanto há séculos ela se apagou na escuridão do caos, sua luz é que custou a fazer a viagem? Direis que não importa a estrela em si mesma, e sim a luz que ela nos manda; e eu vos direi: amai para entendê-las!

Ao que ama o que lhe importa não é a luz nem o som, é a própria pessoa amada mesma, o seu vero cabelo, e o vero pelo, o osso de seu joelho, sua terna e úmida presença carnal, o imediato calor; é o de hoje, o agora, o aqui – e isso não há.

Então a outra pessoa vira retratinho no bolso, borboleta perdida no ar, brisa que a testa recebe na esquina, tudo o que for eco, sombra, imagem, um pequeno fantasma, e nada mais. E a vida de todo dia vai gastando insensivelmente a outra pessoa, hoje lhe tira um modesto fio de cabelo, amanhã apenas passa a unha de leve fazendo um traço branco na sua coxa queimada pelo sol, de súbito a outra pessoa entra em *fading* um sábado inteiro, está-se gastando, perdendo seu poder emissor à distância.

Cuidai amar uma pessoa, e ao fim vosso amor é um maço de cartas e fotografias no fundo de uma gaveta que se abre cada vez menos... Não ameis à distância, não ameis, não ameis!

Setembro, 1955

A MOÇA CHAMADA PIERINA

"Pierina existiu mesmo?"

Uma leitora de S. Paulo me faz essa pergunta; e eu lhe digo que se trata de uma pergunta comovente – e comprometedora. Comprometedora para a idade de quem a faz: não pode ser uma senhora muito moça quem revela ter conhecido uma pessoa que existiu há tanto tempo – e de quem, depois, ninguém mais se lembrou, nem falou. Comovente para mim, que alguém se lembre de Pierina.

Foi lá por 1934. Cheguei a São Paulo, onde não conhecia ninguém, e comecei a fazer uma crônica no *Diário de S. Paulo*. Volta e meia eu citava ali uma certa Pierina, jovem amada minha. Às vezes, quando eu dava minha opinião sobre alguma coisa, dava também a de Pierina, em geral diversa e surpreendente. Creio que jamais lhe descrevi o tipo, embora fizesse às vezes alusão a seus cabelos, sua boca, sua cintura, etc. Não cheguei assim, nem era minha intenção, a criar uma personagem; Pierina aparecia uma vez ou outra em uma crônica para animá-la e dar-lhe graça. Sentia-se apenas que era muito jovem, filha de pai italiano bigodudo e mãe gorda e severa.

Sim, amável leitora, Pierina existiu. Chamava-se Pierina mesmo, pois escreveu esse nome em grandes letras, que me mostrou de sua janela de sobrado para a minha janela em um terceiro ou quarto andar de um hotelzinho que havia ali perto da ladeira da Memória. Sua família não tinha telefone. A gente se correspondia por meio de sinais e gestos, de janela a janela. De vez em quando eu lhe jogava alguma coisa – flores ou fruta – mas quase nunca acertava o alvo.

Mandei-lhe uma vez um recado escrito em um aeroplano de papel que, depois de várias voltas, embicou em direção à sua janela e lhe foi bater de encontro aos seios. Foi um êxito tão grande da aeronáutica internacional quanto o do foguete que chegou à Lua muitos anos depois. Sou, na verdade, um precursor sentimental dos mísseis teleguiados; e os seios de Pierina eram para mim remotos e divinos como a Lua.

E pouco mais houve, ou nada. Eu pouco parava em casa, pois trabalhava à tarde e à noite; gastava as madrugadas nos bares, ou locais ainda menos recomendáveis; eu era um rapaz solteiro de vinte e um anos e tinha um namoro muito mais positivo que esse de Pierina com uma jovem alemã de costumes muito menos austeros que os seus. Depois fui para o Rio, do Rio para o Recife, e até hoje ando "pela aí", como diz a nossa boa Aracy de Almeida. Pierina entrou por uma crônica, saiu pela outra, acabou-se a história.

Tivemos um só encontro marcado junto à fonte da Memória; quando eu descia as escadas ela saiu a correr. Depois me disse por sinais (fazia-se grandes bigodes e beijava a própria mão) que naquele instante tinha aparecido seu pai. Talvez fosse mentira.

Creio que ela nunca soube que foi minha personagem, pois não sabia sequer que eu era jornalista; perguntou-me uma vez, por meio de gestos, se eu era estudante, e lhe respondi que sim; mas todas essas novas "conversas" foram mais raras e espaçadas do que parecem, contadas assim.

Sim, minha leitora, Pierina existiu. Era linda, viva, ágil, engraçada e devia ter uns dezesseis ou dezessete anos. Hoje terá, implacavelmente, quarenta e quatro ou quarenta e cinco, talvez leia esta crônica e se lembre de um rapaz que uma vez lhe jogou de uma janela um avião de papel onde estava escrito "meu amor" ou coisa parecida; talvez não.

Maio, 1958

O DESAPARECIDO

Tarde fria, e então eu me sinto um daqueles velhos poetas de antigamente que sentiam frio na alma quando a tarde estava fria, e então eu sinto uma saudade muito grande, uma saudade de noivo, e penso em ti devagar, bem devagar, com um bem-querer tão certo e limpo, tão fundo e bom que parece que estou te embalando dentro de mim.

Ah, que vontade de escrever bobagens bem meigas, bobagens para todo mundo me achar ridículo e talvez alguém pensar que na verdade estou aproveitando uma crônica muito antiga num dia sem assunto, uma crônica de rapaz; e, entretanto, eu hoje não me sinto rapaz, apenas um menino, com o amor teimoso de um menino, o amor burro e comprido de um menino lírico. Olho-me ao espelho e percebo que estou envelhecendo rápida e definitivamente; com esses cabelos brancos parece que não vou morrer, apenas minha imagem vai-se apagando, vou ficando menos nítido, estou parecendo um desses clichês sempre feitos com fotografias antigas que os jornais publicam de um desaparecido que a família procura em vão.

Sim, eu sou um desaparecido cuja esmaecida, inútil foto se publica num canto de uma página interior de jornal, eu sou o irreconhecível, irrecuperável desaparecido que não aparecerá mais nunca, mas só tu sabes que em alguma distante esquina de uma não lembrada cidade estará de pé um homem perplexo, pensando em ti, pensando teimosamente, docemente em ti, meu amor.

Abril, 1959

ERA UM SONHO FELIZ

Era um sonho feliz e eu tinha o sentimento de que estava sonhando ou de que parecia um sonho ou revivia um momento antigo – talvez eu tivesse dezoito anos e descesse a rua da Bahia na madrugada escura e gelada de inverno, a caminho do quartel, na minha farda de linha de tiro, na Belo Horizonte de antigamente, e senti que ela andava a meu lado, e isto era um milagre, porquanto eu só deveria conhecê-la muitos e muitos anos depois. Entretanto ela conversava comigo amorosa e natural, e eu a achava singela e muito alta, não sei por que me parecia que seus seios antes não eram assim tão pequenos, redondos e sobretudo altos sob o vestido branco. Ela dava largas passadas e me segurava um braço rindo, cantando – "marcha soldado, cabeça de papel" – seu riso era muito claro e tinha alguma coisa de riso de menina, e ela se dizia minha noiva.

A rua estava deserta, o bar Trianon estava fechado. Nossos passos cantavam, e ainda havia estrelas no céu. Eu tinha o sentimento vivo de que estava feliz, agora ela marchava assobiando – haveria também um pedaço de lua e parecia que ele se movia com nosso movimento, se balançando suavemente no céu.

Olhei-a, e vi uma claridade leitosa banhando seu ombro e sua garganta; no fundo, estrelas. Apertei o seu braço no meu, alarguei as passadas, ela acertava o passo rindo, de repente disse: "Olha!"

Senti alguma coisa diferente em sua voz, pressenti que ia acontecer uma tristeza, no mesmo instante senti pena de mim – eu estava tão feliz marchando a seu lado, eu a sentia tão minha e achava tão justo que ela tivesse me aparecido, e marcharíamos eternamente, tão jovens e amigos pelas ruas do mundo – andaríamos em Paris, em Cachoeiro, numa praça de Nairóbi, em Roma...

Olhei, era apenas a noite, as estrelas tremiam, em algum lugar um pássaro piava. Então me voltei e havia muitas pessoas, um sujeito do Banco da Lavoura, um colega do tiro de guerra, um capitão da FEB e um político do PRM e eles todos me olhavam com estranheza. As portas do Trianon estavam abertas, havia sujeitos parados me olhando, um era

Edgard Andrade, outro parecia Jarbas, mas não era Jarbas do Amaral Carvalho. Perguntei: "Que horas são?" Sampaio me disse que eu estava todo sujo de batom e minha roupa estava amassada e suja, os punhos de minha camisa estavam negros. "Por que você está assim?", me perguntavam. Eu então disse o nome de minha namorada. Alguém disse: "Ela foi-se ontem!" Outro o olhou irritado: "Ontem não, anteontem!" Ela tinha partido para o Rio, depois iria à Europa, e fui submetido ali mesmo, sob a forte luz do sol, de encontro a um muro, a um desagradável interrogatório. Havia um jovem repórter de nariz grande e óculos que tomava nota, ia sair no jornal assim: "Ficou apurado que o indivíduo Rubem Braga tinha vagado pelas ruas durante dois dias e duas noites e estava maltrapilho, em situação lamentável". Tive vontade de dizer-lhe que não era um indivíduo, eu também era jornalista, havia pessoas nos jornais que me conheciam, como Newton Prates, Otávio Xavier Ferreira, Chico Martins.

Mas o diretor do ginásio, doutor Aristeu, me olhava severamente, e seus óculos faiscavam de grave reprovação. "O senhor, filho do coronel Braga, que vergonha!" Sentia-me infame, mas sobre todas as humilhações me deu de repente a grande tristeza, o grande desespero de ela haver partido, estar tão longe sem sequer se lembrar de mim – ela estaria naquele momento, a esgalga judia, andando numa rua de Londres, quem sabe, com aqueles seios pequenos, redondos, tão altos, tão brancos, tão inesquecíveis, ah! tão eternamente inesquecíveis.

Janeiro, 1954

A INESQUECÍVEL BEATRIZ

Relembro hoje aquela a quem chamarei Beatriz, alegria de minha vista e de minha vida, saudade alegre, prazer de sempre, clarinada matinal, doçura. Que sou eu em sua vida? Penso tranquilamente: nada, quase nada. Alguém que ela encontrou ao dobrar uma esquina e a acompanhou... Lembro-me, eu devia levá-la apenas uma quadra adiante, porque nossos rumos eram diferentes. Mas a companhia era boa – fui um pouco mais adiante, era bom andar a seu lado na penumbra, eu era o Caminhante Premiado Pela Doce Companhia, fui andando. Quando nos separamos foi sem mágoa – Seja feliz! Seja feliz! Dissemos isto com tanta vontade que acho que, afinal, temos sido felizes.

Ah!, quando penso em outras, que me dilaceraram o peito em troca de ilusões; quando penso em vós, minhas antigas amadas, agora que conheço Beatriz, tenho pena do que fui e do que sois, e pela primeira vez sinto-me infiel à vossa lembrança. Passai bem, princesas, adeus pastoras, rainhas das czardas, deusas que endeusei outrora, ainda hoje não vos quero mal, apenas sucede que sobreveio Beatriz; como alguém que viaja à noite em um trem e desperta porque o trem parou, e escuta o silêncio da noite e, no silêncio, o murmúrio de um córrego – assim é tua música, Beatriz: como a brisa que beija a cara do trabalhador cansado, suado, que se sentou um instante debaixo de uma árvore – assim é a tua mão, Beatriz; como, nas fainas de um barco negro, numa tarde de mar grosso, sobe à coberta o lúrido foguista, e olha o céu e vê o arco-íris, assim é a tua aparência, Beatriz. Entre tantas que trouxeram meu nome nos lábios (como a Liberdade de Rui Barbosa) e não me guardaram no coração; e as que me corroeram como ácidos (e eu sorria!), as que traçaram com suas unhas estas rugas de minha cara; entre as que eu pensei terríveis e eram apenas vulgares; e as que amei de verdade e desamei devagar – entre todas, acima, casta, e fácil, alegre, linda e natural, eu te saúdo, Beatriz.

Pela tua risada, pela tua beleza, pela tua bondade, pela graça de teu corpo, pela tua amizade necessária e dada – entre todas te alcandoro e te abençoo, ó branca, ó alta, ó bela, inesquecível Beatriz!

Dezembro, 1956

APROVEITE SUA PAIXÃO

Um amigo me escreve desolado e pede conselhos. Não se trata de um rapaz, mas de um senhor como eu, de muito uso e algum abuso; e lhe ocorreu uma coisa que há muitos anos não tinha: apaixonou-se. "E isso", diz ele, "da maneira mais inadequada e imprópria, pois o objeto de minha paixão é pessoa a respeito da qual não posso nem devo ter qualquer esperança, devido a circunstâncias especiais. A coisa já dura algum tempo, e tenho a impressão de que não passará nunca..."

Passa sim, meu irmão; acaba passando. Pode, entretanto, durar muito, e convém tomar providências para atenuar seus malefícios. E, mesmo, transformá-los em benefícios. Por exemplo: como quase todo sujeito de nossa idade, você tem alguma barriga, e certamente já pensou várias vezes em suprimi-la. Em princípio, a paixão do tipo da sua tende a dilatar o estômago e ampliar o ventre, pois a inquietação constante faz com que a pessoa procure inconscientemente se distrair, bebendo e comendo. Isso realmente produz melhoras de momento, pois depois de uma copiosa feijoada qualquer pessoa tem uma tendência sonolenta a não sofrer. Com o passar do tempo, entretanto, a obesidade agrava os sofrimentos do apaixonado e a angústia sentimental aumenta na proporção direta dos quilos. Aconselho-o a entregar-se a disciplinas desagradáveis e úteis, uma das quais é exatamente fazer regime para emagrecer.

Quando, ao voltar da praia, sentir vontade de tomar um chopinho com o amigo no bar da esquina, "ofereça" à sua amada, em espírito, essa sua sede; se o convidarem a um "caju amigo", compareça, aceite um copo, mas sacrifique o seu desejo de tomá-lo, em holocausto ao seu amor. Nada de "beber para esquecer"; você deve "não beber para lembrar", o que do ponto de vista sentimental é mais digno – e descansa o fígado.

Alimente-se exclusivamente de verduras e legumes sem tempero. Isso lhe dará, ao fim de cada refeição, uma desagradável sensação de fome e vazio. Você se sentirá muito infeliz. Aproveite então para pensar que essa infelicidade é produzida pela sua paixão. Isso o ajudará a suportar estoicamente sua dieta e, ao mesmo tempo, irá fazendo com que a imagem do ser amado se torne ligeiramente odiosa. Ao tomar o café sem açúcar, diga somente estas palavras: "paixão amarga!"

Assim, em dois meses e meio poderá perder de oito a dez quilos e cerca de 45 por cento de sua paixão atual. Experimente e me escreva.

Bola em frente, meu irmão.

AMOR EM TEMPO DE GRIPE

A gripe tem alguns momentos bons: aquele em que se sente uma febre leve e um pouco de frio, e se toma um chá quente, e se abandona o corpo na cama e a alma no ar, à toa. Então a gente se desliga de todos os aborrecimentos e problemas do dia e volta à infância e seu aconchego maternal.

O doente é outra vez um menino, e um menino importante porque está doente e, portanto, tem mais direitos; tem direito a uma dourada canja de galinha, com o coração, a moela e o fígado e até uma pequenina gema que não chegou a ser ovo; tem direito a pedir melado de cana com aipim quente... Não importa que não peça esses tesouros; nem sequer fica triste por não tê-los, nem mesmo os deseja; é um adulto, e está sólido em sua solidão de adulto já ido e vivido; mas se compraz nessa renascença do menino e se deixa embalar, na doçura da febre leve, por essas remotas lembranças.

Mas a gripe é principalmente, e quase sempre, má. Não tem aquele elemento salutar de outras doenças, que é a ideia da morte, e seu medo. O doente teve outras gripes iguais, sabe que ela passa, não chega a ser uma doença, é um aborrecimento. O que tem a fazer é comportar-se bem, ter paciência; mas sente a cabeça confusa, ao mesmo tempo vaga e pesada; pensa mal e sonha mal; tem uma série de pesadelos mornos onde o horror é substituído pelo desconforto, e a angústia por uma aflição mesquinha; não são verdadeiros pesadelos, mas sonhos ruins, que nem sequer trazem, no momento de despertar, aquele grande alívio da gente sentir que era tudo mentira, e está vivo e salvo.

Não ouso aconselhar uma gripe às pessoas que estão sofrendo alguma crise sentimental. Pode agravar. Uma combinação de vírus de gripe e de amor pode conduzir à paixão ou à pneumonia.

Assim como há alguns remédios para a gripe que só valem quando tomados no começo, assim também a gripe é um remédio para o amor, mas só no fim; nesses casos de amor encruado, que está custando a acabar, embora não tenha mais os delírios dos primeiros tempos, mas ainda sujeito a recidivas intermitentes.

Em casos desses, é preciso aproveitar a depressão e a irritação causadas pela gripe, utilizando-as contra a pessoa amada que se quer desamar.

O paciente deve cercar-se de fotografias da pessoa amada, sempre que possível em atitudes alegres, sorrindo; com um pouco de boa vontade se convencerá de que ela está se rindo é dele, de seu amor e de sua gripe.

Irá associando a pessoa a todos os seus momentos de aborrecimento e mal-estar, vendo-a sob um prisma desagradável, fácil de adotar quando se tem os olhos doloridos à luz, e o nariz entupido: imaginá-la nas atitudes mais prosaicas, perfumar seus cabelos, na imaginação, com *Allium sativum*. Enfim, ir incorporando a imagem da amada à sensação de gripe, e cultivando o desejo de se ver quanto antes livre dessas duas servidões, sentir-se liberto, andando ao sol, respirando bem.

Um amigo meu fez essa experiência, depois me contou: "Eu pensei que estava apaixonado por ela, não era nada, era falta de vitamina 'C'...".

Agosto, 1989

Encontros, desencontros

LEMBRANÇA DE UM BRAÇO DIREITO

É um caso banal, tanto que muitas vezes já ouvi contar essa história: "Ontem, quando chegamos a São Paulo, o tempo estava tão fechado que não pudemos descer. Ficamos mais de uma hora rodando dentro do nevoeiro porque o teto estava muito baixo..." Mas ando pelo chão há muito tempo: chão perigoso, onde há pedras e buracos para um homem já escalavrado e já afundado; porém chão. Subi ao avião com indiferença, e como o dia não estava bonito lancei apenas um olhar distraído a esta cidade do Rio de Janeiro e mergulhei na leitura de um jornal qualquer. Depois fiquei a olhar pela janela e não via mais que nuvens, e feias. Na verdade, não estava no céu; pensava coisas da terra, minhas pobres, pequenas coisas. Uma aborrecida sonolência foi me dominando, até que uma senhora nervosa ao meu lado disse que "nós não podemos descer!" O avião já estava fazendo sua ronda dentro de um nevoeiro fechado. Procurei acalmar a senhora.

Ela estava tão aflita que embora fizesse frio se abanava com uma revista. Tentei convencê-la de que não devia se abanar, mas acabei achando que era melhor que o fizesse. Ela precisava fazer alguma coisa e a única providência que aparentemente podia tomar naquele momento de medo era se abanar. Ofereci-lhe meu jornal dobrado, no lugar da revista, e ficou muito grata, como se acreditasse que, produzindo mais vento, adquirisse a maior eficiência na sua luta contra a morte.

Gastei cerca de meia hora com a aflição daquela senhora. Notando que uma sua amiga estava em outra poltrona ofereci-me para trocar de lugar e ela aceitou. Mas esperei inutilmente que recolhesse as pernas para que eu pudesse sair de meu lugar junto à janela; acabou confessando que assim mesmo estava bem, e preferia ter um homem – "o senhor" – ao lado. Isso lisonjeou meu orgulho de cavalheiro: senti-me útil e responsável. Era por estar ali um Braga, homem decidido, que aquele avião não ousava cair. Havia certamente piloto e copiloto e vários homens no avião. Mas eu era o homem ao lado, o homem visível, próximo, que ela podia tocar. E era nisso que ela confiava: nesse ser de casimira grossa, de gravata, de bigode, a cujo braço acabou se agarrando. Não era o meu braço que apertava, mas um braço de homem, ser de misteriosos atributos de força e proteção.

Chamei a aeromoça, que tentou acalmar a senhora com biscoitos, chicles, cafezinho, palavras de conforto, mão no ombro, algodão nos ouvidos, e uma voz suave e firme que às vezes continha uma leve repreensão e às vezes se entremeava de um sorriso que sem dúvida faz parte do regulamento da aeronáutica civil, o chamado sorriso para ocasiões de teto baixo.

Mas de que vale uma aeromoça? Ela não é muito convincente; é uma funcionária. A senhora evidentemente a considerava uma espécie de cúmplice do avião e da empresa e no fundo (pelo ressentimento com que reagia às suas palavras) responsável por aquele nevoeiro perigoso.

A moça em uniforme estava sem dúvida lhe escondendo a verdade e dizendo palavras hipócritas para que ela se deixasse matar sem reagir.

A única pessoa de confiança era evidentemente eu: e aquela senhora, que no aeroporto tinha um certo ar desdenhoso e solene, disse duas malcriações para a aeromoça e se agarrou definitivamente a mim. Animei-me então a pôr a minha mão direita sobre a sua mão, que me apertava o braço. Esse gesto de carinho protetor teve um efeito completo: ela deu um profundo suspiro de alívio, cerrou os olhos, pendeu a cabeça ligeiramente para o meu lado e ficou imóvel, quieta. Era claro que a minha mão a protegia contra tudo e todos: ficou como adormecida.

O avião continuava a rodar monotonamente dentro de uma nuvem escura; quando ele dava um salto mais brusco eu fornecia à pobre senhora uma garantia suplementar apertando ligeiramente a minha mão sobre a sua: isso sem dúvida lhe fazia bem.

Voltei a olhar tristemente pela vidraça; via a asa direita, um pouco levantada, no meio do nevoeiro. Como a senhora não me desse mais trabalho, e o tempo fosse passando, recomecei a pensar em mim mesmo, triste e fraco assunto.

E de repente me veio a ideia de que na verdade não podíamos ficar eternamente com aquele motor roncando no meio do nevoeiro – e de que eu podia morrer.

Estávamos há muito tempo sobre São Paulo. Talvez chovesse lá embaixo; de qualquer modo a grande cidade, invisível e tão próxima, vivia sua vida indiferente àquele ridículo grupo de homens e mulheres presos dentro de um avião, ali no alto.

Pensei em São Paulo e no rapaz de vinte anos que chegou com trinta mil-réis no bolso uma noite e saiu andando pelo antigo Viaduto do Chá, sem conhecer uma só pessoa na cidade estranha. Nem aquele velho viaduto existe mais, e o aventuroso rapaz de vinte anos, calado e lírico, é um triste senhor que olha o nevoeiro e pensa na morte.

Outras lembranças me vieram, e me ocorreu que na hora da morte, segundo dizem, a gente se lembra de uma porção de coisas antigas, doces ou tristes. Mas a visão monótona daquela asa no meio da nuvem me dava um torpor, e não pensei mais nada. Era como se o mundo atrás daquele nevoeiro não existisse mais, e por isso pouco me importava morrer. Talvez fosse até bom sentir um choque brutal e então tudo se acabar. A morte devia ser aquilo mesmo, um nevoeiro imenso, sem cor, sem forma, para sempre.

Senti prazer em pensar que agora não haveria mais nada, que não seria mais preciso sentir, nem reagir, nem providenciar, nem me torturar; que todas as coisas e criaturas que tinham poder sobre mim e mandavam na minha alegria ou na minha aflição haviam se apagado e dissolvido naquele mundo de nevoeiro.

A senhora sobressaltou-se de repente e começou a me fazer perguntas muito aflita. O avião estava descendo mais e mais e entretanto não se conseguia enxergar coisa alguma. O motor parecia estar com um som diferente: podia ser aquele o último desesperado tredo ronco do minuto antes de morrer arrebentado e retorcido. A senhora estendeu o braço direito, segurando o encosto da poltrona da frente e de repente me dei conta de que aquela mulher de cara um pouco magra e dura tinha um belo braço, harmonioso e musculado.

Fiquei a olhá-lo devagar, desde o ombro forte e suave até as mãos de dedos longos, e me veio uma saudade extraordinária da terra, da beleza humana, da empolgante e longa tonteira do amor. Eu não queria mais morrer, e a ideia da morte me pareceu de repente tão errada, tão feia, tão absurda, que me sobressaltei. A morte era uma coisa cinzenta, escura, sem a graça, sem a delicadeza e o calor, a força macia de um braço ou de uma coxa, a suave irradiação da pele de um corpo de mulher moça.

Mãos, cabelos, corpo, músculos, seios, extraordinário milagre de coisas suaves e sensíveis, tépidas, feitas para serem infinitamente amadas. Toda a fascinação da vida me golpeou, uma tão profunda delícia e gosto de viver, uma tão ardente e comovida saudade, que retesei os músculos do corpo, estiquei as pernas, senti um leve ardor nos olhos. Não devia morrer! Aquele meu torpor de segundos atrás pareceu-me de súbito uma coisa vil, doentia, viciosa, e ergui a cabeça, olhei em volta, para os outros passageiros, como se me dispusesse afinal a tomar alguma providência.

Meu gesto pareceu inquietar a senhora. Mas olhando novamente para a vidraça adivinhei casas, um quadrado verde, um pedaço de terra avermelhada, através de um véu de neblina mais rala. Foi uma visão rápida, logo perdida no nevoeiro denso, mas me deu uma certeza profunda de que estávamos salvos porque a terra *existia*, não era um sonho distante, o mundo não era apenas nevoeiro e havia realmente tudo o que há, casas, árvores, pessoas, chão, o bom chão sólido, imóvel, onde se pode deitar, onde se pode dormir seguro e em todo sossego, onde um homem pode premer o corpo de uma mulher para amá-la com força, com toda sua fúria de prazer e todos os seus sentidos, com apoio no mundo.

No aeroporto, quando esperava a bagagem, vi perto a minha vizinha de poltrona. Estava com um senhor de óculos, que, com um talão de despacho na mão, pedia que lhe entregassem a sua maleta. Ela disse alguma coisa a esse homem, e ele se aproximou de mim com um olhar inquiridor que tentava ser cordial. Estivera muito tempo esperando; a princípio disseram que o avião ia descer logo, era questão de ficar livre a pista; depois alguém anunciara que todos os aviões tinham recebido ordem de pousar em Campinas ou em outro campo; e imaginava quanto incômodo me dera sua senhora, sempre muito nervosa. "Ora, não senhor." Ele se despediu sem me estender a mão, como se, com aqueles agradecimentos, que fora constrangido pelas circunstâncias a fazer, acabasse de cumprir uma formalidade desagradável com relação a um estranho – que devia permanecer um estranho.

Um estranho – e de certo ponto de vista um intruso, foi assim que me senti perante aquele homem de cara meio desagradável. Tive a vaga impressão de que de certo modo o traíra, e de que ele o sentia.

Quando se retiravam, a senhora me deu um pequeno sorriso. Tenho uma tendência romântica a imaginar coisas, e imaginei que ela teve o cuidado de me sorrir quando o homem não podia notá-lo, um sorriso sem o visto marital, vagamente cúmplice. Certamente nunca mais a verei, nem o espero. Mas seu belo braço direito foi, um instante, para mim, a própria imagem da vida, e não o esquecerei depressa.

Julho, 1948

A VISITA DO CASAL

Um casal de amigos vem me visitar. Vejo-os que sobem lentamente a rua. Certamente ainda não me viram, pois a luz do meu quarto está apagada.

É uma quarta-feira de abril. Com certeza acabaram de jantar, ficaram à toa, e depois disseram: vamos passar pela casa do Rubem? É, podemos dar uma passadinha lá. Talvez venham apenas fazer hora para a última sessão de cinema. De qualquer modo, vieram. E me agrada que tenham vindo. Dá-me prazer vê-los assim subindo a rua vazia e saber que vêm me visitar.

Penso um instante nos dois; refaço a imagem um pouco distraída que faço de cada um. Sei há quantos anos são casados, e como vivem. A gente sempre sabe, de um casal de amigos, um pouco mais do que cada um dos membros do casal imagina. Como toda gente, já fui amigo de casais que se separaram. É tão triste. É penoso e incômodo, porque então a gente tem de passar a considerar cada um em separado – e cada um fica sem uma parte de sua própria realidade. A realidade, para nós, eram dois, não apenas no que os unia, como ainda no que os separava quando juntos. Havia um casal; quando deixa de haver, passamos a considerar cada um, secretamente, como se estivesse com uma espécie de luto. Preferimos que vivam mal, porém juntos; é mais cômodo para nós. Que briguem e não se compreendam, e não mais se amem e se traiam; mas não deixem de ser um casal, pois é assim que eles existem para nós. Ficam ligeiramente absurdos sendo duas pessoas.

Como quase todo casal, esse que vem me visitar já andou querendo se separar. Pois ali estão os dois juntos. Ele com seu passo largo e um pouco melancólico, a pensar suas coisas; ela com aquele vestido branco tão conhecido que "me engorda um pouco, chi, meu Deus, estou vendo a hora que preciso comprar esse livro *Coma e emagreça*, meu marido vive me chamando de bola de sebo, você acha, Rubem?"

Eu gosto do vestido. Quanto a ela própria, eu já a conheço tanto, nesta longa amizade, em seus encantos e em seus defeitos, que não me lembro de considerar se em conjunto é bonita ou não, e tenho uma leve surpresa sempre que ouço alguma opinião de uma pessoa estranha; não posso imaginar qual seria minha impressão se a visse agora pela primeira vez. "Ele diz que eu tenho corpo de mulata, você acha, Rubem? Diz que eu quando engordo minha gordura vem toda para aqui" – e passa as mãos nas ancas, rindo. "Nesse negócio de corpo de mulata você deve mesmo consultar o Rubem, mulher." Um gosta de mexer com o outro falando comigo. "Você já reparou nessa camisa dele? Fale francamente, você tinha coragem de sair na rua com uma camisa assim?"

Penso essas bobagens em um segundo, enquanto eles se aproximam de minha casa. Na tarde que vai anoitecendo tem alguma coisa tocante esse casal que anda em silêncio na rua vazia; e eu sou grato a ambos por virem me visitar. Estou meio comovido.

A campainha bate. Acendo a luz e vou lhes abrir a porta e também, discretamente, o coração. "Quase que não batemos, vimos a luz apagada. O que é que você faz aí no escuro?"

Digo que nada, às vezes gosto de ficar no escuro. "Eu não disse que ele era um morcegão?"

Sou um morcegão cordial; trago um conhaque para ele e um vinho do Porto para ela.

Maio, 1949

O SENHOR

Carta a uma jovem que, estando em uma roda em que dava aos presentes o tratamento de "você", se dirigiu ao autor chamando-o "o senhor":

Senhora –

Aquele a quem chamastes senhor aqui está, de peito magoado e cara triste, para vos dizer que senhor ele não é, de nada, nem ninguém. Bem o sabeis, por certo, que a única nobreza do plebeu está em não querer esconder sua condição e esta nobreza tenho eu. Assim, se entre tantos senhores ricos e nobres a quem chamáveis "você" escolhestes a mim para tratar de "senhor", é bem de ver que só poderíeis ter encontrado essa senhoria nas rugas de minha testa e na prata de meus cabelos. Senhor de muitos anos, eis aí; o território onde eu mando é no país do tempo que foi. Essa palavra "senhor", no meio de uma frase, ergueu entre nós dois um muro frio e triste.

Vi o muro e calei. Não é de muito, eu juro, que me acontece essa tristeza; mas também não era a vez primeira. De começo eram apenas os "brotos" ainda mal núbeis que me davam senhoria; depois assim começaram a tratar-me as moças de dezoito a vinte, com essa mistura de respeito, confiança, distância e desprezo que é o sabor dessa palavra melancólica. Sim, eu vi o muro; e, astuto ou desanimado, calei. Mas havia na roda um rapaz de ouvido fino e coração cruel; ele instou para que repetísseis a palavra; fingistes não entender o que ele pedia, e voltastes a dizer a frase sem usar nem "senhor", nem "você". Mas o danado insistiu e denunciou o que ouvira e que, no embaraço de vossa delicadeza, evitáveis repetir. Todos riram, inclusive nós dois. A roda era íntima e o caso era de riso.

O que não quer dizer que fosse alegre; é das tristezas que rimos de coração mais leve. Vim para casa e como sou um homem forte, olhei-me ao espelho; e como tenho minhas fraquezas, fiz um soneto. Para vos dar o tom, direi que no fim do segundo quarteto eu confesso que às vezes já me falece valor "para enfrentar o tédio dos espelhos"; e no último terceto digo a mim mesmo: "Volta, portanto, a cara e vê de perto/ a cara, a tua cara verdadeira/ ó Braga envelhecido, envilecido".

Sim, a velhice é coisa vil; Bilac o disse em prosa, numa crônica, ainda que nos sonetos ele almejasse envelhecer sorrindo. Não sou Bilac; e nem me dá consolo, mas tristezas, pensar que as musas desse poeta andam por aí encanecidas e murchas, se é que ainda andam e já não desceram todas à escuridão do túmulo. Vivem apenas, eternamente moças e lindas, na música de seus versos, cheios de sol e outras estrelas. Mas a verdade (ouvi, senhora, esta confissão de um senhor ido e vivido, ainda que mal e tristemente), a verdade não é o tempo que passa, a verdade é o instante. E vosso instante é de graça, juventude e extraordinária beleza. Tendes todos os direitos; sois um belo momento da aventura do gênero humano sobre a terra. De trás do meu muro frio eu vos saúdo e canto. Mas ser senhor é triste; eu sou, senhora, e humildemente, o vosso servo – R. B.

Rio, abril de 1951

DO CARMO

Encontro na praia um velho amigo. Há anos que a vida nos jogou para lados diferentes, em profissões diversas; e nesses muitos anos apenas nos vimos ligeiramente uma vez ou outra. Mas aqui estamos de tanga, em pleno sol, e cada um de nós tem prazer em constatar que não envelheceu sozinho. E cata, com amável ferocidade, os sinais de decadência do outro. Lamentamo-nos, mas por pouco tempo; logo, num movimento de bom humor, resolvemos descobrir que, afinal de contas, nossa idade é confortável, e mesmo, bem pensadas as coisas, estimável. Quem viveu a vida sem se poupar, com a alma e o corpo, e recebeu todas as cargas em seus nervos pode conhecer, como nós dois, essa vaga sabedoria animal de envelhecer sem remorsos.

Lembramos os amigos de quinze a vinte anos atrás. Um enlouqueceu, outro morreu de beber, outro se matou, outro ficou religioso e muito rico; há outros que a gente encontra às vezes numa porta de cinema ou numa esquina de rua.

E Do Carmo?

Respondo que há uns dez anos atrás, quando andava pelo Sul, tive notícias de que ela estava na mesma cidade; mas não a vi. Nenhum de nós sabe que fim levou essa Maria do Carmo de cabelos muito negros e olhos quase verdes, a alta e bela Do Carmo. E sua evocação nos comove, e quase nos surpreende, como se, de súbito, ela estivesse presente na praia e estirasse seu corpo lindo entre nós dois, na areia. Falamos de sua beleza; nenhum de nós sabe que história pessoal o outro poderia contar sobre Do Carmo, mas resistimos sem esforço à tentação de fazer perguntas; não importa o que tenha havido; afinal foi com outro homem, nem eu, nem ele, que Do Carmo partiu para seu destino; e a verdade é que deixou nele e em mim a mesma lembrança misturada de adoração e de encanto.

Não teria sentido reencontrá-la hoje; dentro de nós ela permanece como um encantamento, em seu instante de beleza. Maria do Carmo "é uma alegria para sempre", e sua lembrança nos faz mais amigos.

Depois falamos de negócios, família, política, a vida de todo o dia. Voltamos ao nosso tempo, regressamos a hoje e tornamos a voltar. E de súbito corremos para a água e mergulhamos, com o vago sentimento de que essa água sempre salgada, impetuosa e pura, não limpa somente a areia de nosso corpo; tira também um pouco a poeira que na alma vai deixando a passagem das coisas e do longo tempo.

Rio, novembro de 1951

MUDANÇA

O novo morador do apartamento me convidou a subir, queria que eu desse algum palpite sobre a pintura das paredes. Ficara com os móveis da família que se mudara, e trouxera mais alguns seus. Todos estavam empilhados no meio dos aposentos. Os pintores tinham terminado o trabalho do dia. Um já tomara banho e os dois outros faziam o mesmo naquele momento, um no chuveiro de empregada, outro no da família. Andando entre as montanhas de móveis e tarecos, percorremos a sala, os dois quartos, a saleta com vista para o mar. O novo inquilino me explicava: "Aqui vou pintar de branco meio cinza; para o rodapé escolhi este marrom, que é praticamente da cor do assoalho; preferia que fosse da mesma cor da parede, mas suja muito; esta parede aqui eu queria que continuasse com esse amarelo-claro, acho muito bonitinho, mas minha mulher não gosta de amarelo. Para o quarto escolhi este verde, um pouquinho mais carregado do que está, mas pouca coisa."

Eu concordava, calado, ou dava algum palpite, sem convicção: "É, fica bem assim, também podia ser um azul bem leve..." Mas no meio daquela desarrumação ignominiosa – cadeiras, almofadas, cama de criança, pilhas de discos, biombo fechado – eu reconstituía a ordem antiga deste apartamento do casal amigo, onde tantas vezes vim. E lembrava momentos simples: o marido fumando o cachimbo, a mulher na janela chamando a criança para dentro. A antiga arrumação dos móveis, o dia em que chegou a vitrola nova, a ideia de fazer um estrado na sala da frente para uma pessoa sentada poder ver o mar. Lembro aquele jantar desagradável, em que o casal estava brigado e começou a discutir em minha frente; o telefonema triste, contando uma doença súbita e grave de um amigo comum, no meio de uma noite alegre, em que havia gente cantando e dançando. Lembro tantos momentos dessa longa amizade, e de repente esses móveis me parecem não apenas desarrumados como quebrados, essa família amiga que morou aqui não apenas está ausente como está morta, ou pelo menos separada. Há, nessa mudança de uma casa tão longamente habitada, no abandono dessas coisas tão integradas na vida da família, uma traição que me dói. Nunca esse casal poderá ser o mesmo, se com tão espantosa frieza pôde abandonar esse *sommier* com sua gaveta baixa outrora cheia de fotografias, e todas essas coisas que tiveram a longa amizade de seus olhos e suas mãos, acostumadas a suas alegrias, seus sustos, sua calma, sua tristeza. A poltrona tem um ar lamentável, traída; o abajur iluminará outra cabeça e outro livro; a cama receberá outros corpos. Eu também me sinto traído, com esses móveis, essas paredes, essas coisas. Eu, que sempre tenho vivido de um canto para outro, e durmo e como em qualquer lugar, e deixo para trás as casas e as coisas, e sempre hei de sentir um prazer novo em dormir em qualquer quarto de hotel, em qualquer cidade desconhecida; eu, que de meu só conservo, ao longo do tempo, as amizades e ternuras, aqui me vejo desolado e com uma vaga revolta diante dessas coisas amontoadas e tristes que perderam o próprio sentido, essas coisas em que parecia estar entranhada para sempre a alma da família, que ficaram tão silenciosas e trágicas no dia em que o menino passou mal, que tanto sofreram e viveram com o homem, a mulher e a criança. E tenho uma vontade infantil e absurda de passar a mão pelo encosto da velha poltrona e lhe dizer baixinho, como se na verdade estivesse falando para mim mesmo: "Eles não tinham o direito de fazer isso".

Rio, fevereiro de 1952

A VIAJANTE

Com franqueza, não me animo a dizer que você não vá.

Eu, que sempre andei no rumo de minhas venetas, e tantas vezes troquei o sossego de uma casa pelo assanhamento triste dos ventos da vagabundagem, eu não direi que fique.

Em minhas andanças, eu quase nunca soube se estava fugindo de alguma coisa ou caçando outra. Você talvez esteja fugindo de si mesma, e a si mesma caçando; nesta brincadeira boba passamos todos, os inquietos, a maior parte da vida – e às vezes reparamos que é ela que se vai, está sempre indo, e nós (às vezes) estamos apenas quietos, vazios, parados, ficando. Assim estou eu. E não é sem melancolia que me preparo para ver você sumir na curva do rio – você que não chegou a entrar na minha vida, que não pisou na minha barranca, mas, por um instante, deu um movimento mais alegre à corrente, mais brilho às espumas e mais doçura ao murmúrio das águas. Foi um belo momento, que resultou triste, mas passou.

Apenas quero que dentro de si mesma haja, na hora de partir, uma determinação austera e suave de não esperar muito; de não pedir à viagem alegrias muito maiores que a de alguns momentos. Como este, sempre maravilhoso, em que no bojo da noite, na poltrona de um avião ou de um trem, ou no convés de um navio, a gente sente que não está deixando apenas uma cidade, mas uma parte da vida, uma pequena multidão de caras e problemas e inquietações que pareciam eternos e fatais e, de repente, somem como a nuvem que fica para trás. Esse instante de libertação é a grande recompensa do vagabundo; só mais tarde ele sente que uma pessoa é feita de muitas almas, e que várias, dele, ficaram penando na cidade abandonada. E há também instantes bons, em terra estrangeira, melhores que o das excitações e descobertas, e as súbitas visões de belezas sonhadas. São aqueles momentos mansos em que, de uma janela ou da mesa de um bar, ele vê, de repente, a cidade estranha, no palor do crepúsculo, respirar suavemente, como velha amiga, e reconhece que aquele perfil de casas e chaminés já é um pouco, e docemente, coisa sua.

Mas há também, e não vale a pena esconder nem esquecer isso, aqueles momentos de solidão e de morno desespero; aquela surda saudade que não é de terra nem de gente, e é de tudo, é de um ar em que se fica mais distraído, é de um cheiro antigo de chuva na terra da infância, é de qualquer coisa esquecida e humilde – torresmo, moleque passando na bicicleta assobiando samba, goiabeira, conversa mole, peteca, qualquer bobagem. Mas então as bobagens do estrangeiro não rimam com a gente, as ruas são hostis e as casas se fecham com egoísmo, e a alegria dos outros que passam rindo e falando alto em sua língua dói no exilado como bofetadas injustas. Há o momento em que você defronta o telefone na mesa da cabeceira e não tem com quem falar, e olha a imensa lista de nomes desconhecidos com um tédio cruel.

Boa viagem, e passe bem. Minha ternura vagabunda e inútil, que se distribui por tanto lado, acompanha, pode estar certa, você.

Rio, abril de 1952

MANGUE

A madrugada era escura nas noites de mangue, baixas, meio trêmulas do ventinho frio. Mas do lado do mar o céu estava lívido, e se espelhava na água do canal pálido. Eu avançava no batelão velho; remava cansado, e tinha sono. De longe veio um rincho de cavalo; depois, numa choça de pescador, junto do morro, tremulou a luz de uma lamparina. Aquele rincho de cavalo me fez lembrar a moça andando a cavalo. Ela era corada, forte. Viera do Rio, sabíamos que era muito rica, filha de um irmão rico de um homem de nossa terra. A princípio a olhei com espanto, quase desgosto: ela usava calças compridas, fazia caçadas, dava tiros, saía de barco com os pescadores. Mas na segunda noite, quando nos juntamos todos na casa de Joaquim Pescador, ela cantou; tinha bebido cachaça, como todos nós, e cantou primeiro uma coisa em inglês, mas depois o luar do sertão e uma canção antiga que dizia assim: "esse alguém que logo encanta deve ser alguma santa". Era uma canção triste.

Cantando, ela parou de me assustar; cantando, ela deixou que eu a adorasse de repente, com essa adoração súbita, mas tímida, esse fervor confuso da adolescência – adoração sem esperança, ela devia ter dois anos mais do que eu. E amaria o rapaz de suéter e sapato de basquete, que costuma ir ao Rio, ou (murmurava-se) o homem casado, que já tinha ido até a Europa e tinha um automóvel e uma coleção de espingardas magníficas. Não a mim, com minha pobre Flobert, não a mim, de calça e camisa, descalço, não a mim, que não sabia lidar nem com um motor de popa, apenas tocar um batelão preto com meu remo.

Duas semanas depois que ela chegou é que a encontrei na praia solitária; eu vinha a pé, ela veio galopando a cavalo; vi-a de longe, meu coração bateu adivinhando quem poderia estar galopando sozinha a cavalo, ao longo da praia na manhã fria. Pensei que ela fosse passar me dando apenas um adeus, esse "bom-dia" que no interior a gente dá a quem encontra: mas parou, o animal resfolegando e ela respirando forte, com os seios agitados dentro da blusa fina, branca. São as duas imagens que mais forte se gravaram na minha memória, desse encontro, a pele escura e suada do cavalo e a seda branca da blusa; aquela dupla respiração animal no ar fino da manhã.

E saltou, me chamando pelo nome, conversou comigo. Séria, como se eu fosse um rapaz mais velho do que ela, um homem como os de sua roda, com calças de *palm-beach*, relógio de pulso. Perguntou coisas sobre peixes; fiquei com vergonha de não saber quase nada, não sabia os nomes dos peixes que ela dizia, deviam ser peixes de outros lugares mais importantes, com certeza mais belos. Perguntou se a gente comia aqueles cocos dos coqueirinhos junto da praia – e falou de minha irmã, que conhecera, quis saber se era verdade que eu nadara desde a ponta do Boi até perto da lagoa. De repente me fulminou: "por que você não gosta de mim? Você me trata sempre de um modo esquisito..." Respondi, estúpido, com a voz rouca: "eu não". Ela então riu, disse que eu confessara que não gostava mesmo dela, e eu disse: "não é isso". Montou o cavalo, perguntou se eu não queria ir na garupa. Inventei que precisava passar na casa dos Lisboa. Não insistiu, me deu um adeus muito alegre; no dia seguinte foi-se embora.

Agora a água da lagoa estava mais pálida, e já havia uns laivos de rosa na água e no céu. Aquele rincho distante de cavalo me lembrava a moça rica e bonita, corada, impossível. E comecei a remar com força, sem me importar com a água fria que escorria pelo remo e me molhava a manga da camisa; fui remando, remando com toda a força.

Rio, agosto de 1952

UM SONHO

Não posso escrever sobre outra coisa. E não devia escrever nada hoje. Penso um instante no que sentirão os leitores: essa coisa que me emociona de maneira tão profunda, o sonho que ainda me dói no corpo e na alma, será para eles uma história vulgar; pior ainda, precisarei escrever com muito cuidado, para que esse instante de infinita pureza que eu vivi não pareça, a outrem, apenas um pequeno trecho de literatura barata.

Na verdade não houve nem mesmo um beijo, ou, se houve, ele perdeu qualquer sentido, para ficar apenas dentro de mim essa impressão de doçura profunda, e perfeita felicidade. Aquela mulher estava nua. E escrevendo "mulher nua" no jornal, como soa a escândalo! Seria preciso escrever com uma grande delicadeza para fazer sentir como eu senti naquele momento: beleza, pureza – alguma coisa tão limpa e tão suave, além de qualquer desejo, apenas o sentimento da vida mansa daquela pele de um dourado pálido.

Além dos nossos sentidos há um outro – mas não estou falando de coisas espirituais, eu estou falando em sentimentos vividos em um instante em que não há diferença entre coisas materiais e espirituais. Se as linhas de seu corpo ainda existiam, eram como uma vaga lembrança, um desenho imaterial suspenso no ar. O que me emocionava era a carne, como se eu vivesse a vida de seus tecidos, a sua doce vida perante o ar – leve como um sussurro de ramos longe, como um ruflar de ave imponderável, um murmúrio perdido na distância. E seu corpo era tão belo que senti um aperto na garganta, e os olhos úmidos.

Perdido! Eu lutava confusamente para não despertar de todo, pois sabia que então estaria perdido para sempre esse corpo feito de carne e de sonho. Uma angústia se apossou de mim, a claridade da janela me feria os olhos, afundei a cabeça no leito para salvar essa visão de vinte anos antes.

E ainda o revi por um instante, como se estivesse sumindo em uma luz dourada, e na luz se perdendo, voltando a ser apenas luz.

Desperto. Penso um instante nessa mulher de quem há tantos anos não tenho notícia nem quase lembrança, essa que foi perfeita na dignidade e na pureza de sua nudez – e que hoje anda não sei em que cidade ou país, não sei ao lado de quem – nem sei mesmo se ainda vive. Sua pessoa, sua risada, sua amargura, e o som de sua voz, tudo se perdeu em mim. Mas por um instante viveu, no meu sonho, aquele esplendor suave de uma nudez, que eu guardara tão quietamente no fundo de minha emoção como se quisesse proteger de todo o lirismo e de toda a sensualidade o momento melhor de minha vida.

Rio, maio de 1952

VISÃO

No centro do dia cinzento, no meio da banal viagem, e nesse momento em que a custo equilibramos todos os motivos de agir e de cruzar os braços, de insistir e desesperar, e ficamos quietos, neutros e presos ao mais medíocre equilíbrio – foi então que aconteceu. Eu vinha sem raiva nem desejo – no fundo do coração as feridas mal cicatrizadas, e a esperança humilde como ave doméstica – eu vinha como um homem que vem e vai, e já teve noites de tormenta e madrugadas de seda, e dias vividos com todos os nervos e com toda a alma, e charnecas de tédio atravessadas com a longa paciência dos pobres – eu vinha como um homem que faz parte da sua cidade, e é menos um homem que um transeunte, e me sentia como aquele que se vê nos cartões-postais, de longe, dobrando uma esquina – eu vinha como um elemento altamente banal, de paletó e gravata, integrado no horário coletivo, acertando o relógio do meu pulso pelo grande relógio da estrada de ferro central do meu país, acertando a batida do meu pulso pelo ritmo da faina quotidiana – eu vinha, portanto, extremamente sem importância, mas tendo em mim a força da conformação, da resistência e da inércia que faz com que um minuto depois das grandes revoluções e catástrofes o sapateiro volte a sentar na sua banca e o linotipista na sua máquina, e a cidade apareça estranhamente normal – eu vinha como um homem de quarenta anos que dispõe de regular saúde, e está com suas letras nos bancos regularmente reformadas e seus negócios sentimentais aplacados de maneira cordial e se sente bem-disposto para as tarefas da rotina, e com pequenas reservas para enfrentar eventualidades não muito excêntricas – e que cessou de fazer planos gratuitos para a vida, mas ainda não começou a levar em conta a faina da própria morte – assim eu vinha, como quem ama as mulheres de seu país, as comidas de sua infância e as toalhas do seu lar – quando aconteceu. Não foi algo que tivesse qualquer consequência, ou implicasse em novo programa de atividades; nem uma revelação do Alto nem uma demonstração súbita e cruel da miséria de nossa condição, como às vezes já tive.

Foi apenas um instante antes de se abrir um sinal numa esquina, dentro de um grande carro negro, uma figura de mulher que nesse instante me fitou e sorriu com seus grandes olhos de azul límpido e a boca fresca e viva; que depois ainda moveu de leve os lábios como se fosse dizer alguma coisa – e se perdeu, a um arranco do carro, na confusão do tráfego da rua estreita e rápida. Mas foi como se, presa na penumbra da mesma cela eternamente, eu visse uma parede se abrir sobre uma paisagem úmida e brilhante de todos os sonhos de luz. Com vento agitando árvores e derrubando flores, e o mar cantando ao sol.

Rio, novembro de 1952

OPALA

Vieram alguns amigos. Um trouxe bebida, outros trouxeram bocas. Um trouxe cigarros, outro apenas seu pulmão. Um deitou-se na rede, e outro telefonava. E Joaquina, de mão no queixo, olhando o céu, era quem mais fazia: fazia olhos azuis.

Já do Observatório me haviam telefonado: "Vento leste, águas para o Sul, atenção, senhores cronistas distritais, o diretor avisa que Joaquina hoje está fazendo olhos azuis".

Às 19 horas enviei esta mensagem: "Confidencial para o Diretor. Neste momento uma pequena nuvem a boreste deste apartamento dá uma tonalidade levemente cinza ao azul dos olhos de Joaquina, que está meditando nessa direção. A bordo, todos distraídos, mas este Cronista Distrital mantém sua eterna vigilância. Lábios sem pintura de um rosa muito pálido combinam perfeitamente tonalidade cinza do azul referido."

A voz roufenha do Diretor: "Caso necessário, dispomos de um canteiro de hortênsias, tipo Independência Petrópolis, igualmente duas ondas de Cápri às cinco da tarde de agosto 1951, considerada uma das melhores safras de azul de onda último quarto de século".

Respondo secamente: "Desnecessário".

À meia-noite sentimos que o apartamento estava mal apoitado no bairro e derivava suavemente na direção da lua. Às seis da manhã havia uma determinada tepidez no ar quase imóvel e duas cigarras começaram a cantar em estilo vertical. Às sete da manhã seis homens vieram ente-lhar o edifício vizinho, e um deles assobiava uma coisa triste. Então uma terceira cigarra acordou, chororocou e ergueu seu canto alto e grave como um pensamento. Sobre o mar.

Joaquina dormia inocente dentro de seus olhos azuis; e o pecado de sua carne era perdoado por uma luminescência mansa que se filtrava nas cortinas antigas. Havia um tom de opala. Adormeci.

Janeiro, 1953

NEIDE

O céu está limpo, não há nenhuma nuvem acima de nós. O avião, entretanto, começa a dar saltos, e temos de pôr os cintos para evitar uma cabeçada na poltrona da frente. Olho pela janela: é que estamos sobrevoando de perto um grande tumulto de montanhas. As montanhas são belas, cobertas de florestas; no verde-escuro há manchas de ferrugem de palmeiras, algum ouro de ipê, alguma prata de imbaúba – e de súbito uma cidade linda e um rio estreito. Dizem-me que é Petrópolis. É fácil explicar que o vento nas montanhas faz corrente para baixo e para cima, como também o ar é mais frio debaixo da leve nuvem. A um passageiro assustado o comissário diz que "isso é natural". Mas o avião, com o tranquilo conforto imóvel com que nos faz vencer milhas em segundos, havia nos tirado o sentimento do natural. Somos hóspedes da máquina. Os motores foram revistos, estão perfeitos, funcionam bem, e temos nossas passagens no bolso; tudo está em ordem. Os solavancos nos lembram de que a natureza insiste em existir, e ainda nos precipita além dela, para os reinos azuis da Metafísica. Pode o avião vencer a montanha, e desprezar as passagens antigas que a humanidade sempre trilhou. Mas sua vitória não pode ser saboreada de perto: mesmo debaixo, a montanha ainda fez sentir que existe, e à menor imprudência da máquina o gigante vencido a sorverá de um hausto, e a destruirá. Assim a humilde lagoa, assim a pequena nuvem: a tudo isso somos sensíveis dentro de nosso monstro de metal.

A menina disse que era mentira, que não se via anjo nenhum nas nuvens. O homem, porém, explicou que sim, e pediu que eu confirmasse. Eu disse:

— Tem anjo sim. Mas tem muito pouco. Até agora, desde que saímos, eu só vi um, e assim mesmo de longe. Hoje em dia há muito poucos anjos no céu. Parece que eles se assustam com os aviões. Nessas nuvens maiores nunca se encontra nenhum. Você deve procurar nas nuvenzinhas pequenas, que ficam separadas umas das outras; é nelas que os anjos gostam de brincar. Eles voam de uma para outra.

A menina queria saber de que cor eram as asas dos anjos, e de que tamanho eles eram. O homem explicou que os anjos tinham as asas da mesma cor daquele vestidinho da menina; e eram de seu tamanho. Ela começou a duvidar novamente, mas chamamos o comissário de bordo. Ele confirmou a existência dos anjos com a autoridade de seu ofício; era impossível duvidar da palavra do comissário de bordo, que usa uniforme e voa todo dia para um lado e outro, e além disso ele tinha um argumento impressionante: "Então você não sabia que tem anjos no céu?" E perguntou se ela tinha vontade de ser anjo.

— Não.

— Que é que você quer ser?

— Aeromoça!

E começou a nos servir biscoitos; dois passageiros que estavam cochilando acordaram assustados, porque ela apertara o botão que faz descer as costas das poltronas; mas depois riram e aceitaram os biscoitos.

— A Baía de Guanabara!

Começamos a descer. E quando o avião tocava o solo, naquele instante de leve tensão nervosa, ela se libertou do cinto e gritou alegremente:

— Agora tudo vai explodir!

E disse que queria sair primeiro porque estava com muita pressa, para ver as horas na torre do edifício ali perto: pois já sabia ver as horas.

Não deviam ter-lhe ensinado isso. Ela já sabe tanta coisa! As horas se juntam, fazem os dias, fazem os anos, e tudo vai passando, e os anjos depois não existem mais, nem no céu, nem na terra.

Agosto, 1953

O NOVO CADERNO

Meu caderno de endereços está velho demais, e começo a passar os nomes e números de telefone para um novo. É um trabalho fatigante: tenho de me esforçar para fazer boa letra, e chego à conclusão de que conheço muita gente, especialmente começando por A, L e M. Mas a fadiga não é apenas física; é também sentimental.

É fácil eliminar o nome do amigo que foi para o estrangeiro ou do simples conhecido com quem se teve um negócio a tratar e não se tem mais. Mas dá um certo remorso suprimir o amigo de quem a gente se afastou, embora sem culpa. É como se o estivéssemos riscando de nossa vida, jogando-o fora. E essa Maria para quem eu telefonava tanto, por que trazer seu número para o novo caderno? Sei muito bem que nunca mais lhe telefonarei; só o faria pela madrugada, bêbedo, mas há muitos anos não telefono mais quando bebo. De qualquer modo, porém, este pequeno trabalho me obriga a considerar o caso de Maria, a pensar no samba *Risque* de Ary Barroso, a ficar um pouco sentimental sobre essa espécie de falecimento de Maria.

Quanto a Joana, aqui está seu endereço escrito a lápis, apressadamente, um dia destes, em uma página errada. Conheço Joana há algum tempo, mas só há poucos dias tomei nota de seu telefone; transfiro-o a tinta para a primeira linha da página da letra J, e escrevo seu nome devagar, como quem faz um carinho.

Joana! Daqui a um ano, um ano e meio, quando este caderno estiver sujo e velho, com que mão, Joana, escreverei teu nome no caderno novo? Esse número que hoje não sei discar sem emoção, porque ouvir sua voz é como beber um licor que pode ser venenoso, esse número talvez não vá para outro caderno, mas fique preso na minha memória entretanto infiel, como um remorso ou uma saudade.

Outro dia em minha casa o telefone bateu, alguém disse "ahn" e quando ouviu minha voz dando o número pediu desculpas, embaraçada, e desligou depressa. Eu me engano facilmente, mas julguei reconhecer uma voz antigamente querida. Talvez tudo que tenha ficado de mim na

lembrança dessa pessoa seja esse número de telefone preso no inconsciente, parado e inútil, que o acaso de uma distração fez vir à tona.

Todos nós somos um cemitério de números e de nomes; não somos
nós, é a vida que os mata, mas nós carregamos seus pequeninos cadáveres
secos. Talvez seja isso o que nos envelhece, o que dá uma contrariedade
vazia a um momento de solidão, uma vaga tristeza ao dormir; às vezes
parece que esses mortos se movem levemente...

Mas que importa a vida que se foi? Escrevo em maiúsculas – JOANA –
e suspendo meu trabalho para discar seu número e lhe dizer que ela
entrou de estandarte na mão, coroada de flores, no meu caderno novo.

Novembro, 1954

RITA

No meio da noite despertei sonhando com minha filha Rita. Eu a via nitidamente, na graça de seus cinco anos.

Seus cabelos castanhos – a fita azul – o nariz reto, correto, os olhos de água, o riso fino, engraçado, brusco...

Depois um instante de seriedade; minha filha Rita encarando a vida sem medo, mas séria, com dignidade.

Rita ouvindo música; vendo campos, mares, montanhas; ouvindo de seu pai o pouco, o nada que ele sabe das coisas, mas pegando dele seu jeito de amar – sério, quieto, devagar.

Eu lhe traria cajus amarelos e vermelhos, seus olhos brilhariam de prazer. Eu lhe ensinaria a palavra cica, e também a amar os bichos tristes, a anta e a pequena cutia; e o córrego; e a nuvem tangida pela viração.

Minha filha Rita em meu sonho me sorria – com pena deste seu pai, que nunca a teve.

Janeiro, 1955

O GESSO

Talvez um dia eu mande passar para o bronze; mas me afeiçoei a essa cabeça de gesso encardido que é a única lembrança material que tenho daquela que partiu.

Seus olhos brancos parecem fitar um mundo estranho, contemplar alguma coisa além das coisas deste mundo. O ar é severo, quase triste. Mas sei como fazer vibrar essa imobilidade; minha arma é a luz. É com a luz que devagar e ternamente vou passeando os olhos pela face, a testa, a orelha delicada, os cabelos presos atrás por um laço. Então é como se os músculos ainda vivessem e os cabelos ainda tivessem o brilho macio, os lábios ainda pudessem se comprimir levemente, como se ela tivesse alguma palavra a dizer e não quisesse dizê-la.

O escultor não se deixou encantar pela sua beleza; trabalhou com dura honestidade, com lenta obstinação, menos preocupado em fazer uma obra de arte em si mesma que em retratar a mulher.

Quantas vezes vi esses olhos se rindo em plena luz ou brilhando suavemente na penumbra, olhando os meus. Agora olham por cima de mim ou através de mim, brancos, regressados com ela à sua substância de deusa.

Agora ninguém mais a poderá ferir; e todos nós, desta cidade, que a conhecemos um dia; e, mais que todos, aquele que mais obstinada, mais angustiosamente soube amá-la, aquele que hoje a contempla assim, prisioneira do imóvel gesso, mas libertada de toda a dor e toda a paixão tumultuária da vida – todos nós morremos um pouco na sua ausência.

Muitas vezes encontro sua lembrança em alguma esquina da cidade; subitamente me sinto viver uma tarde antiga, como se a vida tivesse voltado um instante – ouço aquela voz dizer o meu nome, o bater de seus saltos na calçada, ao meu lado. Mas são lembranças vivas, carregadas de prazer e de angústia. Doem-me. Paro um momento na rua, como se fosse para deixar a tarde antiga passar pelos meus ombros, levada pela brisa; paro um momento e regresso ao dia de hoje, com todos os jogos do destino já idos e jogados.

Mas à noite, quando volto para casa, a cabeça de gesso me espera – imemorial, neutra, severa, apenas quase triste. E minha ternura é toda sossego e pureza.

Fevereiro, 1955

A CORRETORA DE MAR

A mulher entrou no meu escritório com um sorriso muito amável e os olhos muito azuis. Desenrolou um mapa e começou a falar com uma certa velocidade, como é uso dos chilenos. Gosto de ver mapas, e me ergui para olhar aquele.

Quando percebi que se tratava de um loteamento, e a mulher queria me vender uma *parcela*, me coloquei na defensiva; disse que no momento suspendi meus negócios imobiliários, e até estava pensando em vender meus imensos territórios no Brasil; que além disso o Chile é um país muito estreito e sua terra deveria ser dividida entre seu povo; até ficaria mal a um estrangeiro querer especular com um trecho de *faja angosta*, que é como os chilenos chamam sua tira estreita de terra, que por sinal costumam dizer que é *larguíssima*, para assombro do brasileiro recém--chegado, que não sabe que isso em castelhano quer dizer "compridíssima".

Os olhos azuis fixaram-se nos meus, a mão extraiu de uma pasta a fotografia de um terreno plantado de pinheirinhos de dois ou três anos: não se tratava de especulação imobiliária; dentro de poucos anos eu seria um madeireiro, poderia cortar meus pinheiros... Ponderei que tenho uma pena imensa de cortar árvores.

— A senhora não tem?

Também tinha. E então baixou a voz, sombreou os olhos de poesia, e me disse que ela mesma, corretora, também comprara duas parcelas naquele terreno. E tinha certeza – confessava – que também não teria coragem de mandar cortar seus pinheiros; também adorava árvores e passarinhos, cortaria apenas os pinheiros necessários para fazer uma casinha de madeira: o lugar é lindo, em um pequeno planalto, dá para uns penedos junto ao mar; as árvores choram, e cantam com as ondas quando sopra o vento do oceano...

Confesso que paguei a primeira prestação: ela passou o recibo, sorriu, me disse *muchas gracias* e *hasta lueguito* e partiu com seus olhos azuis, me deixando meio tonto, com a vaga impressão de ter comprado um pedaço do Oceano Pacífico.

Santiago do Chile, abril, 1955

OS AMIGOS NA PRAIA

Éramos três velhos amigos na praia quase deserta. O sol estava bom; e o mar, violento. Impossível nadar: as ondas rebentavam lá fora, enormes, depois avançavam sua frente de espumas e vinham se empinando outra vez, inflando, oscilantes, túmidas, azuis, para poucar de súbito na praia. Mal a gente entrava no mar a areia descaía de chofre, quase a pique, para uma bacia em que não dava pé; alguns metros além havia certamente uma plataforma de areia onde o mar estourava primeiro. Demos alguns mergulhos, apanhamos fortes lambadas de onda e nos deixamos ficar conversando na praia; o sol estava bom.

Éramos três velhos amigos e cada um estava tão à vontade junto dos outros que não tínhamos o sentimento de estar juntos, apenas estávamos ali. Talvez há dez ou quinze anos atrás tivéssemos estado os três ali, ou em algum outro lugar da praia, conversando talvez as mesmas coisas. Certamente éramos os três mais magros, nossos cabelos eram mais negros... Mas que nos importava isso agora? Cada um vivera para seu lado: às vezes um cruzara com outro em alguma cidade e então possivelmente teria perguntado pelo terceiro. Meses, talvez anos, podem haver passado sem que os três se vissem ou se escrevessem; mas aqui estamos juntos tão à vontade como se todo o tempo tivéssemos feito isso.

Falamos de duas ou três mulheres, rimos cordialmente das coisas de outros amigos ("aquela vez que o Di chegou de São Paulo"... "o Joel outro dia me telefonou de noite...") mas nossa conversa era leve e tranquila como a própria manhã, era uma conversa tão distraída como se cada um estivesse pensando em voz alta suas coisas mais simples. Às vezes ficávamos sem dizer nada, apenas sentindo o sol no corpo molhado, olhando o mar, à toa. Éramos três animais já bem maduros a entrar e sair da água muito salgada, tendo prazer em estar ao sol. Três bons animais em paz, sem malícia nem vaidade nenhuma, gozando o vago conforto de estarem vivos e estarem juntos respirando o vento limpo do mar – como três cavalos, três bois, três bichos mansos debaixo do céu azul. E tão sossegados e tão inocentes que, se Deus nos visse por acaso lá de cima, certamente murmuraria apenas – "lá estão aqueles três" – e pensaria em outra coisa.

Rio, março, 1956

A MOÇA

Líamos juntos um poema de Vinicius de Moraes. Esbarraste na palavra "báratro" e pronunciaste "barátro", perguntando: "o que é?" Eu corrigi tua pronúncia, mas não soube explicar o sentido exato: "é alguma coisa como oceano ou labirinto... Vamos ver no dicionário." Era abismo, precipício, inferno. E rimos muito.

Depois eu te ensinei a teoria de dormir na rede, e te emprestei a palavra "ruivas" para ficar no teu poema no lugar de "fulvas". (Tratava-se de formigas.)

Então eu te levei ao Arpoador e subimos até o alto. E te ofereci num gesto largo todo o oceano com suas ilhas e todo o céu com seus ventos; porém, estavas triste; digna e triste como olvidada princesa belga.

E me disseste: "sou o anjo duvidoso". E eu disse: "que és anjo não tenho dúvida alguma, está na cara; mas duvidoso, talvez".

Bebias muita água; e trincavas nos dentes a pastilha da felicidade, invenção americana. Eu recusei: "não; é verdade que estou meio triste, mas não tem importância, é uma tristezinha maneira; vou tocando assim mesmo".

E fomos tocando pela tarde e pela noite, de um lado e outro, como se estivéssemos procurando uma pessoa amiga, uma pessoa que procurávamos há tanto tempo que já havíamos esquecido quem era mesmo. E não tinha importância. De repente ficaste mais minha amiga e me contaste coisas amargas. Eu mirei tua boca, teus olhos e tua testa com um profundo respeito.

Rio, junho, 1956

A PRIMEIRA MULHER DO NUNES

Hoje, pela volta do meio-dia, fui tomar um táxi naquele ponto da praça Serzedelo Correia, em Copacabana. Quando me aproximava do ponto notei uma senhora que estava sentada em um banco, voltada para o jardim; nas extremidades do banco estavam sentados dois choferes, mas voltados em posição contrária, de frente para o restaurante da esquina. Enquanto caminhava em direção a um carro, reparei, de relance, na senhora. Era bonita e tinha ar de estrangeira; vestia-se com muita simplicidade, mas seu vestido era de um linho bom e as sandálias cor de carne me pareceram finas. De longe podia parecer amiga de um dos motoristas; de perto, apesar da simplicidade de seu vestido, sentia-se que nada tinha a ver com nenhum dos dois. Só o fato de se ter sentado naquele banco já parecia indicar tratar-se de uma estrangeira, e não sei por que me veio a ideia de que era uma senhora que nunca viveu no Rio, talvez estivesse em seu primeiro dia de Rio de Janeiro, entretida em ver as árvores, o movimento da praça, as crianças que brincavam, as babás que empurravam carrinhos. Pode parecer exagero que eu tenha sentido isso tudo de relance, mas a impressão que tive é que ela tinha a pele e os cabelos muito bem tratados para não ser uma senhora rica ou pelo menos de certa posição; deu-me a impressão de estar fruindo um certo prazer em estar ali, naquele ambiente popular, olhando as pessoas com um ar simpático e vagamente divertido; foi o que me pareceu no rápido instante em que nossos olhares se encontraram.

Como o primeiro chofer da fila alegasse que preferia um passageiro para o centro, pois estava na hora de seu almoço, e os dois carros seguintes não tivessem nenhum chofer aparente, caminhei um pouco para tomar o que estava em quarto lugar. Tive a impressão de que a senhora se voltara para me olhar. Quando tomei o carro e fiquei novamente de frente para ela, e enquanto eu murmurava para o chofer o meu rumo – Ipanema – notei que ela desviava o olhar; o carro andara apenas alguns metros e, tomado de um pressentimento, eu disse ao chofer que parasse um instante. Ele obedeceu. Olhei para a senhora, mas ela havia voltado completamente a cabeça. Mandei tocar, mas enquanto o velho táxi rolava lentamente no longo da praia eu fui possuído pela certeza súbita e insistente de que acabara de ver a primeira mulher do Nunes.

*

— Você precisa conhecer a primeira mulher do Nunes – me disse uma vez um amigo.

— Você precisa conhecer a primeira mulher do Nunes – me disse outra vez outro amigo.

Isso aconteceu há alguns anos, em São Paulo, durante os poucos meses em que trabalhei com o Nunes. Eu conhecera sua segunda mulher, uma morena bonitinha, suave, quieta – pois ele me convidara duas vezes a jantar em sua casa. Nunca me falara de sua primeira mulher, nem sequer de seu primeiro casamento. O Nunes era pessoa de certo destaque em sua profissão e afinal de contas um homem agradável, embora não brilhante; notei, entretanto, que sempre que alguém me falava dele era inevitável uma referência à sua primeira mulher.

Um casal meu amigo, que costumava passar os fins de semana em uma fazenda, convidou-me certa vez a ir com eles e mais um pequeno grupo. Aceitei, mas no sábado fui obrigado a telefonar dizendo que não podia ir. Segunda-feira, o amigo que me convidara me disse:

— Foi pena você não ir. Pegamos um tempo ótimo e o grupo estava divertido. Quem perguntou muito por você foi a Marissa.

— Quem?

— A primeira mulher do Nunes.

— Mas eu não conheço...

— Sei, mas eu havia dito a ela que você ia. Ela estava muito interessada em conhecer você.

A essa altura eu já sabia várias coisas a respeito da primeira mulher do Nunes; que era linda, inteligente, muito interessante, um pouco estranha, judia italiana, rica, tinha os cabelos castanho-claros e os olhos verdes e uma pele maravilhosa – "parece que está sempre fresquinha, saindo do banho", segundo a descrição que eu ouvira.

Quando dei de mim eu estava, de maneira mais ingênua, mais tola, mais veemente, apaixonado pela primeira mulher do Nunes. Devo dizer

93

que nessa ocasião eu emergia de um caso sentimental arrasador – um caso que mais de uma vez chegou ao drama e beirou a tragédia e em que eu mesmo, provavelmente, mais de uma vez, passei os limites do ridículo. Eu vivia sentimentalmente uma hora parda, vazia, feita de tédio e de remorso; a lembrança da história que passara me doía um pouco e me amargava muito. Além disso minha situação não era boa; alguns amigos achavam – e um teve a franqueza de me dizer isso, quando bêbado – que eu estava decadente em minha profissão. Outros diziam que eu estava bebendo demais. Enfim, tempos ruins, de moral baixa, e ainda por cima de pouco dinheiro e pequenas dívidas mortificantes. Naturalmente eu me distraía com uma ou outra historieta de amor, mas saía de cada uma ainda mais entediado. A imagem da primeira mulher do Nunes começou, assim, a aparecer-me como a última esperança, a única estrela a brilhar na minha frente. Esse sentimento era mais ou menos inconsciente, mas tomei consciência aguda dele quando soube que ela ganhara uma bolsa esplêndida para passar seis meses nos Estados Unidos. Senti-me como que roubado, traído pelo governo norte-americano. Mas a notícia veio com um convite – para o jantar de despedida da primeira mulher do Nunes.

*

Isso aconteceu há quatro ou cinco anos. Mudei-me de São Paulo, fiz algumas viagens, resolvi parar mesmo no Rio – e naturalmente me aconteceram coisas. Nunca mais vi o Nunes. Aliás, nos últimos tempos de nossas relações, eu me distanciara dele por um absurdo constrangimento, o pudor pueril do que ele pudesse pensar no dia em que soubesse que entre mim e sua primeira mulher... Na realidade nunca houve nada entre nós dois; nunca sequer nos avistamos. Uma banal gripe me impediu de ir ao jantar de despedida; depois eu soube que sua bolsa fora prorrogada, depois ouvi alguém dizer que a encontrara em Paris – enfim, a primeira mulher do Nunes ficou sendo um mito, uma estrela perdida para sempre em remotos horizontes e que jamais cheguei a avistar.

Talvez fosse mesmo ela que estivesse pousada hoje, pelo meio-dia, na praça Serzedelo Correia, simples, linda e tranquila. Assim era a imagem que eu fazia dela; e tive a impressão de que seu rápido olhar vagamente cordial e vagamente irônico tentava me dizer alguma coisa, talvez contivesse uma espantosa e cruel mensagem: "eu sei quem é você; eu sou Marissa, a primeira mulher do Nunes; mas nosso destino é não nos conhecermos jamais..."

Rio, outubro, 1957

VIÚVA NA PRAIA

Ivo viu a uva; eu vi a viúva. Ia passando na praia, vi a viúva, a viúva na praia me fascinou. Deitei-me na areia, fiquei a contemplar a viúva.

O enterro passara sob a minha janela; o morto eu o conhecera vagamente; no café da esquina a gente se cumprimentava às vezes, murmurando "bom dia"; era um homem forte, de cara vermelha; as poucas vezes que o encontrei com a mulher ele não me cumprimentou, fazia que não me via; e eu também. Lembro-me de que uma vez perguntei as horas ao garçom, e foi aquele homem que respondeu; agradeci; este foi nosso maior diálogo. Só ia à praia aos domingos, mas ia de carro, um Citroën, com a mulher, o filho e a barraca, para outra praia mais longe. A mulher ia às vezes à praia com o menino, em frente à minha esquina, mas só no verão. Eu passava de longe; sabia quem era, que era casada, que talvez me conhecesse de vista; eu não a olhava de frente.

A morte do homem foi comentada no café; eu soube, assim, que ele passara muitos meses doente, sofrera muito, morrera muito magro e sem cor. Eu não dera por sua falta, nem soubera de sua doença.

E agora estou deitado na areia, vendo a sua viúva. Deve uma viúva vir à praia? Nossa praia não é nenhuma festa; tem pouca gente; além disso vamos supor que ela precise trazer o menino, pois nunca a vi sozinha na praia. E seu maiô é preto. Não que o tenha comprado por luto; já era preto. E ela tem, como sempre, um ar decente; não olha para ninguém, a não ser para o menino, que deve ter uns dois anos.

Se eu fosse casado, e morresse, gostaria de saber que alguns dias depois minha viúva iria à praia com meu filho – foi isso o que pensei, vendo a viúva. É bem bonita, a viúva. Não é dessas que chamam a atenção; é discreta, de curvas discretas, mas certas. Imagino que deve ter 27 anos; talvez menos, talvez mais, até trinta. Os cabelos são bem negros; os olhos são um pouco amendoados, o nariz direito, a boca um pouco dentucinha, só um pouco; a linha do queixo muito nítida.

Ergueu-se, porque, contra suas ordens, o garoto voltou a entrar n'água. Se eu fosse casado, e morresse, talvez ficasse um pouco ressentido ao pensar que, alguns dias depois, um homem – um estranho, que mal conheço de vista, do café – estaria olhando o corpo de minha mulher na praia. Mesmo que olhasse sem impertinência, antes de maneira discreta, como que distraído.

Mas eu não morri; e eu sou o outro homem. E a ideia de que o defunto ficaria ressentido se acaso imaginasse que eu estaria aqui a reparar no corpo de sua viúva, essa ideia me faz achá-lo um tolo, embora, a rigor, eu não possa lhe imputar essa ideia, que é minha. Eu estou vivo, e isso me dá uma grande superioridade sobre ele. Vivo! Vivo como esse menino que ri, jogando água no corpo da mãe que vai buscá-lo. Vivo como essa mulher que pisa a espuma e agora traz ao colo o garoto já bem crescido. O esforço faz-lhe tensos os músculos dos braços e das coxas; é bela assim, marchando com a sua carga querida.

Agora o garoto fica brincando junto à barraca e é ela que vai dar um mergulho rápido, para se limpar da areia. Volta. Não, a viúva não está de luto, a viúva está brilhando de sol, está vestida de água e de luz. Respira fundo o vento do mar, tão diferente daquele ar triste do quarto fechado do doente, em que viveu meses. Vendo seu homem se finar; vendo-o decair de sua glória de homem fortão de cara vermelha e de seu império de homem da mulher e pai do filho, vendo-o fraco e lamentável, impertinente e lamurioso como um menino, às vezes até ridículo, às vezes até nojento...

Ah, não quero pensar nisso! Respiro também profundamente o ar limpo e livre. Ondas espoucam ao sol. O sol brilha nos cabelos e na curva de ombro da viúva. Ela está sentada, quieta, séria, uma perna estendida, outra em ângulo. O sol brilha também em seu joelho. O sol ama a viúva. Eu vejo a viúva.

Rio, setembro, 1958

A MULHER QUE IA NAVEGAR

O anúncio luminoso de um edifício em frente, acendendo e apagando, dava banhos intermitentes de sangue na pele de seu braço repousado, e de sua face. Ela estava sentada junto à janela e havia luar; e nos intervalos desse banho vermelho ela era toda pálida e suave.

Na roda havia um homem muito inteligente que falava muito; havia seu marido, todo bovino; um pintor louro e nervoso; uma senhora morena de riso fácil e engraçado; um físico, uma senhora recentemente desquitada, e eu. Para que recensear a roda que falava de política ou de pintura? Ela não dava atenção a ninguém. Quieta, às vezes sorrindo quando alguém lhe dirigia a palavra, ela apenas mirava o próprio braço, atenta à mudança da cor. Senti que ela fruía nisso um prazer silencioso e longo. "Muito!", disse quando alguém lhe perguntou se gostara de um certo quadro – e disse mais algumas palavras; mas mudou um pouco a posição do braço e continuou a se mirar, interessada em si mesma, com um ar sonhador.

Quando começou a discussão sobre pintura figurativa, abstrata e concreta, houve um momento em que seu marido classificou certo pintor com uma palavra forte e vulgar; ela ergueu os olhos para ele, com um ar de censura; mas nesse olhar havia menos zanga do que tédio. Então senti que ela se preparava para o enganar.

Ela se preparava devagar, mas sem dúvida e sem hesitação íntima nenhuma; devagar, como um rito. Talvez nem tivesse pensado ainda que homem escolheria, talvez mesmo isso no fundo pouco lhe importasse, ou seria, pelo menos, secundário. Não tinha pressa. O primeiro ato de sua preparação era aquele olhar para si mesma, para seu belo braço que lambia devagar com os olhos, como uma gata se lambe no corpo; era uma lenta preparação. Antes de se entregar a outro homem, ela se entregaria longamente ao espelho, olhando e meditando seu corpo de trinta anos com uma certa satisfação e uma certa melancolia, vendo as marcas do maiô e da maternidade e se sorrindo vagamente, como quem diz: eis um belo barco prestes a se fazer ao mar; é tempo.

Talvez tenha pensado isso naquele momento mesmo; olhou-me, quase surpreendendo o olhar com que eu a estudava; não sei; em todo caso, me sorriu e disse alguma coisa, mas senti que eu não era o navegador que ela buscava. Então, como se estivesse despertando, passou a olhar uma a uma as pessoas da roda; quando se sentiu olhado, o homem inteligente que falava muito continuou a falar encarando-a, a dizer coisas inteligentes sobre homem e mulher; ela ia voltar os olhos para outro lado, mas ele dizia logo outra coisa inteligente, como quem joga depressa mais quirera de milho a uma pomba. Ela sorria, mas acabou se cansando daquele fluxo de palavras, e o abandonou no meio de uma frase. Seus olhos passaram pelo marido e pelo pequeno pintor louro e então senti que pousavam no físico. Ele dizia alguma coisa à mulher recentemente desquitada, alguma coisa sobre um filme do festival. Era um homem moreno e seco, falava devagar e com critério sobre arte e sexo. Falava sem pose, sério; senti que ela o contemplava com uma vaga surpresa e com agrado. Estava gostando de ouvir o que ele dizia à outra. O homem inteligente que falava muito tentou chamar-lhe a atenção com uma coisa engraçada, e ela lhe sorriu; mas logo seus olhos se voltaram para o físico. E então ele sentiu esse olhar e o interesse com que ela o ouvia, e disse com polidez:

— A senhora viu o filme?

Ela fez que sim com a cabeça, lentamente, e demorou dois segundos para responder apenas: vi. Mas senti que seu olhar já estudava aquele homem com uma severa e fascinada atenção, como se procurasse na sua cara morena os sulcos do vento do mar e, no ombro largo, a secreta insígnia do piloto de longo, longo curso.

Aborrecido e inquieto, o marido bocejou – era um boi esquecido, mugindo, numa ilha distante e abandonada para sempre. É estranho: não dava pena.

Ela ia navegar.

A GRANDE MULHER INTERNACIONAL

A grande mulher internacional eu a vi uma vez – minto! – eu a vislumbrei uma vez no antigo aeroporto do Galeão, numa hora tipo 4:45 da manhã, e apenas por um instante. Eu chegava num inverossímil avião de Bogotá; ela ia... meu Deus, ela transitava de... de uma certa maneira intransitiva, como se apenas acontecesse ali, de passaporte na mão e carregando uma pele no braço quase a tocar o solo. Sim, foi apenas um instante, mas me feriu os olhos de beleza para sempre.

A segunda vez, anos depois, foi em Munique – eu digo Munique e vocês estranhariam se eu confessasse que também poderia ser Zurique e até mesmo Frankfurt; na verdade eu não sei. Como? – perguntará um filisteu – o senhor não sabe em que aeroporto se achava? Calma, houve o seguinte. Eu estava em Paris e fui a Orly tomar um avião da Panair para o Rio. Alguém me explicou que tinha havido uma alteração: nosso avião iria primeiro a Munique (ou Frankfurt? ou Zurique?) e lá deixaria de ser da Panair para ficar sendo da Varig; não houve isso, não houve um dia em que houve isso? Lembro-me de que na volta conversei com um comandante – da Varig? da Panair? – que era irmão ou tio da escritora Gilda de Mello e Souza, que é mulher do crítico Antonio Candido, me lembro do tempo em que eles se namoravam na Confeitaria Vienense, na rua Barão de Itapetininga, em São Paulo, faziam parte de uma roda que tinha o Paulo Emílio, pessoal de uma revista chamada *Clima*, eles bebiam leite maltado, noutra mesa eu com o João Leite ou o Arnaldo Pedroso d'Horta tomávamos cerveja Original, de Ponta Grossa, Paraná, que a Antártica miserável comprou e destruiu; aliás a Gilda é também (?) sobrinha de Mário de Andrade – será que o comandante era parente de Mário? Deixo as indagações à pesquisa dos universitários paulistas.

Na verdade não seria difícil estabelecer dia e lugar certos da aventura; creio que no avião ia também o depois presidente da Varig, senhor Eric de Carvalho, ele antes não foi da Panair?, ou faço confusão? O que interessa é que num aeroporto de língua predominantemente alemã fiquei algum tempo a pasmar pela madrugada. De súbito começaram a chegar e partir aviões. Num deles – de Atenas, conexão para Estocolmo?

de Oslo para Turim? – de súbito surgiu aquela mulher. Linda! Tão linda assim, só mesmo sendo mulher de aeroporto internacional. Por quê? A sua qualidade de transiente (ela jamais está embarcando ou chegando, é sempre passageira em trânsito) lhe dá um leve ar de fadiga e também de excitação. E as pernas longas e os sapatos desnecessariamente tão altos parecem ter prazer em pisar, deter-se, avançar, voltar-se; a mão, cujo dorso é de uma cor de marfim levemente dourado, segura uma ficha, e uns óculos, mas se ergue para pegar a mecha de cabelos que tombou, então levanta um pouco a cabeça e podemos ver os olhos, inevitavelmente azuis, e diz *no*, ou *non* ou *nein*, e quando um homem uniformizado lhe murmura algo ela faz com a cabeça que sim, e sorri – e que iluminação, que matinalidade inesperada no sorriso dessa mulher entretanto madura! Madura, não. Digamos: de vez.

(Aurélio Buarque de Holanda, mestre e amigo: eu não gosto de inventar modas nem palavras em português, mas lá atrás tive de escrever "qualidade de transiente" porque não temos a palavra "transiência", que não custava a gente roubar do inglês; e agora escrevo "de vez", quando na verdade isso já é um adjetivo que devia ser uma palavra só, querendo dizer "quase madura"; peço-lhe uma providência, professor, para facilitar a vida da gente, que vive de escrever nesta língua.)

Não, nunca haverá mulher tão linda no mundo como essa grande mulher de aeroporto internacional quando mal amanhece, há um langor, e ao mesmo tempo um imponderável nervosismo e uma leve confusão dos fusos horários – e ela surge de uma porta de vidro dessas que se abrem sozinhas quando a gente avança, e ela avança com uma grande sacola de couro e lona e se detém...

Ou não se detém.

Março, 1979

O VERDADEIRO GUIMARÃES

Aconteceu há alguns anos, na Cinelândia. Vi um senhor de certa idade e senti que o conhecia de algum lugar. Ele também deu sinais de me reconhecer. Detive-me para lhe apertar a mão. Trocamos algumas palavras vagas, enquanto eu me esforçava por localizá-lo. Comecei a sofrer; todos os leitores conhecem essa pequena angústia. Para esconder minha perplexidade, tratei-o da maneira mais cordial, tive realmente muito prazer em vê-lo, há quanto tempo, o senhor está muito bem, está mais moço, francamente etc.

Quando ele disse qualquer coisa a respeito de Belo Horizonte, suspirei com alívio. Era o Guimarães! Seria realmente insultuoso não reconhecer o Guimarães, sempre tão camarada meu – um velhinho agente de publicidade que sempre aparecia na redação em que eu trabalhava, e até mais de uma vez me deu dinheiro para redigir alguma "matéria paga". Um desses antigos cavadores de anúncio, um bom sujeito. Fiquei ainda mais cordial, perguntei se ele se demorava no Rio. Respondeu que agora estava morando aqui.

— E como vai de vida?

Respondeu modestamente que ia indo. Muito trabalho... Comentei que a vida no Rio estava cara, a gente tinha de fazer força para aguentar. Ele concordou. Indaguei se não pensava em voltar para Minas, ele disse que não, estava mesmo fixo no Rio. Acompanhei-o carinhosamente até a esquina e, ainda com remorso de não havê-lo reconhecido no primeiro instante, me despedi:

— Pois olhe, fiquei muito contente em saber que você se arranjou bem aqui no Rio. Felicidades, hem!

*

Depois que ele se afastou é que me ocorreu que talvez ele é que não me tivesse reconhecido. Afinal só me dissera coisas mais ou menos vagas, e eu não me lembrava de que ele tivesse pronunciado meu nome. Também era natural – há tanto tempo que eu não via o Guimarães!

Pois ia vê-lo dias depois. Eu me encontrava na calçada da Biblioteca Nacional com o Adauto Lúcio Cardoso e Olavo Bilac Pinto e vinha andando com eles quando apareceu o Guimarães em direção contrária. Os dois precipitaram-se a cumprimentá-lo com a maior deferência – e eu também.

Quando continuamos os três a nossa marcha, comentei com Adauto: "Que velhinho simpático esse, não?" Não sei se minhas palavras foram bem essas, sei que Adauto estranhou minha maneira de falar e desconfiou que eu não reconhecera o velhinho simpático.

Era o ministro Orozimbo Nonato, presidente do Supremo Tribunal Federal e meu antigo professor de Processo Civil.

O pior é que o Guimarães, o verdadeiro Guimarães, o tal agente de publicidade que só anos depois vim a identificar em Belo Horizonte – não era Guimarães; era Magalhães.

VIVER SEM MARIANA É IMPOSSÍVEL

Foi o timbre especial de uma voz, entre tantas. Voltei devagar a cabeça, enquanto o amigo me falava, e procurei, sem saber por que, localizar a dona daquela voz. Mas o amigo contava uma coisa interessante, e minha atenção voltou para ele. Só, alguns instantes depois, ouvindo, entre vozes de homem, uma risada clara de mulher, é que um nome me cruzou a cabeça como um relâmpago e me ergui da cadeira: Mariana!

Ela hesitou um instante, e quando meu nome saiu de sua boca nós já estávamos de pé, e abraçados. Pobre é a vida de um homem; mas é estranho como ele desperdiça riquezas, e nem se lembra mais. Se, passados tantos anos, eu tivesse ido encontrá-la sabendo que iria vê-la, e ela também esperasse me rever, talvez não houvesse essa explosão de carinho tão intensa, que parecíamos, entre os outros que nos olhavam surpresos, dois amantes que tivessem passado anos ansiando um pelo outro, e se buscando em vão. Não sei se ela sentiu, depois daquela efusão tão grande, a mesma estranheza que eu – se lhe acudiu subitamente a ideia de que antes não éramos tão amigos assim, e não achou estranha a imensa alegria do encontro. Nesse acaso dos encontros do mundo, que mistério é esse que faz se verem frias duas pessoas que se deixaram com muito carinho, e torna contrafeitos amigos de infância, mas também dá esse choque de prazer em velhos conhecidos escassamente cordiais? Ela estava bonita, talvez mais bonita que antes, mais dona de sua beleza. Há adolescentes e até moças que parecem não ser donas das próprias pernas, ou cujos olhos parecem um acaso, ou são inconscientes de seus ombros. Nelas a beleza parece um acidente, a que são, no fundo, estranhas; aconteceram-lhe aqueles ombros. Sabem apenas que são bonitas, mas não tomaram posse de si mesmas, são um fato demasiado recente e ainda instável, como um pássaro que se balança em um galho florido. Nessa mulher madura, a beleza está morando, a beleza não é um acidente fortuito, é sua maneira de ser.

Ela conta suas histórias, eu conto as minhas, mas toda essa multidão de pessoas e fatos que houve durante esse tempo em que não nos vimos tem apenas um sentido vago. Como se a gente entrasse num cinema para ver um filme qualquer e saísse, e então aquelas peripécias de amarguras e alegrias que iam nos interessando de minuto a minuto perdessem todo o sentido, nós dois tornando à rua da realidade. A realidade somos nós dois, amigos felizes de nos encontrarmos. E seu movimento de cabeça, o gesto de sua mão ao segurar a minha que lhe apresenta fogo para o cigarro, o timbre de sua voz longamente extraviado, mas nunca perdido em minha lembrança – tudo é um belo reino que de repente recuperei. Somos subitamente ricos um do outro, e conscientes dessa riqueza afetiva, com uma extraordinária pureza.

Quando saímos, e me atraso um momento, e a vejo assim de corpo inteiro, andando, firme e suave na sua beleza, sigo-a um pouco mais devagar, para durante mais um instante ter o prazer de revê-la dos pés à cabeça, antes de lhe segurar o braço de velha amiga e lhe dizer, com uma franqueza instantânea que a faz rir: "Mariana, eu acho impossível uma pessoa viver sem você". E ela ri e agradece – pois já estamos na idade de poder dizer e ouvir, sem ilusões, as mais simples, e belas, e graves tolices.

Agosto, 1989

Bicho e gente

O CONDE E O PASSARINHO

Acontece que o conde Matarazzo estava passeando pelo parque. O conde Matarazzo é um conde muito velho, que tem muitas fábricas. Tem também muitas honras. Uma delas consiste em uma preciosa medalhinha de ouro que o conde exibia à lapela, amarrada a uma fitinha. Era uma condecoração. Ora, aconteceu também um passarinho. No parque havia um passarinho. E esses dois personagens – o conde e o passarinho – foram os únicos da singular história narrada pelo *Diário de S. Paulo*.

Devo confessar preliminarmente que, entre um conde e um passarinho, prefiro um passarinho. Torço pelo passarinho. Não é por nada. Nem sei mesmo explicar essa preferência. Afinal de contas, um passarinho canta e voa. O conde não sabe gorjear nem voar. O conde gorjeia com apitos de usinas, barulheiras enormes, de fábricas espalhadas pelo Brasil, vozes dos operários, dos teares, das máquinas de aço e de carne que trabalham para o conde. O conde gorjeia com o dinheiro que entra e sai de seus cofres, o conde é um industrial, e o conde é conde porque é industrial. O passarinho não é industrial, não é conde, não tem fábricas. Tem um ninho, sabe cantar, sabe voar, é apenas um passarinho e isso é gentil, ser um passarinho.

Eu quisera ser um passarinho. Não, um passarinho, não. Uma ave maior, mais triste. Eu quisera ser um urubu.

Entretanto, eu não quisera ser conde. A minha vida sempre foi orientada pelo fato de eu não pretender ser conde. Não amo os condes. Também não amo os industriais. Que amo eu? Pierina e pouco mais. Pierina e a vida, duas coisas que se confundem hoje e amanhã, mais se confundirão na morte.

Entendo por vida o fato de um homem viver fumando nos três primeiros bancos e falando ao motorneiro. Ainda ontem ou anteontem assim escrevi. O essencial é falar ao motorneiro. O povo deve falar ao motorneiro. Se o motorneiro se fizer de surdo, o povo deve puxar a aba do paletó do motorneiro. Em geral, nessas circunstâncias, o motorneiro dá um coice. Então o povo deve agarrar o motorneiro, apoderar-se da manivela, colocar o bonde a nove pontos, cortar o motorneiro em pedacinhos e comê-lo com farofa.

Quando eu era calouro de Direito, aconteceu que uma turma de calouros assaltou um bonde. Foi um assalto imortal. Marcamos no relógio quanto nos deu na cabeça, e declaramos que a passagem era grátis. O motorneiro e o condutor perderam, rápida e violentamente, o exercício de suas funções. Perderam também os bonés. Os bonés eram os símbolos do poder.

Desde aquele momento perdi o respeito por todos os motorneiros e condutores. Aquilo foi apenas uma boa molecagem. Paciência. A vida também é uma imensa molecagem. Molecagem podre. Quando poderás ser um urubu, meu velho Rubem?

Mas voltemos ao conde e ao passarinho. Ora, o conde estava passeando e veio o passarinho. O conde desejou ser que nem o seu patrício, o outro Francisco, o Francisco da Úmbria, para conversar com o passarinho. Mas não era o Santo Francisco de Assis, era apenas o conde Francisco Matarazzo. Porém, ficou encantado ao reparar que o passarinho voava para ele. O conde ergueu as mãos, feito uma criança, feito um santo. Mas não eram mãos de criança nem de santo, eram mãos de conde industrial. O passarinho desviou e se dirigiu firme para o peito do conde. Ia bicar seu coração? Não, ele não era um bicho grande de bico forte, não era, por exemplo, um urubu, era apenas um passarinho. Bicou a fitinha, puxou, saiu voando com a fitinha e com a medalha.

O conde ficou muito aborrecido, achou muita graça. Ora essa! Que passarinho mais esquisito!

Isso foi o que o *Diário de S. Paulo* contou. O passarinho, a esta hora assim, está voando, com a medalhinha no bico. Em que peito a colocareis, irmão passarinho? Voai, voai, voai por entre as chaminés do conde, varando as fábricas do conde, sobre as máquinas de carne que trabalham para o conde, voai, voai, voai, voai, passarinho, voai.

Rio, fevereiro, 1935

BRUNO LICHTENSTEIN

Foi preso o menino Bruno Lichtenstein, que arrombou a Faculdade de Medicina. O menino Bruno Lichtenstein não é arrombador profissional. Apenas acontece que o menino Bruno Lichtenstein tem um amigo, e esse amigo é um cachorro, e esse cachorro ia ser trucidado cientificamente, para estudos, na Faculdade de Medicina. O poeta mineiro Djalma Andrade tem um soneto que acaba mais ou menos assim:

se entre os amigos encontrei cachorros,
entre os cachorros encontrei-te, amigo.

Mas com toda a certeza o menino Bruno Lichtenstein jamais leu esses versos. Também com certeza nunca lhe explicaram o que é vivissecção, nem lhe disseram que seu cão ia ser vivisseccionado. Tudo o que ele sabia é que lhe haviam carregado o cachorro e que iam matá-lo. Se fosse pedi-lo, naturalmente, não o dariam. Quem, neste mundo, haveria de se preocupar com o pobre menino Bruno Lichtenstein e o seu pobre cão? Mas o cachorro era seu amigo – e estava lá, metido em um porão, esperando a hora de morrer. E só uma pessoa no mundo podia salvá-lo: um menino pobre chamado Bruno Lichtenstein. Com esse sobrenome de principado, Bruno Lichtenstein é um garoto sem dinheiro. Não pagará a licença de seu amigo. Mas Bruno Lichtenstein havia de salvar a vida de seu amigo – de qualquer jeito. E jeito só havia um: ir lá e tirar o cachorro. De longe, Bruno Lichtenstein chorava, pensando ouvir o ganido triste de um condenado à morte. Via homens cruéis metendo o bisturi na carne quente de seu amigo: via sangue derramado. Horrível, horrível. Bruno Lichtenstein sentiu que seria o último dos infames se não agisse imediatamente.

Agiu. Escalou uma janela, arrebentou um vidro, saltou. Estava dentro do edifício. Andando pelas salas desertas, foi até onde estava o seu amigo. Sentiu que o seu coração batia mais depressa. Deu um assovio, um velho assovio de amizade.

Um vulto se destacou em um salto – e um focinho quente e úmido lambeu a mão de Bruno Lichtenstein. Agora era fugir para a rua, para a liberdade, para a vida...

Bruno Lichtenstein, da cabeça aos pés, tremia de susto e de alegria. Foi aí que ele ouviu uma voz áspera e espantada de homem. Era o dr. Loforte. O dr. Loforte surpreendeu o menino. Um menino pobre, que tremia, que havia arrombado a Faculdade. Só podia ser um ladrão! Bruno Lichtenstein não explicou nada – e fez bem. Para o dr. Loforte um cachorro não é um cachorro – é um material de estudo como outro qualquer.

Na polícia apareceu o pai do menino. O pai, o professor e o delegado conversaram longamente – e Bruno Lichtenstein não ouvia nada. Só ouvia, lá longe, o ganir de um condenado à morte.

Já te entregaram o cachorro, Bruno Lichtenstein. Tu o mereceste, porque tu foste amigo. Não te deram nem te darão medalha nenhuma – porque não há medalha nenhuma para distinguir a amizade. Mas te entregaram o teu cachorro, o cachorro que reivindicaste como um pequeno herói. Tu és um homem, Bruno Lichtenstein – um homem no sentido decente da palavra, muito mais homem que muito homem. Um aperto de mão, Bruno Lichtenstein.

18 de julho de 1939

HISTÓRIA DO CORRUPIÃO

Capítulo I

Na calçada da avenida, ao lado do Municipal, estava o vendedor de passarinho. Era de tarde e passava muita gente com pressa. Saindo do aperto quente e sujo de uma lotação, parei um instante a ver o que era – um corrupião mansinho, que estava solto, no canto da calçada. Mais dois ou três sujeitos pararam também um momento. Apareceu então um senhor de idade, bem-vestido, com um chapéu de aba virada, e perguntou quanto era. O homem deu o preço, e o velho pediu para ver o pássaro.

O vendedor abaixou-se para apanhar o corrupião. Mas o passarinho saiu andando e dobrou a esquina que dá para os fundos do teatro. Várias vezes o homem se abaixou para pegá-lo, mas ele escapava com um pulinho ligeiro, e afinal se meteu embaixo de um automóvel parado. Eu não tinha lá muita pressa, e resolvi assistir à caçada. Parece que a maior parte das pessoas que passavam apressadamente também não tinha muita pressa: porque paravam e ficavam ali olhando.

Em pouco tínhamos formado o que o jornal de um partido contra os corrupiões chamaria de "um pequeno grupo", mas um órgão corrupionista diria ser "uma verdadeira multidão". Éramos, para usar ainda a linguagem dos jornais, pessoas pertencentes a todas as classes sociais, sem distinção de cor, credo, convicções filosóficas ou nacionalidade. A ornamentação do grupo estava a cargo de três jovens alunas de bailado do Municipal, principalmente uma de olhos verdes e corpo esgalgo que... Xô, mulher! Estou fazendo uma crônica sobre o corrupião.

Era lindo o bicho, com sua calma de passarinho manso. Andava para um lado e outro, embaixo de um automóvel, junto ao qual vários cidadãos se agachavam. Alguns desses cidadãos se limitavam a abanar a mão sobre o para-lama para enxotar o corrupião. Um outro tentava assobiar como assobiam os corrupiões. Assobiou muito e seu exemplo foi imitado por um chofer de praça, que também se pôs a assobiar junto do para-choque. Os assobios diziam:

"Vinde, vinde, ó lindo corrupião. Não nos conheceis? Somos dois corrupiões. Fiu, fiu. Há aqui um senhor bem trajado com sessenta anos presumíveis que deseja vos comprar. Talvez seja um homem que desde a mais remota infância sonhou em ter um corrupião, e passou a vida sentindo o quão miserável é um homem que jamais teve um amigo corrupião que coma em sua palma, cante em sua varanda e alegre os seus olhos e o seu incompreendido coração. Talvez na infância tenha tido um corrupião e agora deseje rever a sua alegria nos olhos do neto. Vinde, corrupião. Fiu, fiu."

Mas acho que podiam fazer fiu-fiu a tarde inteira sem resultado. Talvez o corrupião fosse nortista, estivesse mais acostumado a ser chamado de "sofrê". Ou ficasse perturbado pelo pequeno incidente que sobreveio, aliás sem maiores consequências, mas que todavia, por dever de ofício, passarei a contar. Um dos homens, ao se abaixar para espiar debaixo do automóvel, esticou uma perna para trás. Uma senhora gordalhufa, dessas de chapéu, embrulho e bolsa, que andam na rua com ar sério como se afinal de contas tivessem alguma coisa realmente mais importante ou mais linda para fazer do que ver um corrupião – foi castigada pelo deus dos passarinhos. Pois tendo querido abrir caminho no meio do grupo tropeçou na perna do homem e – tru-buc-tuc – abalroou de revés em outro sujeito, tirando-lhe da boca o cigarro, que soltou fagulhas; deixou cair os embrulhos e a bolsa, a qual bolsa, naturalmente farta de ser apertada e oprimida contra os enormes seios da senhora, tratou de se abrir no chão para tomar um pouco de ar, lançando no asfalto vários pequenos objetos. Não enumerarei os objetos para não cansar o leitor desta emocionante história. E o melhor talvez mesmo seja ficar por aqui hoje, convocando os interessados para voltar na próxima semana para assistir à continuação desse emocionante episódio desenrolado em nossa bela capital.

Capítulo II

A gordalhufa senhora não caiu ao comprido, como seria mais belo. Agarrou-se às pernas, ou melhor, às perneiras de um cabo da Polícia Militar. Começou depois, ajudada por vários populares, a catar os objetos que haviam caído de sua bolsa, e cuja enumeração eu já disse que me recuso a fazer, pois além do mais considero isso impróprio de um cavalheiro. E confesso que sou um cavalheiro. Tanto assim que ajudei a mulher a se erguer, agarrando-lhe um gordo braço e puxando-o para cima com energia, mas sem apertá-lo demasiado nem aplicar nenhum pontapé na referida senhora, que bem o merecia por ter perturbado o sossego moral de um grupo de pessoas de bem que ajudava um pobre homem a reaver o seu corrupião.

O passarinho saiu de baixo de um automóvel, mas passou para baixo de outro automóvel sem que alguém conseguisse apanhá-lo. O vendedor dirigia-se a várias pessoas pedindo que fossem embora, pois aquele ajuntamento logo atrairia um guarda, e ele não tinha licença. Naturalmente o guarda exigiria que ele pagasse os impostos competentes e o prenderia em flagrante se sobre a cabecinha do corrupião não estivesse devidamente colado um selo de consumo de cor azul.

Ninguém atendeu ao apelo. Numerosas pessoas agacharam-se em volta do carro e continuaram a chamar o corrupião de várias maneiras, tais como maneira de chamar cachorro, estalando os dedos e assobiando, maneira de chamar gato, fazendo pchi-pchi-pchi, maneira de chamar galinha, fazendo prun-prun, maneira de chamar mulher, dizendo vem cá meu bem etc. O senhor de idade que queria comprar o passarinho contemplava tudo enlevado.

Foi então que ouvimos estranhos guinchos como de um animal selvagem em estado de fúria; até o corrupião estremeceu. Com triste surpresa vimos que se tratava da mulher. Estava possessa como um orangotango fêmea. Até então não dissera uma só palavra simplesmente por ter engasgado de raiva. Pensávamos que tivesse seguido seu caminho. Não; estava ali de pé, de posse de todos os seus pertences, e berrava:

— Socorro! Socorro urgente! Ordem Política! Ordem Social! Polícia, Polícia, Polícia Especial.

Essas entidades compareceram imediatamente em carros silvando com desespero, com metralhadoras, motocicletas, porretes, sujeitos de cara feia, uns de mão no revólver, outros de revólver na mão. Ficaram todos perplexos, e alguém gritou:

— Comunistas!

Outro alguém berrou:

— Quinta-coluna! Nazi!

E uma voz mais forte anunciou:

— As mulheres nuas!

Os policiais ora formavam barreiras, ora davam tiros, ora ameaçavam, ora espancavam um cidadão qualquer que citava a Constituição da República, sem dizer exatamente qual delas.

— O alemão que insultou o Brasil!

— Cuspiu na bandeira!

— Foi japonês!

— Entraram ali as mulheres nuas!

A ideia de que em alguma parte havia mulheres nuas nos perturbou a todos. Invadimos dezoito lojas comerciais num perímetro de setecentos metros e íamos saqueando confusamente lápis, produtos farmacêuticos, orquídeas, ferramentas de marcenaria, artefatos de borracha, pequenas lâmpadas coloridas, fitas de cetim, dicionários de bolso, pastéis de camarão e tapetes de linóleo. Ah, deviam certamente ser lindas essas mulheres nuas que adejavam entre o asfalto e as sobrelojas em nossa tarde de tumulto e sangue, ascendiam suavemente no elevador aberto de um edifício em construção, sorrindo com meiguice para um mulato servente de pedreiro, ou escapavam de pernas estiradas, a suspirar com doçura dentro de um negro automóvel reluzente guiado por um eunuco, e estavam sempre em nossos olhos em plena beleza de nudez, mas apenas por um segundo invisíveis. Quando vieram dois caminhões do Exército chamados com urgência, e as ambulâncias, que badalavam lastimosamente, começaram a socorrer algumas pessoas atropeladas e a atropelar algumas outras – arrebentamos uma vitrine e recuamos atônitos. Uma das mulheres nuas – a loura de pele dourada – se fizera negra, erguera um braço e se imobilizara numa atitude propositalmente imbecil, disfarçando-se em manequim de anúncio de um chuveiro elétrico. A água caía sobre o seu reluzente corpo de massa. Oh...

— A outra? A outra!?

Era urgente encontrá-la ainda de carne, a morena esgalga, que todos sabiam lindíssima, principalmente quando nua. Avançamos de cabeça baixa, cantando desafinados o Hino Nacional através de tiroteios, rompemos cordões de isolamento, matamos diversos escoteiros, destruímos num café o grande espelho em cujo fundo parecia ter se refugiado a sua doce imagem, e galgamos de assalto um carro do Corpo de Bombeiros que viera para combater o incêndio que lavrava no coração da cidade, dentro de nossos peitos cheios de ânsia.

— Ei-la!

Olhamos. Miséria, desgraça, irrisão. Por que há de sempre o povo ser enganado, e batido, e perder? Choramos de raiva. Aquela também se transformara em uma estátua idiota numa postura ridícula, no meio de um canteiro em frente ao Teatro. A multidão começou a refluir em silêncio, evitando pisar em alguns cadáveres que estavam disseminados por aqueles logradouros públicos. Quando surgiu um caminhão da Marinha, umas pessoas ergueram vivas e outras bateram palmas, sem saber por quê; talvez porque nós todos temos no fundo do coração um desejo de ser marinheiros, fugir para além do oceano, numa praia de coqueiros e amor livre; talvez porque, embora de armas embaladas, nenhum daqueles homens estivesse atirando contra nós, o que, afinal de contas, era uma gentileza da parte deles. Os ânimos pareciam ter serenado, quando sucederam os fatos que passarei a narrar na próxima semana, se os senhores tiverem paciência, conforme lhes peço.

Capítulo III

Pedem-me para acabar de contar a história do corrupião, mas jamais o farei.

Uma vez que a multidão se desesperou, não ouvimos falar do pequeno pássaro manso. Dizem que voou e foi pousar, quem sabe, no ramo florido de um verso romântico de Vinicius de Moraes, e ali ficou se balançando no alto de um primeiro terceto.

Continuarei minha narrativa. No meio do povo surgiu a bela mulher que trazia uma rosa na mão e lhe dizia: "minha pequena irmã". Dizia isso muito séria, e com um tão delicado sentimento que ficamos extáticos. Apareceu então o moço de cabelos revoltos que uns diziam ser um católico místico e fanático e outros diziam ser um moço perdido, e fosse o que fosse tinha uma voz forte e quente que se fez ouvir. Acusava a bela mulher:

— É esta a que debalde procuramos, arrebentando as portas da alucinação! É esta a mulher nua!

Embora sua voz fosse muito convincente, o fato é que a bela mulher estava visivelmente vestida. Umas pessoas riram, outras gritaram, algumas jogaram pedras no moço mas ele continuou:

— Sim, é a mulher nua. (Sua fronte sangrava de uma pedrada, o que lhe ficava muito bem.) Vede-a, concidadãos. Contemplai-a em sua esplêndida e fatal nudez. Vede como é divina de beleza, milímetro por milímetro.

Um cidadão de meia-idade, que usava óculos, interveio com uma voz firme e completamente calma:

— O cavalheiro está equivocado, lamento dizê-lo. Aquela senhora está vestida. O cavalheiro parece que enxerga mal, ou talvez não tenha prática suficiente nesse delicado assunto. Já tive oportunidade, modéstia à parte, de ver diversas mulheres nuas, e posso informar com segurança que essa nossa distinta patrícia acha-se vestida.

E voltando-se para a grande multidão:

— Eis o que tinha a declarar.

Ouviram-se algumas palmas; alguém murmurou que se tratava de um redator do *Jornal do Brasil* que já foi membro do Conselho Deliberativo da ABI, mas houve quem opinasse se tratar de um antigo funcionário da Alfândega. (O leitor me perdoará se não identifico perfeitamente os personagens desta história, pois estando no meio da multidão nem sempre consegui obter dados precisos. A senhora que tropeçou e caiu no primeiro capítulo e se ergueu no segundo consta que se chamava dona Penhoca, e uma das jovens bailarinas tem o lindo nome de Zizita; consegui mesmo, num esforço meritório de reportagem, obter o seu número de telefone, mas não desejo sobrecarregar o leitor com detalhes.)

Conforme íamos dizendo, ouviram-se palmas depois das palavras do senhor de óculos. É estranho, porém, que essas palmas não fossem muito entusiásticas; e talvez fosse possível perceber no meio delas vagos murmúrios de desaprovação.

A voz do moço:

— Fiscal, burguês, filisteu, ou quem quer que sejais – tendes olhos e óculos na cara e não vedes! Vós porém, ó povo pobre de Deus, e vós, ó mocidade das Academias, erguei, erguei os olhos. Vede-a! Está nua.

A blusa e o cinto e a saia de leve azul não podem nos enganar. Isso é apenas um disfarce. Ela está nua. Se duvidais, eu vos dou a prova desta verdade profunda! (Pausa; silêncio profundamente emocionado no seio da massa.) Tirai-lhe essas leves roupas e vereis como está nua, completamente nua!

Ao meu lado um senhor calvo bateu com a cabeça e disse:

— Esse moço tem pensamentos profundos.

Disse isso alto; dois rapazes que o ouviram, e que até então pareciam meio incrédulos, aprovaram essa observação com um súbito entusiasmo; sem dúvida se sentiam satisfeitos pelo fato de compreender e partilhar de um pensamento profundo; pois assim são os moços.

— Um momento! (A voz do homem de óculos estava agora um pouco trêmula, e sua cara quadrangular bastante pálida.) Um momento! Eu apelo para o bom senso de meus concidadãos...

Uma chuva de pedras cortou-lhe a palavra; alguém lhe passou uma rasteira; seus óculos voaram. Um pequeno grupo de fanáticos atacou-o com tal fúria que lhe rasgou as roupas, e ele mal conseguiu fugir em cuecas, correndo às tontas devido à falta dos óculos. E estava tão ridículo nessa fuga (usava botinas pretas, meias pretas e ligas vermelhas, nas pernas cabeludas), que ficou patente que ele não tinha razão e era um reles agente provocador. O fato é que a polícia começou a atirar de vários pontos, para restabelecer a calma. A multidão fluía e refluía para um lado e outro como um cardume de sardinhas assustado. Começou então a correr o boato de que havia fila em uma padaria do Largo da Carioca. A mulher da rosa esvanecera-se. Quando conseguimos atingir o Largo da Carioca os boatos se multiplicavam e havia uma fila tão grande que várias pessoas de espírito de iniciativa resolveram formar outras menores, que logo começaram a crescer vertiginosamente. Falava-se secretamente não só em pão como em leite, carne, açúcar e manteiga; havia pobres mulatas do morro com latas de banha na cabeça, fazendo pensar que se tratava de fila de água; sujeitos com vespertinos na mão sugerindo filas de ônibus; mulheres com crianças no colo que acreditavam estar metidas numa fila para apanhar cartão para poder entrar na fila da distribuição dos

119

presentes de Natal no Palácio Guanabara; homens ácidos de filas de pagamento de imposto no último dia improrrogável sem multa. O moço de cabelos revoltos começou a fazer um discurso, mas ninguém lhe deu importância.

Da Praça da República até o Passeio Público e da Praça Tiradentes até o Cais Pharoux as filas se alongavam, se enroscavam, cruzando-se e espremendo-se de tal modo que os guardas enérgicos porém nem sempre atenciosos desistiram de esclarecer a situação, e cada um entrou na fila que lhe ficava mais próxima, e que talvez fosse da sessão das oito do dia seguinte do Metro Tijuca.

Quando surgiu a lua, embora houvesse muitos milhares de automóveis, ônibus e caminhões paralisados buzinando de maneira ensurdecedora, algumas pessoas começaram a cantar o "Luar do sertão". Era talvez gente que acreditava estar na fila para ver o corpo de Catulo da Paixão Cearense, embora talvez estivesse caminhando, à razão de cinquenta centímetros por hora, para a bilheteria das gerais do ansiado Fla-Flu. O fato é que toda a multidão começou a cantar o "Luar do sertão", alguns motoristas que insistiram em buzinar foram silenciosamente esganados até a morte; e com tanta emoção cantava o povo que muitas vozes românticas pediram que se apagassem as luzes para que o luar ficasse mais lindo.

Um soldado ergueu sua metralhadora de mão e rebentou, com uma curta rajada, duas lâmpadas. Toda a tropa começou então a fazer o mesmo, e muitas pessoas choravam de emoção dizendo que aquilo provava que os soldados são amigos do povo; pois são, eles também, filhos do povo, e tão brasileiros como nós.

Quando todas as luzes se apagaram, aconteceu que a lua entrou atrás de uma grossa nuvem e ficamos em completa escuridão; de maneira que, não enxergando mais nada, não posso descrever os fatos que se sucederam, pois sou um repórter conscencioso e não desejo transmitir ao leitor informações menos corretas.

A verdade é que me lembrei de que sou um pai de família e tenho deveres não só com o povo como também e especialmente com os meus; e fui para casa a pé. Levei muito tempo para chegar, mas ainda cheguei a tempo, pois só dez minutos depois parou à minha porta o misterioso caminhão. Hesito em contar essa história, que a muitos parecerá fantástica; de qualquer modo não a contarei hoje, pois me sinto um pouco fatigado.

Junho, 1946

BIRIBUVA

Era meia-noite, com chuva e um vento frio. O gatinho estava na rua com um ar tão desamparado que o meu amigo se impressionou. Verdade que meu amigo estava um pouco bêbado; se não estivesse, talvez nem visse a tristeza do gatinho, pois já notei que as pessoas verdadeiramente sóbrias não enxergam muito; veem apenas provavelmente o que está adiante de seus olhos no tempo presente. O bêbado vê o que há e o que deveria ter havido antigamente, e além o que nascerá na madrugada que ainda dorme, no limbo de trevas e luz da eternidade – embaixo da cama de Deus. Sim. Ele criou o mundo em seis dias e dormiu como um pedreiro cansado no sétimo. Porém não criou tudo, guardou material para surpreendentes caprichos a animar com seu sopro divino. Darei exemplos, se me pedirem. Conheço uma dama que me pus a examinar com a máxima atenção; ela me apresentou a seus pais e a seus dignos avós e mostrou-me, no velho álbum da família, suas mais remotas tias-bisavós, algumas vestidas de *new-look*, e uma cheia de graça.

Sim, aqui e ali havia um traço que tentava esboçar o encanto que viria; na boca desse rapaz de 1840; na mão dessa dama que segura um leque, nos olhos desse menino antigo o milagre vinha nascendo lento e fluido, o espírito ia se infiltrando na matéria e animando-a na sua mais íntima essência. Mas não basta. Autorizam-nos as escrituras santas a admitir que, mesmo quando é Ele próprio que se encarna, o Espírito Santo ajuda a fecundar uma terrena mulher, e assim foi com a mãe de João Batista, o qual trouxe no peito mais força do que jamais puxaria de toda a fieira dos pais de Isabel e de Zacarias, uma força vinda de Deus.

Sentiu isso o poeta antigo perante sua amada, "formosa qual se a própria mão divina lhe traçara o contorno e a forma rara". É assim; mas lá vou eu a falar de bíblias e poetas e desse raio dessa mulher, e quase deixo o gatinho na chuva à mercê de um bêbado vulgar.

O bêbado era meio poeta, e trouxe o bichinho para casa. Pela manhã o vimos: ele examinava lentamente a sala e, desconfiado, quis ficar debaixo do sofá. Mas já pela tarde escolhera um canto, onde se espichou.

Reunimo-nos para batizá-lo, e, como ele é todo preto e foi achado à meia-noite, resolvemos que seria Meia-Noite.

No segundo dia, porém, uma alemã que ama e entende gatos fez a revelação; Meia-Noite era uma gatinha. Deve ter dois meses e meio, disse mais.

Ora, isso é o mesmo que ser menina apenas com leves tendências a senhorita; e a uma senhorita de família não fica bem esse nome de Meia-Noite. Esse nome haveria de lhe lembrar sempre sua origem miserável e triste; e o grande gato ruivo do vizinho, gordo e católico a tal ponto que embora se chame Janota nós todos sentimos que ele é o próprio G. K. Chesterton, poderia tratá-la com irônico desprezo.

Da nossa perplexidade aproveitou-se o menino, que queria dar ao bicho o nome de Biriba. Declarou que se tratava, sem dúvida nenhuma, da viúva do Biriba.

Não importa que seja uma gatinha adolescente; também as moças de dezesseis anos que se vestem de luto aliviado à maneira antiga recebem esse nome de viúva do Biriba. Alguém ajeitou as coisas, e concluímos que a linda gatinha ficaria se chamando Biribuva.

Devo confessar que não sou um *gentleman*; venho de famílias portuguesas, não digo pobres, mas de condição modesta, gente honrada e trabalhadora que, pelejando através dos séculos no cabo da enxada ou atrás do balcão, nunca teve tempo para se fazer *gentlemen* ou *ladies*. Isso ficou privilégio do ramo espúrio ainda que muito distinto dos Braga, os chamados Bragança. E hoje, vejam bem, os Braga são uns pobres enfiteutas, e os Bragança altos senhorios. Melancolias da História; mas de qualquer modo devo confessar que os costumes de minha casa são um tanto rudes, e às vezes mesmo acontece que o garçom de luvas brancas não nos serve o chá das cinco com a devida pontualidade, o que nos produz um grande abatimento moral. Enfim, nos conformamos – mesmo porque não temos luvas, nem garçom, nem chá.

Biribuva talvez tenha compreendido a situação, e faz questão de mostrar pelo seu delicado exemplo as regras da distinção e da aristocracia. Sai todas as noites, dorme o dia inteiro, não trabalha, e vive a se espreguiçar e a se lamber.

A gatinha escolheu minuciosamente o canto mais confortável de nosso velho sofá, e ali se aninha com tanta graça e tranquilidade como se este fosse o seu direito natural. Se bato à máquina com mais força ou falamos demasiado alto, a jovem condessinha de Biribuva ergue com lentidão a cabeça e nos fita, graciosamente aborrecida, com seus olhos verdes que têm no centro um breve risco vertical azul. Assim ela nos faz entender que as pessoas finas jamais falam tão alto (apenas murmuram coisas e, às vezes, suspiram) e não escrevem jamais a máquina nem mesmo a caneta, pois isso é um baixo trabalho manual.

Pela manhã assisti a seu banho de sol. Meu escritório tem duas janelas, uma dando para leste e outra para o norte; de maneira que pela manhã o sol entra por uma e depois por outra, e há uma hora intermediária em que entra pelas duas. Assim eu havia entrecerrado ambas as janelas e ficou apenas no assoalho uma faixa de luz. Ali se esticou Biribuva, tão negra e luzente. Depois de fazer algumas flexões da mais fina graça, começou, com a língua muito rubra, a proceder a uma cuidadosa toalete; e afinal ficou esticada, a se aquecer. Depois de uns dez minutos retirou-se para seu canto de sombra; tive a impressão, quando esticou a patinha negra, de que consultava um invisível reloginho de pulso, naturalmente de ouro, cravejado de brilhantes.

Às vezes a condessinha dá a entender que se dignaria a brincar um pouco; e então agitamos em sua frente um barbante ou lhe damos uma bola de pingue-pongue. Ela dá saltos e voltas com uma graça infinita, vibrando no ar a patinha rápida; tem bigodes do tamanho dos de um bagre velho; e suas orelhas negras são translúcidas como o tecido dessas meias *fumées*.

Um dia ela crescerá, e então...

Devo dizer que o grande gato ruivo da vizinha, que nos visitava toda tarde, cortou suas visitas.

Apareceu um dia na janela do quintal. Biribuva estava em seu canto do sofá. Voltou-se e viu o bichano quatro vezes maior do que ela. Assumiu instantaneamente uma atitude de defesa, toda arrepiada e com os olhos fixos no gatão. Suas garras apareceram e ela soltou um miau! que era mais um gemido estranho e prolongado.

Isso certamente aborreceu o velho Janota, que lhe lançou um olhar do maior desprezo e se retirou. A condessinha de Biribuva ficou ainda alguns minutos arrepiada e nervosa. Tentei fazer-lhe uma festinha e ela continuou a olhar fixamente para aquele lado. Afinal sossegou, e como uma das gavetas de minha mesa estivesse entreaberta ela se aninhou lá dentro – pois, modéstia à parte, Biribuva é uma grande apreciadora de minhas crônicas, ou pelo menos as acha muito repousantes.

Mas o incidente nos alarmou. Dentro de alguns meses Biribuva será uma senhorita. Não tenho filhas moças e sou mau conhecedor da alma feminina. É verdade que confio muito em Biribuva, mas resido em um bairro perigoso. Na minha vizinhança há dois generais e um tabelião, e todos têm gatos. Gatos de general e gatos de tabelião são bichos manhosos, e experientes, como toda gente sabe. Se Biribuva fraquejar, teremos, em um ano, três gerações de gatinhos. Que fazer com eles?

Olho a graciosa Biribuva, ainda tão inocente e jovem, e estremeço em pensar essas coisas. Afogaremos seus filhinhos ou os abandonaremos na rua? Criar todos não será possível; minha casa é pequena e jornalista ganha muito pouco.

Biribuva, inteiramente despreocupada, corre para cá e para lá atrás da bola de pingue-pongue, por debaixo dos móveis. Levá-la para uma rua distante e abandoná-la? Seria preciso ter coração muito duro para fazer uma coisa dessas. Depois a verdade é que esta casa sem Biribuva ficaria tão sem graça, tão vulgar e tão vazia que não ousamos pensar nisso.

Que fazer? Faço crônicas: é exatamente tudo o que sei fazer, assim mesmo desse jeito que os senhores estão vendo. Os leitores queixam-se: Biribuva não interessa. Está bem, não tocarei mais no assunto. Mas no fundo os leitores é que não interessam. Querem que eu fale mal do governo ou bem das mulheres, como tenho costume. Entretanto olho para a condessinha de Biribuva, que está ali agora a coçar a orelha com a pata esquerda, e penso no seu destino humilde.

Meu amigo bêbado, que a recolheu da rua molhada, à meia-noite, criou para todos nós uma ternura – e um problema. Estamos num impasse: as forças secretas da vida preparam o mistério e o drama de Biribuva nos telhados do bairro.

*

Na verdade não preciso tocar mais no assunto.

Nossa perplexidade dolorosa findou. Biribuva sumiu ontem à noite e até hoje (são quatro da tarde) não voltou. Talvez tenha compreendido tudo com sua fina sensibilidade. Ficamos todos na sala, tristes, em silêncio, até que eu, como dono da casa, me julgasse obrigado a proferir a eterna frase imbecil: "foi melhor assim" – que é um bom fim de história.

Agosto, 1948

HISTÓRIAS DE ZIG

Um dia, antes do remate de meus dias, ainda jogarei fora esta máquina de escrever e, pegando uma velha pena de pato, me porei a narrar a crônica dos Braga. Terei então de abrir todo um livro e contar as façanhas de um deles que durou apenas onze anos, e se chamava Zig.

Zig – ora direis – não parece nome de gente, mas de cachorro. E direis muito bem, porque Zig era cachorro mesmo. Se em todo o Cachoeiro era conhecido por Zig Braga, isso apenas mostra como se identificou com o espírito da Casa em que nasceu, viveu, mordeu, latiu, abanou o rabo e morreu.

Teve, no seu canto de varanda, alguns predecessores ilustres, dos quais só recordo Sizino, cujos latidos atravessam minha infância, e o ignóbil Valente, que encheu de desgosto meu tio Trajano. Não sei onde Valente ganhou esse belo nome; deve ter sido literatura de algum Braga, pois hei de confessar que só o vi valente no comer angu. E só aceitava angu pelas mãos de minha mãe.

Um dia, tio Trajano veio do sítio... Minto! Foi tio Maneco. Tio Maneco veio do sítio e, conversando com meu pai na varanda, não tirava o olho do cachorro. Falou-se da safra, das dificuldades da lavoura...

— Ó Chico, esse cachorro é veadeiro.

Meu pai achava que não; mas, para encurtar conversa, quando tio Maneco montou sua besta, levou o Valente atrás de si com a coleira presa a uma cordinha. O sítio não tinha três léguas lá de casa. Dias depois meu tio levou a cachorrada para o mato, e Valente no meio. Não sei se matou alguma coisa; sei apenas que Valente sumiu. Foi a história que tio Maneco contou indignado a primeira vez que voltou no Cachoeiro; o cachorro não aparecera em parte alguma, devia ter morrido...

— Sem-vergonhão!

Acabara de ver o Valente que, deitado na varanda, ouvia a conversa e o mirava com um olho só.

Nesse ponto, e só nele, era Valente um bom Braga, que de seu natural não é povo caçador; menos eu, que ando por este mundo a caçar ventos e melancolias.

Houve, certamente, lá em casa, outros cães. Mas vamos logo ao Zig, o maior deles, não apenas pelo seu tamanho como pelo seu espírito. Sizino é uma lembrança vaga, do tempo de Quinca Cigano e da negra Iria, que cantava "O crime da caixa-d'água" e "No mar desta vida", em cujo mar afirmava encontrar às vezes "alguns escolhos", e eu tinha a impressão de que "escolhos" eram uns peixes ferozes piores que tubarão.

*

Ao meu pai chamavam de coronel, e não o era; a mim muitos me chamam de capitão, e não sou nada. Mas isso mostra que não somos de todo infensos ao militarismo, de maneira que não há como explicar o profundo ódio que o nosso bom cachorro Zig votava aos soldados em geral. A tese aceita em família é que devia ter havido, na primeira infância de Zig, algum soldado que lhe deu um pontapé. Haveria de ser um mau elemento das forças armadas da Nação, pois é forçoso reconhecer que mesmo nas forças armadas há maus elementos, e não apenas entre as praças de pré como mesmo entre os mais altos... mas isto aqui, meus caros, é uma crônica de reminiscências canino-familiares e nada tem a ver com a política.

Deve ter sido um soldado qualquer, ou mesmo um carteiro. A verdade é que Zig era capaz de abanar o rabo perante qualquer paisano que lhe parecesse simpático (poucos, aliás, lhe pareciam) mas a farda lhe despertava os piores instintos. O carteiro de nossa rua acabou entregando as cartas na casa de tia Meca. Volta e meia tínhamos uma "questão militar" a resolver, por culpa de Zig.

Tão arrebatado na vida pública, Zig era, entretanto, um anjo do lar. Ainda pequeno tomou-se de amizade por uma gata, e era coisa de elevar o coração humano ver como aqueles dois bichos dormiam juntos, encostados um ao outro. Um dia, entretanto, a gata compareceu com cinco mimosos gatinhos, o que surpreendeu profundamente Zig.

Ficou muito aborrecido, mas não desprezou a velha amiga e continuou a dormir a seu lado. Os gatinhos então começaram a subir pelo corpo de Zig, a miar interminavelmente. Um dia pela manhã, não aguentando mais, Zig segurou com a boca um dos gatinhos e sumiu com ele. Voltou pouco depois, e diante da mãe espavorida abocanhou pelo dorso outro bichinho e sumiu novamente. Apesar de todos os protestos da gata, fez isso com todas as crias. Voltou ainda, latiu um pouco e depois saiu na direção da cozinha. A gata seguiu-o, a miar desesperada. Zig subiu o morro, ela foi atrás. Em um buraco, lá no alto, junto ao cajueiro, estavam os cinco bichos, vivos e intactos. A mãe deixou-se ficar com eles e Zig voltou para dormitar no seu canto.

Estava no maior sossego quando a gata apareceu novamente, com todas as crias a miar atrás. Deitou-se ao lado de Zig, e novamente os bichinhos começaram a passear pelo seu corpo.

Um abuso inominável. Zig ficou horrivelmente aborrecido, e suspirava de cortar o coração, enquanto os gatinhos lhe miavam pelas orelhas. Subitamente abocanhou um dos bichos e sumiu com ele, desta vez em disparada. Em menos de cinco minutos havia feito outra vez a mudança, correndo como um desesperado morro abaixo e morro acima. Mas as mulheres são teimosas, e quando descobrem o quanto é fraco e mole um coração de Braga começam a abusar. O diabo da gata voltou ainda cinicamente com toda a sua detestável filharada. Previmos que desta vez Zig ia perder a paciência. O que fez, simplesmente, foi se conformar, embora desde então esfriasse de modo sensível sua amizade pela gata.

Mas não pensem, por favor, que Zig fosse um desses cães exemplares que frequentam as páginas de *Seleções*, somente capazes de ações nobres e sentimentos elevados, cães aos quais só falta falar para citarem Abraham Lincoln, e talvez Emerson. Se eu afirmasse isso, algumas dezenas de leitores de Cachoeiro de Itapemirim rasgariam o jornal e me escreveriam cartas indignadas, a começar pelo doutor Lofego, a quem Zig mordeu ignominiosamente, para vergonha e pesar do resto da família Braga.

*

De vez em quando aparecia lá em casa algum sujeito furioso a se queixar de Zig.

Assisti a duas dessas cenas: o mordido lá embaixo, no caramanchão, a vociferar, e minha mãe cá em cima, na varanda, a abrandá-lo. Minha mãe mandava subir o homem e providenciava o curativo necessário. Mas se a vítima passava além da narrativa concreta dos fatos e começava a insultar Zig, ela ficava triste: "Coitadinho, ele é tão bonzinho... é um cachorro muito bonzinho". O homem não concordava e ia-se embora ainda praguejando. O comentário de mamãe era invariável: "Ora, também... Alguma coisa ele deve ter feito ao cachorrinho. Ele não morde ninguém..."

"Cachorrinho" deve ser considerado um excesso de ternura, pois Zig era, sem o mínimo intuito de ofensa, mas apenas por amor à verdade, um cachorrão. E a verdade é que mordeu um número maior de pessoas do que o necessário para manter a ordem em Cachoeiro de Itapemirim. Evitávamos, por isso, que ele saísse muito à rua, e o bom cachorro (sim, no fundo era uma boa alma) gostava mesmo de ficar em casa; mas se alguém saía ele tratava de ir atrás.

Contam que uma de minhas irmãs perdeu o namorado por causa da constante e apavorante companhia de Zig.

Quanto à minha mãe, ela sempre teve o cuidado de mandar prender o cachorro domingo pela manhã, quando ia à missa. Às vezes, entretanto, acontecia que o bicho escapava; então descia a escada velozmente atrás das pegadas de minha mãe. Sempre de focinho no chão, lá ia ele para cima; depois quebrava à direita e atravessava a Ponte Municipal. Do lado norte trotava outra vez para baixo e em menos de quinze minutos estava entrando na igreja apinhada de gente. Atravessava aquele povo todo até chegar diante do altar-mor, onde oito ou dez velhinhas recebiam, ajoelhadas, a Santa Comunhão.

Zig se atrapalhava um pouco – e ia cheirando, uma por uma, aquelas velhinhas todas, até acertar com a sua dona. Mais de uma vez o padre recuou indignado, mais de uma vez uma daquelas boas velhinhas trincou a hóstia, gritou ou saiu a correr assustada, como se o nosso bom cão que a fuçava, com seu enorme focinho úmido, fosse o próprio Cão de fauces a arder.

Mas que alegria de Zig quando encontrava, afinal, a sua dona! Latia e abanava o rabo de puro contentamento, e não a deixava mais. Era um quadro comovente, embora irritasse, para dizer a verdade, a muitos fiéis. Que tinham lá suas razões, mas nem por isso ninguém me convence de que não fossem criaturas no fundo egoístas, mais interessadas em salvar suas próprias e mesquinhas almas do que em qualquer outra coisa.

Hoje minha mãe já não faz a longa e penosa caminhada, sob o sol de Cachoeiro, para ir ao lado de lá do rio assistir à missa. Atravessou a ponte todo domingo durante muitas e muitas dezenas de anos, e está velha e cansada. Não me admiraria saber que Deus, não recebendo mais sua visita, mande às vezes, por consideração, um santo qualquer, talvez Francisco de Assis, fazer-lhe uma visitinha do lado de cá, em sua velha casa verde; nem que o Santo, antes de voltar, dê uma chegada ao quintal para se demorar um pouco sob o velho pé de fruta-pão onde enterramos Zig.

Outubro, 1948

DO TEMPERAMENTO DOS CANÁRIOS

Ora anda tão feio o mundo dos homens! Anda aborrecido e feio. É melhor não falar muito nisso. E quanto às mulheres... Mas, não. Meu ideal sempre foi escrever sobre passarinhos. Minha casa paterna era cheia de canários, belgas e da terra. Enchiam a casa de cantos, e se amavam e se reproduziam. Mas nunca tive tempo para meditar sobre sua vida íntima. Ah, bom tempo, em que os feros problemas do amor não perturbavam meu coração. Hoje vivo menos da vida que dos livros. Não tenho nenhum canário em casa. Tenho, porém, uma obra esplêndida em minha estante, intitulada *Manual prático do passarinheiro ou Guia conselheiro do criador de toda a qualidade de pássaros d'estimação, tais como papagaios, periquitos, canários, chapins, cacatuas, rouxinóis, pintassilgos etc., etc.* O autor é o doutor J. W. Edrich (médico-veterinário), e o livro é editado em Portugal.

"Quem há que possa não amar as aves quando espreita a sua encantadora vida íntima...", é assim que o doutor Edrich começa a escrever. Ele ama as aves devidamente engaioladas e quanto a sua vida íntima já verá o leitor como a espreita.

Começa falando das várias doenças dos pássaros, tais como constipação, perda de voz, asma, enfraquecimento ou consumpção, perda de apetite, apoplexia, prisão de ventre, ataques epiléticos, doença dos pés, unhas crescidas, piolhos, gordura demasiada, sufocação, languidez, tísica e doença de amor. Sobre esta última diz que "as fêmeas são mais propensas a esta enfermidade que os machos, sendo geralmente atacadas na primavera antes de serem acasaladas; definham pouco a pouco e morrem em poucos dias". Mas há remédio para tão terrível doença. "É suficiente para as curar dar-lhes um macho no momento em que se percebe a doença."

Quanto à "languidez", é uma doença que ataca os canários, "sobretudo quando estão em sítio sombrio e triste, ou ainda quando haja muitos machos numa mesma gaiola e tomam aversão uns aos outros".

Aconselha mudar o canário de residência e acrescenta: "dar-se-á então, para os refrescar, miolo de pão branco molhado".

O doutor Edrich é um grande médico das doenças da alma, e quero resumir para o leitor o capítulo em que trata das "inclinações e temperamentos" dos canários, que parece ser sua especialidade. Ouçamo-lo: "Há machos de temperamento triste, taciturno, raramente cantando e com um tom lúgubre; levam estes um tempo infinito a aprender o que se lhes quer ensinar e nunca aprendem perfeitamente... Acabam por entristecer por verem-se encerrados e em vez de instruírem-se costumam morrer... Estes canários são naturalmente feios, os seus pés e o pescoço estão sempre sujos e sua plumagem, mal-penteada, nunca está lisa, nem brilhante. Tais machos não podem gostar das fêmeas. De um caráter melancólico, quase nunca se alegram com o seu canto e os seus filhos não são geralmente melhores. Além disso o menor acidente que ocorra na gaiola torna-os taciturnos, entristece-os a ponto de os fazer morrer."

Vejamos agora outro tipo:

"Outros há que têm um caráter tão mau que matam as fêmeas, que se lhes dão para companheiras, mas estes machos tão maus para criar costumam ter qualidades que neutralizam os seus efeitos, como por exemplo um canto melodioso, boa plumagem e são muito familiares, para com toda a gente. Quanto mais carinhosos são os canários para com os seus amos, piores são para a cria e para a reprodução; de modo que não se devem juntar estes machos para acasalar. Há um só meio de domar esses machos: tomam-se duas fêmeas corajosas e com mais um ano de idade que ele; metem-se as duas numa gaiola durante o espaço de um mês, para que se conheçam bem e, não tendo ciúme uma da outra, não lutem pela possessão de um só macho. Um mês antes da época da incubação deixam-se as duas na mesma gaiola, e quando for tempo de acasalá-las, solta-se-lhes o macho. Este trata de acobardá-las, mas elas reúnem-se para a sua defesa comum e acabam por impor-se-lhe e vencê-lo pelo amor."

Vejamos mais para a frente:

"Encontram-se também entre os canários alguns indivíduos sempre ariscos, de um caráter rude, feroz e independente, em que não se pode tocar, nem fazer carícias, não se deixando tratar como os outros." O doutor

133

Edrich recomenda simplesmente dar-lhes uma gaiola grande, não lhes tocar nem incomodar para nada, "devendo unicamente cuidar-se deles para lhes dar de comer, deixando-os depois entregues aos seus hábitos".

Vamos adiante:

"Há alguns machos indiferentes para com as fêmeas, sempre adoentados e encolhidos no seu ninho, a estes não convém acasalar porque os filhos costumam vir com os mesmos defeitos. Outros obrigam as suas fêmeas a sair do ninho, não as deixando chocar: costumam ser estes os mais robustos, os melhores para cantar e geralmente os de melhor plumagem; deve dar-se-lhes duas fêmeas. Há enfim canários que estão sempre alegres, cantando sempre, de caráter meigo, naturalmente ditosos e tão familiares que tomam a comida da mão e muitas vezes da boca. Bons esposos, bons pais, suscetíveis enfim de todos os bons sentimentos, e dotados das melhores inclinações, afagam sem cessar a fêmea com o seu canto, tendo tal cuidado com ela que a todos os instantes lhe dão a sua comida favorita, e a acariciam durante a pesada tarefa de chocar, parece que a convidam a mudar de posição, chocam eles próprios durante algumas horas da manhã e dão de comer aos filhos quando eles nascem."

Sobre o amor, ouçamos isto:

"Há canários que costumam escolher uma fêmea sem a ver. É suficiente que a ouçam piar para que não deixem de chamá-la, ainda que tenham outras na mesma gaiola. Esta maneira de acasalar costuma ser prejudicial para o macho, porque se tem visto morrerem de pena por não se lhes dar a fêmea que desejavam."

Quanto à vida conjugal, há casais de canários "que questionam constantemente, a sua antipatia aumenta cada vez mais e se se deixam juntos, fatigam-se de lutar; não comem, extenuam-se e acabam por ir morrendo um atrás do outro". O remédio é separá-los e depois soltá-los num viveiro em que haja outros canários. "Ver-se-á então o macho deixar a sua fêmea e acasalar-se com outra tão rapidamente como se tivessem vivido muito tempo juntos. As antipatias não cessam aqui porque se se promove alguma rixa no viveiro, ou para escolha dum ninho, ou pela comida, ou por qualquer outra coisa, os antagonistas colocam-se à frente dos partidos e fomentam a discórdia."

Em compensação há casais tão amorosos que se o canário cai doente é uma tragédia. O doutor Edrich recomenda isolar o macho, colocá-lo ao sol e borrifá-lo com um pouco de vinho branco, "remédio que convém a todas as suas enfermidades". E acrescenta: "Para que a fêmea não se entristeça muito, deixa-se-lhe ver o doente de tempos a tempos, metendo mesmo a pequena gaiola deste no viveiro em que ela vive". Mas, ah o coração das canárias! Ouçam este horrível conselho do sábio doutor Edrich: "Se a fêmea fica triste pela ausência do macho, deve dar-se-lhe outro que o substitua".

Não, não criarei canários. Eles são bons na infância, quando ouvimos seu canto e vemos seus vultos gentis a dar pulinhos, mas nada sabemos nem cuidamos de sua vida e amores...

Outubro, 1948

QUINCA CIGANO

Entre os números que contam a grandeza do município de Cachoeiro de Itapemirim há este, capaz de espantar o leitor distraído: 25 379 pios de aves, anualmente. Não, a Prefeitura não espalhou pela cidade e distritos equipes de ouvidores municipais, encarregados de tomar nota cada vez que uma avezinha pia. Trata-se de pios feitos para caçadores. E quem os faz é uma família de caçadores de ouvido fino – os Coelho, cujas três gerações moram na mesma e linda ilha, onde o rio se precipita naquele encachoeirado, ou cachoeiro, que deu o nome à cidade.

Trata-se de um artesanato sutil; não lhe basta a perícia técnica de delicados torneiros que faz, desses pios bem-acabados, pequenas obras de arte; exige uma sensibilidade que há de estar sempre aguçada. Direis que é uma arte assassina; e na verdade, incontáveis milhares de bichos do Brasil e da América do Sul já morreram por acreditar, em um momento de fome ou de amor, naqueles pios imaginados entre os murmúrios do Itapemirim.

Dizem que os Coelho fazem até, em segredo, pios para caçar mulher. Famosa caçada é essa, em que não raro é o caçador a presa da caça. Não sei. Ainda que eu seja Coelho pela parte de mãe, devo ser de outro ramo, visto que nunca me deram um pio desses. Nem quero.

De minha família acho que saí mais ao tio segundo Quinca Cigano, nascido na lavoura mas vivido pelos caminhos, e que vivia de barganhar. Barganhava uma coisa por outra, e depois mais outra; e não sei o que arrumava, que depois de muito andar pelo mundo, voltava sempre ao Cachoeiro, tendo apenas de seu um cavalo magro e triste. Chegava sempre de noite, como um ladrão; e, como um ladrão, dava a volta por cima do morro e ficava parado, no escuro, atrás da tela da cozinha, esperando. Quando minha mãe ia à cozinha fazer o último café, Quinca Cigano, lá do escuro, murmurava seu nome. Ela se assustava; mas ele logo dizia, com sua voz que a poeira dos caminhos e a cachaça das vendinhas fazia cada vez mais rouca: "É Quinca".

Entrava; recebia, calado, comida para ele e seu cavalo. Tomava um banho, dormia – e de manhã cedo, de roupa limpa e barba feita, estava na sala de visitas conversando com meu pai. Movendo lentamente sua cadeira de balanço, meu pai lhe dava um cigarro de palha, e perguntava: "Então, Quinca?" Ele dizia que ia voltar para a família, para o sítio; agora queria derrubar aquela mata que dava para o sítio do Sobreira, formar um cafezal; ia fazer uma manga maior para os porcos; e comentava o preço do arroz e a queda das chuvas. Meu pai o ouvia, muito sério. Sabia que Quinca era sincero naquele momento; e também que alguns dias depois ele sumiria outra vez pelo mundo, no trote do seu cavalo, o cigano solitário.

Feito Quinca Cigano, eu também só tenho caçado brisas e tristeza. Mas tenho outros pesos na massa de meu sangue. Estou cansado; quero parar, engordar, morrer. Que os Coelho da ilha me arranjem um pio, não para caçar mulher, mas para caçar sossego. Deve ser um pio triste, mas tão triste que, a gente piando ele, só escute depois, nesse mato inteiro, um grande silêncio, o silêncio de todos os bichos tristes. Eu não quero, como Quinca Cigano, sair pelo mundo caçando passarinho verde. Passarinho verde não existe; e quem disse que viu, ou ensandeceu ou mentiu.

Rio, maio de 1951

A BORBOLETA AMARELA

Era uma borboleta. Passou roçando em meus cabelos, e no primeiro instante pensei que fosse uma bruxa ou qualquer outro desses insetos que fazem vida urbana; mas, como olhasse, vi que era uma borboleta amarela. Era na esquina de Graça Aranha com Araújo Porto Alegre; ela borboleteava junto ao mármore negro do Grande Ponto; depois desceu, passando em face das vitrinas de conservas e uísques; eu vinha na mesma direção; logo estávamos defronte da ABI. Entrou um instante no *hall*, entre duas colunas; seria um jornalista? – pensei com certo tédio.

Mas logo saiu. E subiu mais alto, acima das colunas, até o travertino encardido. Na rua México eu tive de esperar que o sinal abrisse; ela tocou, fagueira, para o outro lado, indiferente aos carros que passavam roncando sob suas leves asas. Fiquei a olhá-la. Tão amarela e tão contente da vida, de onde vinha, aonde iria? Fora trazida pelo vento das ilhas – ou descera no seu voo saçaricante e leve da floresta da Tijuca ou de algum morro – talvez o de São Bento? Onde estaria uma hora antes, qual sua idade? Nada sei de borboletas. Nascera, acaso, no jardim do Ministério da Educação? Não; o Burle Marx faz bons jardins, mas creio que ainda não os faz com borboletas – o que, aliás, é uma boa ideia. Quando eu o mandar fazer os jardins de meu palácio, direi: Burle, aqui sobre esses manacás, quero uma borboleta amare... Mas o sinal abriu e atravessei a rua correndo, pois já ia perdendo de vista a minha borboleta.

A minha borboleta! Isso, que agora eu disse sem querer, era o que eu sentia naquele instante: a borboleta era minha – como se fosse meu cão ou minha amada de vestido amarelo que tivesse atravessado a rua na minha frente, e eu devesse segui-la. Reparei que nenhum transeunte olhava a borboleta; eles passavam, devagar ou depressa, vendo vagamente outras coisas – as casas, os veículos ou se vendo –, só eu vira a borboleta, e a seguia, com meu passo fiel. Naquele ângulo há um jardinzinho, atrás da Biblioteca Nacional. Ela passou entre os ramos de acácia e de uma árvore sem folhas, talvez um flamboyant; havia, naquela hora, um casal de namorados pobres em um banco, e dois ou três sujeitos espalhados pelos outros bancos, dos quais uns são de pedra, outros de madeira, sendo que estes são pintados de azul e branco. Notei isso pela primeira vez, aliás, naquele instante, eu que sempre passo por ali; é que a minha borboleta amarela me tornava sensível às cores.

Ela borboleteou um instante sobre o casal de namorados; depois passou quase junto da cabeça de um mulato magro, sem gravata, que descansava num banco; e seguiu em direção à avenida. Amanhã eu conto mais.

*

Eu ontem parei a minha crônica no meio da história da borboleta que vinha pela rua Araújo Porto Alegre; parei no instante em que ela começava a navegar pelo oitão da Biblioteca Nacional.

Oitão, uma bonita palavra. Usa-se muito no Recife; lá, todo mundo diz: no oitão da igreja de São José, no oitão do teatro Santa Isabel... Aqui a gente diz: do lado. Dá no mesmo, porém oitão é mais bonito. Oitão, torreão.

Falei em torreão porque, no ângulo da Biblioteca, há uma coisa que deve ser o que se chama um torreão. A borboleta subiu um pouco por fora do torreão; por um instante acreditei que ela fosse voltar, mas continuou ao longo da parede. Em certo momento desceu até perto da minha cabeça, como se quisesse assegurar-se de que eu a seguia, como se me quisesse dizer: "estou aqui".

Logo subiu novamente, foi subindo, até ficar em face de um leão... Sim, há uma cabeça de leão, aliás há várias, cada uma com uma espécie de argola na boca, na Biblioteca. A pequenina borboleta amarela passou junto ao focinho da fera, aparentemente sem o menor susto. Minha intrépida, pequenina, vibrante borboleta amarela! pensei eu. Que fazes aqui, sozinha, longe de tuas irmãs que talvez estejam agora mesmo adejando em bando álacre na beira de um regato, entre moitas amigas – e aonde vais sobre o cimento e o asfalto, nessa hora em que já começa a escurecer, oh tola, oh tonta, oh querida pequena borboleta amarela! Vieste talvez de Goiás, escondida dentro de algum avião; saíste no Calabouço, olhaste pela primeira vez o mar, depois...

Mas um amigo me bateu nas costas, me perguntou "como vai, bichão, o que é que você está vendo aí?" Levei um grande susto, e tive vergonha de dizer que estava olhando uma borboleta; ele poderia chegar em casa e dizer: "encontrei hoje o Rubem, na cidade, parece que estava caçando borboleta".

Lembrei-me de uma história de Lúcio Cardoso, que trabalhava na Agência Nacional: um dia acordou cedo para ir trabalhar; não estava se sentindo muito bem. Chegou a se vestir, descer, andar um pouco junto da Lagoa, esperando condução, depois viu que não estava mesmo bem, resolveu voltar para casa, telefonou para um colega, explicou que estava gripado, até chegara a se vestir para ir trabalhar, mas estava um dia feio, com um vento ruim, ficou com medo de piorar – e demorou um pouco no bate-papo, falou desse vento, você sabe (era o noroeste) que arrasta muita folha seca, com certeza mais tarde vai chover etc., etc.

Quando o chefe do Lúcio perguntou por ele, o outro disse: "Ah, o Lúcio hoje não vem não. Ele telefonou, disse que até saiu de casa, mas no caminho encontrou uma folha seca, de maneira que não pôde vir e voltou para casa."

Foi a história que lembrei naquele instante. Tive – por que não confessar? – tive certa vergonha de minha borboletinha amarela. Mas enquanto trocava algumas palavras com o amigo, procurando despachá-lo, eu ainda vigiava a minha borboleta. O amigo foi-se. Por um instante julguei, aflito, que tivesse perdido a borboleta de vista. Não. De maneira que vocês tenham paciência; na outra crônica, vai ter mais história de borboleta.

*

Mas, como eu ia dizendo, a borboleta chegou à esquina de Araújo Porto Alegre com a avenida Rio Branco; dobrou à esquerda, como quem vai entrar na Biblioteca Nacional pela escada do lado, e chegou até perto da estátua de uma senhora nua que ali existe; voltou; subiu, subiu até mais além da copa das árvores que há na esquina – e se perdeu.

Está claro que esta é a minha maneira de dizer as coisas; na verdade, ela não se perdeu; eu é que a perdi de vista. Era muito pequena, e assim, no alto, contra a luz do céu esbranquiçado da tardinha, não era fácil vê-la. Cuidei um instante que atravessava a avenida em direção à estátua de

Chopin; mas o que eu via era apenas um pedaço de papel jogado de não sei onde. Essa falsa pista foi que me fez perder a borboleta.

Quando atravessei a avenida ainda a procurava no ar, quase sem esperança. Junto à estátua de Floriano, dezenas de rolinhas comiam farelo que alguém todos os dias joga ali. Em outras horas, além de rolinhas, juntam-se também ali pombos, esses grandes, de reflexos verdes e roxos no papo, e alguns pardais; mas naquele momento havia apenas rolinhas. Deus sabe que horários têm esses bichos do céu.

Sentei-me num banco, fiquei a ver as rolinhas – ocupação ou vagabundagem sempre doce, a que me dedico todo dia uns quinze minutos. Dirás, leitor, que esse quarto de hora poderia ser mais bem aproveitado. Mas eu já não quero aproveitar nada; ou melhor, aproveito, no meio desta cidade pecaminosa e aflita, a visão das rolinhas, que me faz um vago bem ao coração.

Eu poderia contar que uma delas pousou na cruz de Anchieta; seria bonito, mas não seria verdade. Que algum dia deve ter pousado, isso deve; elas pousam em toda parte; mas eu não vi. O que digo, e vi, foi que uma pousou na ponta do trabuco de Caramuru. Falta de respeito, pensei. Não sabes, rolinha vagabunda, cor de tabaco lavado, que esse é Pai do Fogo, Filho do Trovão?

Mas essa conversa de rolinha, vocês compreendem, é para disfarçar meu desaponto pelo sumiço da borboleta amarela. Afinal arrastei o desprevenido leitor ao longo de três crônicas, de nariz no ar, atrás de uma borboleta amarela. Cheguei a receber telefonemas: "eu só quero saber o que vai acontecer com essa borboleta". Havia, no círculo das pessoas íntimas, uma certa expectativa, como se uma borboleta amarela pudesse promover grandes proezas no centro urbano. Pois eu decepciono a todos, eu morro, mas não falto à verdade: minha borboleta amarela sumiu. Ergui-me do banco, olhei o relógio, saí depressa, fui trabalhar, providenciar, telefonar... Adeus, pequenina borboleta amarela.

Rio, setembro de 1952

O HOMEM DOS BURROS

"A burrama está forte devido ao capim-mimoso."
Íamos em um trem muito lento, de Teresina para São Luís. A certa altura a máquina teve de parar para esfriar. "Se ela continuar, se derrete", me explicaram. "Essa locomotiva é de bronze." Não acreditei; estaríamos sendo puxados pela estátua de uma locomotiva? "Pelo que já se gastou nesta estrada, moço, ela podia ter os trilhos de ouro." Mas o comerciante que me dizia essas coisas era muito chato. Preferi conversar com o homem dos burros.

Comprava-os a 400 cruzeiros em Cajazeiras, na Paraíba, vinha tocando pelo Ceará (Juazeiro, Crato, Coroatá), isso quer dizer umas 250 léguas, e se leva coisa de 36 dias, cada burro já chega a Coroatá valendo mais 400 cruzeiros e pesando menos uns 30 quilos. Um mês depois de invernado, era embarcado em trem para São Luís e ali em gambarras para Pinheiros, a 100 léguas de Belém do Pará. A essa altura, o burro já está valendo 1 200 cruzeiros. Até ali em Coroatá, dos 300 burros paraibanos já tinham morrido 14. "O senhor pode calcular que 30 burros consomem um alqueire de milho num dia. Hein? Eu digo um alqueire, 45 quilos. O milho não está caro, comprei a seis cruzeiros quatro quilos. Uma burrama como essa de quase 300 animais precisa de uns 30 homens para tocar. A cada homem eu pago três cruzeiros por dia, com todas as despesas por minha conta."

E o homem, paciente, com pena de minha ignorância, me explicou que o burro é filho do cavalo com a jumenta. Burro com égua dá "escancho", um burro pode cobrir 20, 30 éguas, não reproduz. Um burro bem zelado trabalha 30 anos, vive 40.

O comerciante entrou na conversa, falou dos impostos, se queixou outra vez da estrada, dos fretes, do governo, de tudo. O homem dos burros apenas sabia falar de burros – e na sua cara magra havia uma grande paz e conformação. "Negócio de levar burros já foi melhor, mas não é mau. E eu gosto de lidar com burros." Me ofereceu um cigarro de palha. Aceitei. Quieto, magro, simples, com seu bigode grisalho e sua roupa cáqui, ele não sabia que era um desses homens que ainda explicam e fazem a gente entender esse absurdo tranquilo que é a unidade nacional.

S. Luís, fevereiro, 1953

IMPOTÊNCIA

Foi na última chuvarada do ano, e a noite era preta. O homem só estava em casa; chegara tarde, exausto e molhado, depois de uma viagem de ônibus mortificante, e comera, sem prazer, uma comida fria. Vestiu o pijama e ligou o rádio, mas o rádio estava ruim, roncando e estalando. "Há dois meses estou querendo mandar consertar esse rádio", pensou ele com tédio. E pensou ainda que há muitos meses, há muitos anos, estava com muita coisa para consertar, desde os dentes até a torneira da cozinha, desde seu horário no serviço até aquele caso sentimental em Botafogo. E quando começou a dormir e ouviu que batiam na porta, acordou assustado achando que era o dentista, o homem do rádio, o caixa da firma, o irmão de Honorina ou um vago fiscal geral dos problemas da vida que lhe vinha tomar contas.

A princípio não reconheceu a negra velha Joaquina Maria, miúda, molhada, os braços magros luzindo, a cara aflita. Ela dizia coisas que ele não entendia; mandou que entrasse. Há dois meses a velha lavava sua roupa, e tudo o que sabia a seu respeito é que morava em algum barraco, em um morro perto da Lagoa, e era doente. Sua história foi saindo aos poucos. O temporal derrubara o barraco, e seu netinho, de oito anos, estava sob os escombros. Precisava de ajuda imediata, se lembrara dele.

— O menino está... morto?

Ouviu a resposta afirmativa com um suspiro de alívio. O que ela queria é que ele telefonasse para a polícia, chamasse ambulância ou rabecão, desse um jeito para o menino não passar a noite entre os escombros, na enxurrada; ou arranjasse um automóvel e alguém para ir retirar o corpinho. Mas o telefone não dava sinal; enguiçara. E quando meteu uma capa de gabardina e um chapéu e desceu a escada viu que tudo enguiçara, os bondes, os ônibus, a cidade, todo esse conjunto de ferro, asfalto, fios e pedras que faz uma cidade, tudo estava paralisado, como um grande monstro débil.

— E os pais dele?

A velha disse que a mãe estava trabalhando em Niterói.

— E o pai?

144

Na mesma hora sentia que fizera uma pergunta ociosa; devia ser um personagem vago e impreciso, negro e perdido na noite e no tempo, o pai daquele pretinho morto. Ia atravessando a rua com a velha; subitamente, como a chuva estivesse forte, e ela tossisse, mandou que ela voltasse e esperasse na entrada da casa. Tentou fazer parar quatro ou cinco automóveis; apenas conseguiu receber na perna jatos de lama. Entrou, curvando-se, em um botequim sórdido que era o único lugar aberto em toda a rua, mas já estava com a porta de ferro à meia altura. Não tinha telefone. Contou a história ao português do balcão, deu explicações ao garçom e a um freguês mulato que queria saber qual era o nome do morro – e de repente sentiu que estava fazendo uma coisa inútil e ridícula, em contar aquela história sem nenhum objetivo. Bebeu uma cachaça, saiu para a rua, sob a chuva intensa, andou até a segunda esquina, atravessou a avenida, voltou, olhando vagamente dois bondes paralisados, um ônibus quebrado, os raros carros que passavam, luzidios e egoístas na noite negra. Sentiu uma alegria vingativa pensando que mais adiante, como certamente já acontecera antes, eles ficariam paralisados, no engarrafamento enervante do trânsito. Uma ruazinha que descia à esquerda era uma torrente de água enlameada. Mesmo que encontrasse algum telefone funcionando, sabia que não conseguiria àquela hora qualquer ajuda da polícia, nem da assistência, nem dos bombeiros; havia desgraças em toda a cidade, bairros inteiros sem comunicação, perdidos debaixo da chuva. Meteu o pé até acima dos tornozelos numa poça d'água. Encontrou a velha chorando baixinho.

— Dona...

Ela ergueu os olhos para ele, fixou-o numa pergunta aflitiva, como se ele fosse o responsável pela cidade, pelo mundo, pela organização inteira do mundo dos brancos. Disse à velha, secamente, que tinha arrumado tudo para "amanhã de manhã". Ela ainda o olhou com um ar desamparado – mas logo partiu na noite escura, sob a chuva, chorando, chorando.

Rio, agosto de 1952

LEMBRANÇAS DA FAZENDA

Na fazenda havia muitos patos. As patas sumiam, iam fazer seus ninhos numa ilha lá em cima. Quando os patinhos nasciam, elas desciam o rio à frente de suas pequenas esquadrilhas amarelas e aportavam gloriosas no terreiro da fazenda. Apareceu uma romã de vez com sinal de mordida de criança. Um menino foi acusado. Negou. A prima já moça pegou a romã, meteu na boca do menino, disse que os sinais dos dentes coincidiam. O menino continuou negando, fez má-criação, foi preso na despensa. Ficou chorando, batendo na porta como um desesperado para que o tirassem daquele lugar escuro. Ninguém o tirava. Então começou, em um acesso de raiva, a derrubar no chão sacos de milho e arroz. Estranharam que ele não estivesse mais batendo, e abriram a porta. Escapou com a violência de uma fera acuada que empreende uma surtida.

As primas da roça passavam no meio da boiada sem medo nenhum, mas os meninos da cidade ficavam olhando a cara dos bois e achavam que os bois estavam olhando para eles com más intenções. A linguagem crua das moças da roça sobre a reprodução dos animais os assustava.

Na outra fazenda havia um córrego perdido entre margens fofas de capim crescido. O menino foi tomar banho, voltou com cinco sanguessugas pegadas no corpo. Havia um carpinteiro chamado "seu" Roque e uma grande mó de pedra no moinho de fubá onde a água passava chorando. Quando pararam o moinho, veio um silêncio pesado e grosso dos morros em volta e caiu sobre todas as coisas.

Gosto lento de descascar cana e chupar cana. A garapa escorrendo grossa de uma bica de lata da engenhoca. O café secando no terreiro de terra batida. Mulheres de panos na cabeça trabalhando na roça. O homem doente deitado gemendo no paiol de milho. Havia um pari, onde se ia toda manhã bem cedo pisar as pedras limosas na água tão fria, apanhar peixes.

A estrada onde se ia a cavalo, a estrada úmida aberta de pouco no seio escuro da mata. A lembrança do primo que caiu do cavalo, foi arrastado com um pé preso no estribo mexicano, a cabeça se arrebentando nas pedras.

Defronte da fazenda havia uma pedra grande, imensa, escura, onde de tarde, no verão, se ajuntavam nuvens pretas e depois relampejava e trovoava e chovia com estrondo uma chuva grossa que acabava meia hora antes da hora de o sol descer, e então os meninos saíam da varanda da fazenda e iam correr no pasto molhado.

A travessia do ribeirão no lugar fundo que não dava pé, debaixo da ponte, a água escura e grossa, o medo de morrer. O jacaré pequeno que uma roda do carro de boi pegou. Os bois atravessando o rio a nado, o menino a cavalo confiante no seu cavalo nadador. As balsas lentas, as canoas escuras e compridas, pássaros tontos batendo com o peito na parede e morrendo, gaviões súbitos carregando pintos, a história da onça que veio até o porão.

E subir morro e descer morro com espingarda na mão, e a cobra vista de repente e os mosquitos de tarde e o bambual na beira do rio com rolinhas ciscando. Os bois curados com creolina, as vacas mugindo longe dos bezerros, o leite quentinho bebido de manhã, a terra vermelha dos barrancos, a terra preta onde se cava minhoca, a tempestade no milharal, o calor e a tonteira da primeira cachaça, e os pecados cometidos atrás do morro com tanta inocência animal.

E, de repente, uma paixão.

Rio, junho, 1958

ELE SE CHAMA PIRAPORA

Chama-se Pirapora, o meu corrupião; eu o trouxe lá da beira do São Francisco muito feio, descolorido e sem cauda. Consegui uma licença escrita para poder conduzi-lo; apesar disso houve um chato da companhia aérea que implicou com ele na baldeação em Belo Horizonte. Queria que ele viesse no compartimento de bagagens, onde certamente morreria de frio ou de tédio. Houve muita discussão, da qual Pirapora se aproveitou para conquistar a amizade de um negro carregador, limpando-lhe carinhosamente a unha com o bico. Encantado com o passarinho, esse carregador me ajudou a ludibriar o exigente funcionário, e fizemos boa viagem.

A princípio eu me preocupava em saber o que o bicho comia. Hoje me pergunto o que ele não come. Carne de vaca; verduras, tomate, laranja, goiaba, miolo de pão, mamão, sementes, gema de ovo, palitos de fósforos e revistas ilustradas, praticamente tudo ele come. É mesmo um pouco antropófago, porque devora qualquer pedacinho de pele da mão da gente que descobre. Os alimentos mais secos ele os põe n'água e faz uma espécie de sopinha fria. Come e descome com uma velocidade terrível; tem um metabolismo alucinado, mas respeita rigorosamente a limpeza do canudo de palha em que mora. Adora tudo o que brilha, pedras preciosas ou metais, e fica bicando essas coisas com uma teimosia insensata, como a lamentar que não sejam comestíveis. Passa horas brincando com um pedaço de barbante, mas isso parece que lhe faz um pouco mal aos nervos. Peço às damas visitantes que retirem os anéis quando se aproximam da gaiola.

*

Agora ele está de rabo comprido, penas negras lustrosas e penas alaranjadas vibrantes de cor. Está realmente bonito, voa um pouco pela casa todo dia e toma banho duas vezes ao dia. Enfim, tenho todos os motivos para me orgulhar de meu corrupião; e devia estar contente.

Mas a verdade é muito outra. Há um pequeno drama de família; estamos de mal.

*

Conheço muitas histórias de corrupião; corrupião que assobia o Hino Nacional; corrupião que só gosta de mulher, não tolera homem; corrupião que quando o dono da casa chega ele assobia até que abram a gaiola e ele pouse no ombro do homem; corrupião que passeia pelo bairro inteiro e volta para casa ao escurecer etc.

O meu, não. Talvez a culpa seja minha, que o educo mal. Sei como deveria proceder com ele: movimentos sempre lentos, chantagem na base do miolo de pão, não lhe dando comida demais para que ele venha comer na mão; certa mistura de disciplina e carinho, sistema de prêmios e castigos. Enfim, aquele negócio dos reflexos condicionados.

Ele já estava bastante meu amigo quando cometi o primeiro erro; e ele reagiu. Afastava-se de mim; se eu aproximava o dedo, ele o bicava com força. Despeitado com esse tratamento, eu devo ter sido um pouco brusco. Um dia em que ele não queria de jeito nenhum sair da gaiola eu o agarrei e o trouxe para fora à força. Não gostou.

O pior é que tomei gosto em irritá-lo. Estalo os dedos sobre sua cabeça, o que o faz emitir estranhos grunhidos, enchendo o papo de vento, esticando o pescoço e dando grandes assobios; fica parecendo um galo de briga; uma gracinha. Mas com essas provocações ele foi, devagar, devagarinho, criando um certo ódio de mim.

Não, ainda não será ódio. De outras vezes ele já levou um dia inteiro, até dois, sem me dirigir a palavra e mesmo sem me olhar; mas logo o rancor sumiu de sua alminha leve, e voltamos às boas. Desta vez ele está há quatro dias completamente hostil, e minha presença o incomoda visivelmente. Por acinte trata bem qualquer pessoa estranha, o rufião. Mas creio que sua amizade é um bem ainda recuperável.

O pior é que eu digo essas coisas assim, mas no fundo sou um pouco rancoroso, e estou criando uma certa mágoa desse bicho ingrato que eu trouxe da roça para a Capital da República, até cheguei a ir à feira só para comprar comidinhas melhores para ele, dei gaiola grande e bonita, uma vez gastei oitenta cruzeiros de táxi só para vir em casa livrá-lo de uma chuva súbita. Não, não sei se ainda lhe tenho a mesma estima. Nosso último incidente foi há três dias, e ele ainda hoje à tarde

149

me tratou com uma antipatia suprema e ainda por cima se desmanchou em graças e carinhos com o *boy* que veio buscar a crônica.

Acho que vou dar esse corrupião – ou despedir esse *boy*.

Rio, agosto, 1958

HISTÓRIA TRISTE DE TUIM

João-de-barro é um bicho bobo que ninguém pega, embora goste de ficar perto da gente; mas de dentro daquela casa de joão-de-barro vinha uma espécie de choro, um chorinho fazendo tuim, tuim, tuim... A casa estava num galho alto, mas um menino subiu até perto, depois com uma vara de bambu conseguiu tirar a casa sem quebrar e veio baixando até o outro menino apanhar. Dentro, naquele quartinho que fica bem escondido depois do corredor de entrada para o vento não incomodar, havia três filhotes, não de joão-de-barro, mas de tuim.

Você conhece, não? De todos esses periquitinhos que tem no Brasil, tuim é capaz de ser o menor. Tem bico redondo e rabo curto e é todo verde, mas o macho tem umas penas azuis para enfeitar. Três filhotes, um mais feio que o outro, ainda sem penas, os três chorando. O menino levou-os para casa, inventou comidinhas para eles; um morreu, outro morreu, ficou um.

Geralmente se cria em casa é casal de tuim, especialmente para se apreciar o namorinho deles. Mas aquele tuim macho foi criado sozinho e, como se diz na roça, criado no dedo. Passava o dia solto, esvoaçando em volta da casa da fazenda, comendo sementinhas de imbaúba. Se aparecia uma visita fazia-se aquela demonstração: era o menino chegar na varanda e gritar para o arvoredo: tuim, tuim, tuim! Às vezes demorava, então a visita achava que aquilo era brincadeira do menino, de repente surgia a ave, vinha certinho pousar no dedo do garoto.

Mas o pai disse: "menino, você está criando muito amor a esse bicho, quero avisar: tuim é acostumado a viver em bando. Esse bichinho se acostuma assim, toda tarde vem procurar sua gaiola para dormir, mas no dia que passar pela fazenda um bando de tuins, adeus. Ou você prende o tuim ou ele vai-se embora com os outros; mesmo ele estando preso e ouvindo o bando passar, você está arriscado a ele morrer de tristeza."

E o menino vivia de ouvido no ar, com medo de ouvir bando de tuim.

Foi de manhã, ele estava catando minhoca para pescar quando viu o bando chegar; não tinha engano: era tuim, tuim, tuim... Todos desceram ali mesmo em mangueiras, mamonas e num bambuzal, divididos em pares. E o seu? Já tinha sumido, estava no meio deles, logo depois todos sumiram para uma roça de arroz; o menino gritava com o dedinho esticado para o tuim voltar; nada.

Só parou de chorar quando o pai chegou a cavalo, soube da coisa, disse: "venha cá". E disse: "o senhor é um homem, estava avisado do que ia acontecer, portanto, não chore mais".

O menino parou de chorar, porque tinha brio, mas como doía seu coração! De repente, olhe o tuim na varanda! Foi uma alegria na casa que foi uma beleza, até o pai confessou que ele também estivera muito infeliz com o sumiço do tuim.

Houve quase um conselho de família, quando acabaram as férias: deixar o tuim, levar o tuim para São Paulo? Voltaram para a cidade com o tuim, o menino toda hora dando comidinha a ele na viagem. O pai avisou: "aqui na cidade ele não pode andar solto; é um bicho da roça e se perde, o senhor está avisado".

Aquilo encheu de medo o coração do menino. Fechava as janelas para soltar o tuim dentro de casa, andava com ele no dedo, ele voava pela sala; a mãe e a irmã não aprovavam, o tuim sujava dentro de casa.

Soltar um pouquinho no quintal não devia ser perigo, desde que ficasse perto; se ele quisesse voar para longe era só chamar, que voltava; mas uma vez não voltou.

De casa em casa, o menino foi indagando pelo tuim: "que é tuim?" perguntavam pessoas ignorantes. "Tuim?" Que raiva! Pedia licença para olhar no quintal de cada casa, perdeu a hora de almoçar e ir para a escola, foi para outra rua, para outra.

Teve uma ideia, foi ao armazém de "seu" Perrota: "tem gaiola para vender?" Disseram que tinha. "Venderam alguma gaiola hoje?" Tinham vendido uma para uma casa ali perto.

Foi lá, chorando, disse ao dono da casa: "se não prenderam o meu tuim então por que o senhor comprou gaiola hoje?"

O homem acabou confessando que tinha aparecido um periquitinho verde sim, de rabo curto, não sabia que chamava tuim. Ofereceu comprar, o filho dele gostara tanto, ia ficar desapontado quando voltasse da escola e não achasse mais o bichinho. "Não senhor, o tuim é meu, foi criado por mim." Voltou para casa com o tuim no dedo.

Pegou uma tesoura: era triste, era uma judiação, mas era preciso: cortou as asinhas; assim o bicho poderia andar solto no quintal, e nunca mais fugiria.

Depois foi lá dentro fazer uma coisa que estava precisando fazer, e, quando voltou para dar comida a seu tuim, viu só algumas penas verdes e as manchas de sangue no cimento. Subiu num caixote para olhar por cima do muro, e ainda viu o vulto de um gato ruivo que sumia.

Acabou-se a história do tuim.

Rio, setembro, 1958

O GAVIÃO

Gente olhando para o céu: não é mais disco voador. Disco voador perdeu o cartaz com tanto satélite beirando o sol e a lua. Olhamos todos para o céu em busca de algo mais sensacional e comovente – o gavião malvado, que mata pombas.

O centro da cidade do Rio de Janeiro retorna assim à contemplação de um drama bem antigo, e há o partido das pombas e o partido do gavião. Os pombistas ou pombeiros (qualquer palavra é melhor que "columbófilo") querem matar o gavião. Os amigos deste dizem que ele não é malvado tal; na verdade come a sua pombinha com a mesma inocência com que a pomba come seu grão de milho.

Não tomarei partido; admiro a túrgida inocência das pombas e também o lance magnífico em que o gavião se despenca sobre uma delas. Comer pombas é, como diria Saint-Exupéry, "a verdade do gavião", mas matar um gavião no ar com um belo tiro pode também ser a verdade do caçador.

A verdade é que não posso mais falar de aves: dei meus passarinhos. No fim eram apenas um casal de canários e um corrupião. Faço muitas viagens curtas e achei que a empregada não cuidava deles bastante e bem na minha ausência; mesmo que os cuidasse não lhes fazia companhia, pois mora longe. E o prazer de minhas pequenas viagens era estragado com a lembrança do corrupião tristemente trancado em uma sala o dia inteiro, sem ter com quem conversar, ele que é tão animado e tagarela. Sinto saudade deles (da canarinha, na verdade, não: era sem graça, e andava doente) e sem eles me sinto mais solteiro. Mas se, por exemplo, desaba uma chuvarada súbita, ainda me assusto pensando em tirar os bichos da varanda em que ficam nas noites quentes; quando me lembro que não estão mais comigo, que não devo mais ter esse susto e essa aflição, então me vem um certo alívio. Sou mais só, mas também mais livre.

Que o gavião mate a pomba e o homem mate alegremente o gavião; ao homem, se não houver outro bicho que o mate, pode lhe suceder que ele encontre seu gavião em outro homem. A vida é rapina. Perdi os cantos do meu canário e os assovios de meu sofrê; meu coração está mais triste, mas mais leve também.

Rio, julho, 1958

HISTÓRIA DE PESCARIA

O velho era eu; o mar, o nosso; mas a novela é bem menor que a de Hemingway.

Na véspera ouvíramos uma notícia espantosa: um marlim fora visto na Praia Azedinha. Não contarei onde fica a Azedinha; quem sabe, sabe, quem não sabe procure no mapa; não achará, e a nossa prainha continuará como é, pequena e doce, escondida do mundo. A notícia era absurda: os marlins costumam passar a muitas milhas da costa, assim mesmo só quando tem iate de gente bem lá, como o sr. Raymundo Castro Maya, o sr. Betty Faria, por exemplo. Pois uma senhora o viu no rasinho, junto da pedra. As senhoras veem muita coisa no mar e no ar, que não há: mas Manuel também viu, e Manuel é pescador de seu ofício, e quando lhe mostramos a fotografia de um marlim disse: "Era esse mesmo".

Não acreditamos – mas passamos a manhã inteira no barco, para um lado e outro. Fomos até a ilha d'Âncora; de lá inda botamos proa para leste muito tempo, até chegar à água azul, e nada. Matamos uma cavala, um bonito, dois flaminguetes, pescamos de fundo e de corrico, voltamos sem esperança, de repente vimos uma coisa preta no mar. Que monstro do mar seria? Era grande o bicho dono daquela nadadeira, talvez um enorme cação; chegamos lá, era um peixe imenso e estranho que eu nunca tinha visto, e Zé Carlos diagnosticou ser peixe-lua, com uma cabeça enorme e um corpo curto, e Manuel confirmou: "Lá fora, no Mar Novo, eles tratam de rolão". O bicho rolava sobre si mesmo, na verdade, perto da laje da Emerência.

Na volta eu peguei o caniço menor com linha de nove libras, quem sabe que naquela laje perto de terra eu não matava uma enchovinha distraída? Botei o menor corocoxó de penas, passamos rente à laje do Criminoso, senti um puxão forte. Dei linha. Zé Carlos me orientava aos berros, Manuel achava que o anzol tinha é pegado na pedra, eu no fundo do meu coração achei que era o marlim. Não era, como vereis. Só ficamos sabendo o que era no fim de meia hora, na primeira vez que o bicho consentiu em vir à tona: um olho-de-boi que tinha seus 25 quilos; no mínimo vinte, isso nem tem dúvida, na pior hipótese deixo por dezoito; mas sei que estou fazendo uma injustiça.

Era grande e forte; logo disparou para o fundo, eu rodava a carretilha para um lado, ele puxava a linha para o outro; no que ele cansava um pouco, eu fazia força, ele vinha vindo a contragosto como um burro empacado, depois ganhava distância outra vez.

Tinha uma marca amarela na linha, parecia que lá do fundo ele estava vendo aquela marca. Quando chegava nela, e a marca ia sendo enrolada, ele disparava novamente. Meu braço esquerdo já estava doído de aguentar a iba na cortiça, o polegar da mão direita ferido no molinete, eu suava litros.

"Agora vem..." Eu sentia que ele tinha desistido no momento de se entocar numa pedra, estava mais perto da flor d'água, porém muito longe. "Está velando", dizia o Manuel; mas afundava outra vez, eu travava a linha quase toda, baixava o caniço para folgar um instante, puxava, ele ganhava mais cinco, dez braças para o fundo. Duas vezes Manuel chegou a pegar o bicheiro para fincar no animal, que sumia novamente. Meu polegar estava em carne viva, eu tinha de pegar a manivela com os outros dedos contra a palma da mão; dava vontade de desistir, mais de uma hora e quinze de briga, meu braço tenso tremia, eu tinha de passar a mão na testa para afastar o suor que escorria para os olhos, estava praticamente exausto de músculos e de nervos, tive de apelar para o caráter – eu não podia ter menos caráter que aquele miserável olho-de-boi que no Nordeste eles tratam de arabaiana!

Determinei que ele não havia de me partir a linha; aproveitava a mínima folga para puxá-lo. De uma vez que veio à tona ele entendeu de se meter debaixo do barco; agora ele surge à popa, dá uma súbita guinada para boreste, volta... Estou de pé, o cabo do caniço fincado na barriga, suando, fazendo força, Manuel ergue o bicheiro...

Acabou a novela: Zé Carlos fizera a hélice rodar, o arabaiana viu tudo, deu uma volta a ré, afundou, andou em roda, a hélice pegou a linha e partiu, adeus, olho-de-boi, meu recorde internacional de linha de nove libras, para sempre adeus! Ficaste por esse mar de Deus com meu corocoxó de penas, meu anzol, uma quina amarela e umas braças de linha, adeus!

Rio, março, 1960

CONVERSA DE COMPRA DE PASSARINHO

Entro na venda para comprar uns anzóis, e o velho está me atendendo quando chega um menino da roça com um burro e dois balaios de lenha. Fica ali, parado, esperando. O velho parece que não o vê, mas afinal olha as achas com desprezo e pergunta: "Quanto?" O menino hesita, coçando o calcanhar de um pé com o dedo de outro: "Quarenta". O homem da venda não responde, vira a cara. Aperta mais os olhos miúdos para separar os anzóis pequenos que eu pedi. Eu me interesso pelo coleiro-do-brejo que está cantando. O velho:

— Esse coleiro é especial. Eu tinha aqui um gaturamo que era uma beleza, mas morreu ontem; é um bicho que morre à toa.

Um pescador de bigodes brancos chega-se ao balcão, murmura alguma coisa; o velho lhe serve cachaça, recebe, dá o troco, volta-se para mim: "O senhor quer chumbo também?" Compro uma chumbada, alguns metros de linha. Subitamente ele se dirige ao menino da lenha:

— Quer vinte e cinco pode botar lá dentro.

O menino abaixa a cabeça, calado. Pergunto:

— Quanto é o coleiro?

— Ah, esse não tenho para venda, não...

Sei que o velho está mentindo; ele seria incapaz de ter um coleiro se não fosse para venda; miserável como é, não iria gastar alpiste e farelo em troca de cantorias. Eu me desinteresso. Peço uma cachaça. Puxo o dinheiro para pagar minhas compras. O menino murmura: "O senhor dá trinta..." O velho cala-se, minha nota na mão:

— Quanto é que o senhor dá pelo coleiro?

Fico calado algum tempo. Ele insiste: "O senhor diga..." Viro a minha cachaça, fico apreciando o coleiro.

— Não quer vinte e cinco vá embora, menino.

Sem responder, o menino cede. Carrega as achas de lenha lá para os fundos, recebe o dinheiro, monta no burro, vai-se. Foi no mato cortar pau, rachou cem achas, carregou o burro, trotou léguas até chegar aqui, levou 25 cruzeiros. Tenho vontade de vingá-lo:

— Passarinho dá muito trabalho...

O velho atende outro freguês, lentamente.

— O senhor querendo dar quinhentos cruzeiros, é seu.

Por trás dele o pescador de bigodes brancos me faz sinal para não comprar. Finjo espanto: "QUINHENTOS cruzeiros?"

— Ainda a semana passada eu rejeitei seiscentos por ele. Esse coleiro é muito especial.

Completamente escravo do homem, o coleirinho põe-se a cantar, mostrando suas especialidades. Faço uma pergunta sorna: "Foi o senhor quem pegou ele?" O homem responde: "Não tenho tempo para pegar passarinho".

Sei disso. Foi um menino descalço, como aquele da lenha. Quanto terá recebido esse menino desconhecido por aquele coleiro especial?

— No Rio eu compro um papa-capim mais barato...

— Mas isso não é papa-capim. Se o senhor conhece passarinho, o senhor está vendo que coleiro é esse.

— Mas QUINHENTOS cruzeiros?

— Quanto é que o senhor oferece?

Acendo um cigarro. Peço mais uma cachacinha. Deixo que ele atenda um freguês que compra bananas. Fico mexendo com o pedaço de chumbo. Afinal digo com a voz fria, seca: "Dou 200 pelo coleiro, 50 pela gaiola".

O velho faz um ar de absoluto desprezo. Peço meu troco, ele me dá. Quando vê que vou saindo mesmo, tem um gesto de desprendimento: "Por 300 cruzeiros o Sr. leva tudo".

Ponho minhas coisas no bolso. Pergunto onde é que fica a casa de Simeão pescador, um zarolho. Converso um pouco com o pescador de bigodes brancos, me despeço.

— O senhor não leva o coleiro?

Seria inútil explicar-lhe que um coleiro-do-brejo não tem preço. Que o coleiro-do-brejo é, ou devia ser, um pequeno animal sagrado e livre, como aquele menino da lenha, como aquele burrinho magro e triste do menino. Que daqui a uns anos quando ele, o velho, estiver rachando lenha no Inferno, o burrinho, o menino e o coleiro vão entrar no Céu – trotando, assobiando e cantando de pura alegria.

Novembro, 1951

O COMPADRE POBRE

O coronel, que então já morava na cidade, tinha um compadre sitiante que ele estimava muito. Quando um filho do compadre Zeferino ficava doente, ia para a casa do coronel, ficava morando ali até ficar bom, o coronel é que arranjava médico, remédio, tudo.

Quase todos os meses o compadre pobre mandava um caixote de ovos para o coronel. Seu sítio era retirado umas duas léguas de uma estaçãozinha da Leopoldina, e compadre Zeferino despachava o caixote de ovos de lá, frete a pagar. Sempre escrevia no caixote: CUIDADO É OVOS – e cada ovo era enrolado em sua palha de milho com todo carinho para não se quebrar na viagem. Mas, que o quê: a maior parte quebrava com os solavancos do trem.

Os meninos filhos do coronel morriam de rir abrindo o caixote de presente do compadre Zeferino; a mulher dele abanava a cabeça como quem diz: qual... Os meninos, com as mãos lambuzadas de clara e gema, iam separando os ovos bons. O coronel, na cadeira de balanço, ficava sério; mas, reparando bem, a gente via que ele às vezes sorria das risadas dos meninos e das bobagens que eles diziam: por exemplo, um gritava para o outro – "cuidado, é ovos!".

Quando os meninos acabavam o serviço, o coronel perguntava:

— Quantos salvaram?

Os meninos diziam. Então ele se voltava para a mulher: "Mulher, a quanto está a dúzia de ovos aqui no Cachoeiro?" A mulher dizia. Então ele fazia um cálculo do frete que pagara, mais do carreto da estação até a casa e coçava a cabeça com um ar engraçado:

— Até que os ovos do compadre Zeferino não estão me saindo muito caros desta vez.

Um dia perguntei ao coronel se não era melhor avisar ao compadre Zeferino para não mandar mais ovos; afinal, para ele, coitado, era um sacrifício se desfazer daqueles ovos, levar o caixote até a estação para despachar; e para nós ficava mais em conta comprar ovos na cidade.

O coronel me olhou nos olhos e falou sério:

— Não diga isso. O compadre Zeferino ia ficar muito sem graça. Ele é muito pobre. Com pobre a gente tem de ser muito delicado, meu filho.

Novembro, 1952

OS TEIXEIRAS MORAVAM EM FRENTE

Para não dar o nome certo digamos assim: os Teixeiras moravam quase defronte lá de casa.

Não tínhamos nada contra eles: o velho, de bigodes brancos, era sério e cordial e às vezes até nos cumprimentava com deferência. O outro homem da casa tinha uma voz grossa e alta, mas nunca interferiu em nossa vida, e passava a maior parte do tempo em uma fazenda fora da cidade; além disso seu jeito de valentão nos agradava, porque ele torcia para o mesmo time que nós.

Mas havia as Teixeiras. Quantas eram, oito ou vinte, as irmãs Teixeiras? Sei que era uma casa térrea muito, muito longa, cheia de janelas que davam para a rua, e em cada janela havia sempre uma Teixeira espiando. Havia umas que eram boazinhas, mas em conjunto as irmãs Teixeiras eram nossas inimigas, acho que principalmente as mais velhas e mais magras.

As Teixeiras tinham um pecado fundamental: elas não compreendiam que em uma cidade estrangulada entre morros, nós, a infância, teríamos de andar muito para arranjar um campo de futebol; e, portanto, o nosso campo natural para chutar a bola de borracha ou de meia era a rua mesmo.

Jogávamos descalços, a rua era calçada de pedras irregulares (só muitos anos depois vieram os paralelepípedos, e eu me lembro que os achei feios, com sua cor de granito, sem a doçura das pedras polidas entre as quais medrava o capim; e achei o nome também horroroso, insuportável, *paralelepípedos*, nome que o prefeito dizia com muita importância, parece que a grande glória de Cachoeiro e o progresso supremo da humanidade residia nessa palavra imensa e antipática – paralelepípedos); mas, como eu ia dizendo, a gente dava tanta topada que todos tínhamos os pés escalavrados: as plantas dos pés eram de couro grosso, e as unhas eram curtas, grossas e tortas, principalmente do dedão e do vizinho dele. Até ainda me lembro de um pedaço do "campo" que era melhor, era do lado da extrema direita de quem jogava debaixo para cima, tinha uma pedra grande, lisa, e depois um meio metro só de terra com capim, lugar esplêndido para chutar em gol ou centrar.

Tenho horror de contar vantagem, muita gente acha que eu quero desmerecer o Rio de Janeiro contando coisas de Cachoeiro, isto é uma injustiça; a prova aqui está: eu reconheço que o Estádio do Maracanã é maior que o nosso campo, até mesmo o Pacaembu é bem maior. Só que nenhum dos dois pode ser tão emocionante, nem jamais foi disputado tão palmo a palmo ou pé a pé, topada a topada, canelada a canelada, às vezes tapa a tapa.

Não consigo me lembrar se a marcação naquele tempo era em diagonal ou por zona; em todo caso a técnica do futebol era diferente, o jogo era ao mesmo tempo mais cavado e mais livre, por exemplo: não era preciso ter onze jogadores de cada lado, podia ser qualquer número, e mesmo às vezes jogavam cinco contra seis pois a gente punha dois menores para equilibrar um vaca-brava maior.

Eu disse que as partidas eram emocionantes; até hoje não compreendo como as Teixeiras jamais se entusiasmaram pelos nossos prélios. Isso foi um erro, e na semana que vem eu contarei por quê.

Abril, 1953

AS TEIXEIRAS E O FUTEBOL

Com os Andradas tínhamos feito uma espécie de pacto; a gente não jogava bola na rua defronte da casa deles, mas um pouco para cima, onde havia um muro que dava para o quintal da casa; em compensação, eles deixavam a gente pular o muro e apanhar a bola quando ela caía lá. Mas o muro não era bastante comprido, e assim o nosso campo abrangia, como eu ia dizendo, algumas janelas das Teixeiras. As quais, eu também já disse, não apreciavam o futebol.

Quando a gritaria na rua era maior, uma das Teixeiras costumava nos passar um pito da janela, mandando a gente embora. O jogo parava um instante, ficávamos quietos, de cara no chão – e logo que ela saía da janela a peleja continuava. Às vezes aquela ou outra Teixeira voltava a gritar conosco – começavam por nos chamar de "meninos desobedientes" e acabavam nos chamando de "moleques", o que nos ofendia muito ("Moleque é a senhora!" – gritou Chico uma vez), mas de modo algum nos impedia de finalizar a pugna.

Uma das Teixeiras era mais cordial, chamava um de nós pelo nome, dizia que éramos uns meninos inteligentes, filhos de gente boa, portanto poderíamos compreender que a bola poderia quebrar uma vidraça. "Não quebra não senhora! Não quebra não senhora!" – gritávamos com absoluta convicção, e tratávamos de tocar o jogo para a frente para não ouvir novas observações.

Um dia ela nos propôs jogar mais para baixo, então o Juquinha foi genial: "Não, senhora, lá nós não podemos porque tem a Dona Constança doente", desculpa notável e prova de bom coração de nosso time.

"Então por que vocês não jogam mais para cima?" – propôs ela com certa astúcia, e falando um pouco baixo, como se temesse que os vizinhos de cima ouvissem. "Ah, não, lá o campo não presta!", argumento, aliás sincero, de ordem técnica, e portanto irrespondível.

"Eu vou falar com papai! Quando ele chegar vocês vão ver" – gritou certa vez uma das Teixeiras mais antipáticas. Pois naquele momento o coronel de bigodes brancos ia chegando, o jogo parou, ele perguntou à filha o que era, ela disse "esses meninos fazendo algazarra aí, é um inferno, qualquer hora quebram uma vidraça" – mas o velho ouviu calado e entrou calado, sem sequer nos olhar, nem dar qualquer importância ao fato. Sentimos que o velho, sim, era uma pessoa realmente importante e um homem direito, e superior, e continuamos nossa partida.

As queixas que algumas Teixeiras faziam em nossa casa eram muito bem recebidas por mamãe, que lhes dava toda razão – "esses meninos estão mesmo impossíveis" –, e uma ou duas vezes nos transmitiu essas queixas sem convicção. De outra feita, como a conversa lá em casa versasse sobre as Teixeiras, ouvimo-la dizer que fulana e sicrana (duas das irmãs) eram muito boazinhas, muito simpáticas, mas beltrana, coitada, era tão enjoada, tão antipática, "ainda ontem esteve aqui fazendo queixas de meus filhos".

Mamãe era a favor de nosso time; mamãe, no fundo, e papai também (hoje, que o time e eles dois morreram, esta súbita certeza, ao meditar no distante passado, tem um poder absurdo, inesperado de me comover, até sentir um ardor de lágrimas nos olhos) – eles sempre foram a favor de nosso time!

E nosso caso com as Teixeiras foi se agravando, como se verá.

Abril, 1953

A VINGANÇA DE UMA TEIXEIRA

A troca da bola de meia para a bola de borracha foi uma importante evolução técnica do *association* em nossa rua. Nossa primeira bola de borracha era branca e pequena; um dia, entretanto, apareceu um menino com uma bola maior, de várias cores, belíssima, uma grande bola que seus pais haviam trazido do Rio de Janeiro. Um deslumbramento; dava até pena de chutar. Admiramo-la em silêncio; ela passou de mão em mão; jamais nenhum de nós tinha visto coisa tão linda. Era natural que as Teixeiras não gostassem quando essa bola partiu uma vidraça. Nós todos sentimos que acontecera algo de terrível. Alguns meninos correram; outros ficaram a certa distância da janela, olhando, trêmulos, mas apesar de tudo dispostos a enfrentar a catástrofe. Apareceu logo uma das Teixeiras, e gritou várias descomposturas. Ficamos todos imóveis, calados, ouvindo, sucumbidos. Ela apanhou a bola e sumiu para dentro de casa. Voltou logo depois e, em nossa frente, executou o castigo terrível: com um grande canivete preto furou a bola, depois cortou-a em duas metades e jogou-a à rua. Nunca nenhum de nós teria podido imaginar um ato de maldade tão revoltante. Choramos de raiva; apareceram mais duas Teixeiras que davam gritos e ameaçavam descer para nos puxar as orelhas. Fugimos.

A reunião foi junto do cajueiro do morro. Nossa primeira ideia de vingança foi quebrar outras vidraças a pedradas. Alguém teve um plano mais engenhoso: dali mesmo, do alto do morro, podíamos quebrar as vidraças com atiradeiras, e assim ninguém nos veria. — Mas elas vão logo dizer que fomos nós!

Alguém informou que as Teixeiras iam todas no dia seguinte para uma festa na fazenda, um casamento ou coisa que o valha. O plano de assalto à casa foi traçado por mim. A casa das Teixeiras dava os fundos para o rio e uma vez, em que passeava de canoa, pescando aqui e ali, eu entrara em seu quintal para roubar carambolas. Havia um cachorro, mas era nosso conhecido, fácil de enganar.

Falou-se muito tempo dos ladrões que tinham arrombado a porta da cozinha da casa das Teixeiras. Um cabo de polícia esteve lá, mas não chegou a nenhuma conclusão. Os ladrões tinham roubado um anel sem muito valor, mas de grande estimação, com monograma, e tinham feito uma desordem tremenda na casa; havia vestidos espalhados pelo chão, um tinteiro e uma caixa de pó de arroz entornados em um quarto, sobre uma cama. Falou-se que tinha desaparecido dinheiro, mas era mentira; lembro-me vagamente de uma faca de cozinha, um martelo, uma lata de goiabada; isso foi todo o nosso butim.

O anel foi enterrado em algum lugar no alto do morro; mas alguns dias depois caiu um temporal e houve forte enxurrada; jamais conseguimos encontrar o nosso tesouro secretíssimo, e rasgamos o mapa que havíamos desenhado.

Durante algum tempo as famílias da rua fecharam com mais cuidado as portas e janelas, alguns pais de família saltaram assustados da cama a qualquer ruído, com medo dos ladrões; mas eles não apareceram mais.

Nosso terrível segredo nos deu um grande sentimento de importância, mas nunca mais jogamos futebol diante da casa das Teixeiras. Deixamos de cumprimentar a que abrira a bola com o canivete; mesmo anos depois, já grandes, não lhe dávamos sequer bom-dia. Não sei se foi feliz na existência, e espero que não; se foi, é porque praga de menino não tem força nenhuma.

Abril, 1953

MONOS OLHANDO O RIO

Como é que foi feito o mundo, por que é que aqui tem este bicho e ali não tem? Olhem que já não pergunto por que não há girafas no Piauí nem hipopótamos no Acre. Não há, acabou-se. Mas o pequeno mistério do mono é que me fascina.

Na linguagem comum "mono" pode ser qualquer macaco, mas no interior do Brasil, onde as pessoas falam certo, assim se chama apenas um certo macaco, cujo cartão de visitas em latim é *Eriodes arachnoides*. É exatamente o maior macaco do Brasil, país, como se sabe, de grande macacada; como nas Américas não temos gorilas, o rei da macacada é o nosso prezado mono, com seus setenta centímetros de corpo e mais setenta de cauda. É fácil de distinguir – ensina Rodolpho von Ihering –, pelo seu polegar atrofiado, um simples coto sem unha. Goeldi (não o nosso querido gravador, mas o pai dele) diz que a gente encostando o dedo na extremidade da cauda de um mono morto de fresco, ele (o mono) agarra o dedo da gente. Nunca brinquei com mono morto para conferir.

Para ser entendido pelos caçadores direi que o mono também é conhecido por "buriqui" ou "muriquina", e seu pelo é um amarelo desbotado. Sei que há monos no estado do Rio, em Minas, em S. Paulo, até onde ele existe no Sul não sei. Mas para o Norte o mono tem uma divisa, e é isso que me invoca e fascina: ele só vai até o Rio Doce, um rio que nasce em Minas e atravessa o Espírito Santo. Quem me contou isso foi um caçador da terra, o Luís Alves, de Cachoeiro, que hoje mora em Vitória. Depois perguntei a muitos caboclos da beira do Rio Doce e todos confirmaram: "Naquele lado tem muito mono, neste não é capaz".

Ora, uma noite destas eu estava sozinho em minha casa, e contrariado com umas histórias de mulher; me deu insônia. De repente, não sei por que, comecei a pensar no mono, e mais tarde, quando dormi, o mono entrou pelo meu sonho; acordei logo, com o mono na cabeça. Quanta angústia não passaram os monos quando começaram a ser derrubadas as matas de S. Paulo, do estado do Rio, do Espírito Santo! Assustados pelos caçadores e tangidos pela falta de comida, eles foram emigrando para o Norte e com certeza subiram muita serra e passaram muito rio com o rabo agarrado a uma ponta de cipó.

Mas quando chegaram ao Rio Doce, pararam. Ali no Espírito Santo o rio tem centenas de metros de largura. A derrubada e os incêndios começaram do lado de cá, na margem sul. Imagino os olhos tristes dos grandes monos olhando, dos altos galhos da floresta, a grande massa líquida – e, do outro lado, a Floresta Proibida, ou a Terra Prometida dos Monos Perseguidos.

Hoje há pontes sobre o grande rio; mas onde há essas pontes – em Colatina e em Linhares – o mono não ousa passar porque ali enxameiam esses estranhos monos sem cauda, os homens, bichos cruéis que matam outros bichos só pelo prazer de matar.

Devo fazer um apelo patético pela salvação dos monos do Brasil? Não, ele não seria ouvido. Mas me deixem a liberdade de ter pena desses nossos tristes irmãos peludos e condenados. Levá-los para o outro lado do Rio Doce já pouco adiantaria, que o machado e o fogo já passaram em sua frente. Talvez pudéssemos levar um casal de monos para a Amazônia...

Mas seria preciso que nós, os homens, fôssemos, pelo menos, humanos.

Abril, 1960

APARECEU UM CANÁRIO

Mulher, às vezes aparece alguma; vêm por desfastio ou imaginação, essas voluntárias; não voltam muitas vezes. Assusta-as, talvez, o ar tranquilo com que as recebo, e a modéstia da casa.

Passarinho, desisti de ter. É verdade, eu havia desistido de ter passarinhos; distribuí-os pelos amigos; o último a partir foi o corrupião "Pirapora", hoje em casa do escultor Pedrosa. Continuo a jogar, no telhado de minha água-furtada, pedaços de miolo de pão. Isso atrai os pardais; não gosto especialmente de pardais, mas também não gosto de miolo de pão. Uma vez ou outra aparecem alguns tico-ticos; nas tardes quentes, quando ameaça chuva, há um cruzar de andorinhas no ar, em voos rasantes sobre o telhado do vizinho. Vem também, às vezes, um casal de sanhaços; ainda esta manhã, às 5h15, ouvi canto de sanhaço lá fora; frequentam ou uma certa antena de televisão (sempre a mesma) ou o pinheiro-do-paraná que sobe, vertical, até minha varanda. Fora disso, há, como em toda parte, bem-te-vis; passam gaivotas, mais raramente urubus. Quando me lembro, mando a empregada comprar quirera de milho para as rolinhas andejas.

Mas a verdade é que um homem, para ser solteiro, não deve ter nem passarinho em casa; o melhor de ser solteiro é ter sossego quando se viaja; viajar pensando que ninguém vai enganar a gente nem também sofrer por causa da gente; viajar com o corpo e a alma, o coração tranquilo.

Pois nesse dia eu ia mesmo viajar para Belo Horizonte; tinha acabado de arrumar a mala, estava assobiando distraído, vi um passarinho pousar no telhado. Pela cor não podia ser nenhum freguês habitual; fui devagarinho espiar. Era um canário; não um desses canarinhos-da-terra que uma vez ou outra ainda aparece um, muito raro, extraviado, mas um canário estrangeiro, um *roller*, desses nascidos e criados em gaiola. Senti meu coração bater quase com tanta força como se me tivesse aparecido uma dama loura no telhado. Chamei a empregada: "Vá depressa comprar uma gaiola, e alpiste..."

Quando a empregada voltou, o canarinho já estava dentro da sala; ele e eu, com janelas e portas fechadas. Se quiserem que explique o que fiz para que ele entrasse eu não saberei. Joguei pedacinhos de miolo de pão na varanda; assobiei para dentro; aproximei-me do telhado bem devagarinho, longe do ponto em que ele estava, murmurei muito baixo: "Entra, canarinho..." Pus um pires com água ali perto. Que foi que o atraiu? Sei apenas que ele entrou; suponho que tenha ficado impressionado com meus bons modos e com a doçura de meu olhar.

Dentro da sala fechada (fazia calor, estava chegando a hora de eu ir para o aeroporto) ficamos esperando a empregada com a gaiola e o alpiste. O que fiz para que ele entrasse na gaiola também não sei; andou pousado na cabeça de Baby, a finlandesa (terracota de Ceschiatti); fiquei completamente imóvel, imaginando – quem sabe, a esta hora, em Paris ou onde andar, a linda Baby é capaz de ter tido uma ideia engraçada, por exemplo: "Se um passarinho pousasse em minha cabeça..."

Depois desceu para a estante, voou para cima do bar. Consegui colocar a gaiola (com a portinha aberta, presa por um barbante) bem perto dele, sem que ele o notasse; andei de quatro, rastejei, estalei os dedos, assobiei – venci. Quando telefonei para o táxi ele já tinha bebido água e comido alpiste, e estava tomando banho. Dias depois, quando voltei de Minas, ele estava cantando que era uma beleza.

Está cantando, neste momento. Por um anel de chumbo que tem preso à pata já o identifiquei, telefonando para a Associação dos Criadores de *Rollers*; nasceu em 1959 e seu dono mudou-se para Brasília. Naturalmente deixou-o de presente para algum amigo, que não soube tomar conta dele. (Seria o milionário assassinado da Toneleros? Um dos assaltantes carregou dois canários e depois os soltou, com medo.)

Está cantando agora mesmo; como canta macio, melodioso, variado, bonito... Agora para de cantar e fica batendo as asas de um modo um pouco estranho. Telefono para um amigo que já criou *rollers*, pergunto o que isso quer dizer. "Ele está querendo casar, homem: é a primavera..."

Casar! O verbo me espanta. Tão gracioso, tão pequenininho, e já com essas ideias!

172

Abano a cabeça com melancolia; acho que vou dar esse passarinho à minha irmã, de presente. É pena, eu já estava começando a gostar dele; mas quero manter nesta casa um ambiente solteiro e austero; e se for abrir exceção para uma canarinha estarei criando um precedente perigoso. Com essas coisas não se brinca. Adeus, canarinho.

Maio, 1960

NEGÓCIO DE MENINO

Tem dez anos, é filho de um amigo, e nos encontramos na praia:

— Papai me disse que o senhor tem muito passarinho...

— Só tenho três.

— Tem coleira?

— Tenho um coleirinha.

— Virado?

— Virado.

— Muito velho?

— Virado há um ano.

— Canta?

— Uma beleza.

— Manso?

— Canta no dedo.

— O senhor vende?

— Vendo.

— Quanto?

— Dez contos.

Pausa. Depois volta:

— Só tem coleira?

— Tenho um melro e um curió.

— É melro mesmo ou é vira?

— É quase do tamanho de uma graúna.

— Deixa coçar a cabeça?

— Claro. Come na mão...

— E o curió?

— É muito bom curió.

— Por quanto o senhor vende?

— Dez contos.

Pausa.

— Deixa mais barato...

— Para você, seis contos.

— Com a gaiola?

— Sem a gaiola.

Pausa.

— E o melro?

— O melro eu não vendo.

— Como se chama?

— Brigitte.

— Uai, é fêmea?

— Não. Foi a empregada que botou o nome. Quando ela fala com ele, ele se arrepia todo, fica todo despenteado, então ela diz que é Brigitte.

Pausa.

— O coleira o senhor também deixa por seis contos?

— Deixo por oito contos.

— Com a gaiola?

— Sem a gaiola.

Longa pausa. Hesitação. A irmãzinha o chama de dentro da água. E, antes de sair correndo, propõe, sem me encarar:

— O senhor não me dá um passarinho de presente, não?

Rio, março, 1964

LEMBRANÇA DE TENERÁ

O recorte de um jornal de Campos me traz a notícia da morte de um tipo de rua, conhecido na grande cidade fluminense como Rin-Tin-Tin. Teria mais de cem anos e alegava ter tomado parte na Guerra de Canudos. Seu nome verdadeiro ninguém sabe; mas o jornal diz que ele é o mesmo homem conhecido em Cachoeiro de Itapemirim como Tenerá. É possível que tivesse outros nomes em outras cidades, pois um pouco por toda parte ele aparecia sem dizer de onde vinha; e depois sumia sem avisar para onde ia.

Tenerá era alto, de uma gordura desajeitada de distrofia glandular, e tinha uma cara enorme de índio tapuia, uma cara vincada e terrosa, de jenipapo maduro. Vestia-se com extravagância de apalache, andava sério e lento, apregoando o *Correio do Sul* ou algum avulso de propaganda de casa comercial. Fora disto pegava alguns cobres amestrando cães: ensinava um pobre vira-lata a sentar, deitar, carregar coisas, seguir as ordens do dono e até a dançar sobre as patas traseiras.

Durante algum tempo Tenerá morou com seus cachorros nos baixos do prédio da Farmácia Central, que era de parentes meus. Os fundos davam para o rio, e havia, entre os pilares que sustentavam o prédio, muito espaço para o homem e seus cães.

Durante algum tempo trabalhei na farmácia, para ter algum dinheirinho meu. Lavava vidros com grãos de chumbo, entregava uma ou outra encomenda mais urgente, ajudava no balcão – e se não cheguei a ser uma glória da farmacologia brasileira pelo menos aprendi a fazer limonada purgativa e água vienense. Outras receitas mais complicadas o farmacêutico aviava; eu o via com respeito misturar líquidos, e pesar pós ou colar rótulos e fazer sobre a rolha do frasco aquele pequeno capuz de papel plissado amarrado ao gargalo com um barbante. Nunca fui hábil nisso, e minha mão era estabanada mesmo para rolar pílulas e misturar pomadas com a espátula; só uma vez, com emoção, trabalhei com o almofariz.

Gostoso era ajudar a abrir os grandes caixotes de remédios vindos do Rio; sempre traziam algum material de propaganda colorido, cartazes, folhetos, almanaques, brindes. Mesmo a nova embalagem de uma droga antiga era algo que me dava prazer.

Minhas relações com Tenerá ficaram então mais estreitas; deslumbrei-o certa vez com a mágica fácil de derramar algumas gotas de glicerina sobre limalhas de permanganato: aquela combinação de duas coisas frias resultando em fogo e estalidos me deu a seus olhos um prestígio de jovem cientista. Nas horas de folga, eu e o primo Costinha nos divertíamos, às vezes, de uma janela que dava para o rio, a atirar de Flaubert nos camaleões que apareciam lá embaixo, nas pedras do rio. Isto inquietava o Tenerá, por si mesmo e pelos seus cães.

Viveu muitos anos em Cachoeiro e se atribuía de certo modo todos os melhoramentos que a cidade teve depois de sua chegada: "Quando eu cheguei aqui não havia isso nem aquilo..."

É verdade que muitos políticos fazem coisa idêntica em relação aos progressos deste pobre Brasil, que vai para a frente, mesmo porque é este o seu jeito e rumo.

Só vi Tenerá fazer pouco de Cachoeiro uma vez. Foi quando por algum motivo o prenderam e o puseram a capinar o pátio em frente à cadeia velha. Trabalhando ao sol, ele dizia bem alto, para que o delegado e todos ouvissem:

— Eu já estive preso em cadeia muito melhor do que esta. Muito melhor do que esta porcaria!

Setembro, 1969

PASSARINHO NÃO SE EMPRESTA

Não é bom que o homem esteja só; apesar disso hesitei muito em arranjar um passarinho, pelo mesmo motivo que hesito em tomar uma mulher. Pede muita assistência, requer muito cuidado, e sou um homem distraído que de vez em quando precisa viajar.

Tenho uma experiência triste no assunto. Não de mulher, mas de passarinho. Uma vez José Olympio, editor e amigo velho, me trouxe de São Paulo um bicudo, e outra pessoa me deu um galo-de-campina. Este era muito espantado e não chegamos a nos afeiçoar. Mas o bicudo ficou logo meu amigo – ou, mais precisamente, meu inimigo cordial. Podia se assustar com outras pessoas, mas logo me reconhecia quando eu me aproximava da gaiola. Sabia que estava na hora da briga. Eu o aborrecia de toda maneira, metendo os dedos na gaiola, jogando-lhe água na cabeça, assobiando alto. Ele se eriçava um pouco, fingia-se desentendido, e de repente me dava uma bicada.

Fiz verdadeiras chantagens sentimentais para conquistá-lo. Privei-o dois dias de sua comida predileta, sementes de cânhamo. Ele não reclamou, mas era visível que estava zangado. No terceiro dia ofereci--lhe as sementes – na mão. Ficou quieto, me olhando de banda. Saltou para um lado e outro mais de uma vez, mas se deteve novamente perto de minha mão, sempre olhando de lado as sementes. Mais de cinco minutos ficou nesse conflito íntimo. Afinal pegou uma semente, mas logo a deixou cair no fundo da gaiola – e bicou com toda a força o meu dedo.

Era um caráter.

Eu tinha de passar muitos meses no estrangeiro e levei dias ponderando as virtudes e defeitos de meus amigos, para ver com quem podia deixar os passarinhos.

Excluí os solteiros. São sujeitos desorganizados, que podem ser arrastados por algum rabo de saia a passar um fim de semana em Petrópolis ou Cabo Frio e deixar um bichinho morrer de fome ou de sede. A respeito dos casados pensei muito em suas esposas. Nada de senhoras que varam madrugada jogando biriba ou frequentam boates. Isso é gente capaz de esquecer os próprios filhos, que dirá meu bicudinho. Sondei em vários lares a existência de gatos ou de meninos pequenos. Eliminei da lista uma das casas porque a cara da empregada não me agradou – e acabei decidindo pela casa de um amigo nordestino (o engenheiro Juca), que me pareceu o melhor lar para o cuidado e educação de meus pássaros. Viajei saudoso, mas tranquilo.

No dia seguinte à minha volta peguei meu amigo no escritório, à tarde, com a intenção de passar pela sua casa e apanhar meus passarinhos. Ele perguntou se eu queria mesmo os bichos de volta; por que não os deixava mais algum tempo em sua casa? Achei que ele estava desconversando; vai ver que algum passarinho tinha morrido. Jurou que não. De toda maneira, relutou em vir para Ipanema comigo; senti que não queria que eu fosse à sua casa. Quando insisti, ele disse com ar misterioso:

— Bem, se você puder levar...

Quando cheguei à casa é que senti o drama. A mulher de meu amigo não estava de maneira alguma disposta a me devolver os passarinhos, e teve uma discussão com ele a esse respeito. Não me meto em discussão de casais, e embora fosse a parte mais interessada, fiquei quieto. Deixei passar o tempo. Depois do jantar com um bom vinho, entrei jeitosamente na conversa com a senhora. Ela relutava, punha a culpa nas crianças que iriam ficar muito tristes, uma empregada até chorara quando soube que eu ia levar os passarinhos.

Fiz uma pergunta: ficasse com o galo-de-campina; mas meu bicudo... Percebendo nossa conversa, o marido entrou no meio, disse que não ficava bem aquilo que ela estava fazendo, que ele até sentia vergonha. Aí a discussão recomeçou, e eu me limitei a declarar que, de toda maneira, ia levar para casa o meu bicudo.

— Você tem certeza? – perguntou a senhora.

— Claro que tenho certeza. O Juca me deu a palavra!

Ela ficou um momento quieta, me olhando. Pensei que estivesse conformada. Mas depois disse calmamente, com a voz lenta e firme:

— É? O Juca lhe deu a palavra? Então está bem. Você pegue o Juca, ponha dentro de uma gaiola e pendure na sua varanda. Ele faz muito menos falta nesta casa do que o bicudo.

Passarinho não se empresta a ninguém. Nem a quem não gosta de passarinho, nem, muito menos, a quem gosta de passarinho.

Dezembro, 1967

PROCURA-SE FUGITIVO EM IPANEMA

Avisa-se às pessoas de bem que um mimoso bicudo desapareceu da casa de seu amo e senhor no bairro de Ipanema. O fugitivo ainda é jovem e não atingiu a idade em que se torna preto de bico branco. Come alpiste e vários outros alimentos, mas tem uma fraqueza especial por sementes de cânhamo. Quando estas sementes lhe são oferecidas pela manhã, ele vem comer na mão; mas uma vez alimentado não convém introduzir nem a mão nem um dedo sequer na gaiola, pois o intruso será recebido com uma forte bicada. Há muito, entretanto, ele não tem a sua semente predileta, pois as autoridades (in)competentes descobriram que o citado cânhamo, em latim *Cannabis sativa*, é a mesma espécie cuja resina produz efeitos estupefacientes quando as plantas são dissecadas e trituradas por pessoas viciosas para obter o produto vulgarmente chamado maconha.

Meu bicudo é, de seu natural, desconfiado e valente, já tendo derrotado em pelejas memoráveis dois canários-da-terra e um grande pássaro-preto. É também muito ciumento, pois parou de cantar desde o dia em que o referido pássaro-preto foi admitido na mesma varanda onde reside e começou a cantar alto e desafinadamente.

Apesar de seu natural aguerrido, é propenso a folguedos juvenis. Qualquer objeto estranho que se coloque na gaiola é inicialmente examinado de longe, primeiro com o olho esquerdo, depois com o direito. Depois é examinado mais de perto, e afinal recebe uma bicada. Se o objeto não reage, e é leve, é logo transformado em brinquedo; pedaços de barbante, principalmente coloridos, são de agrado especial.

Dispondo de água limpa, o fugitivo se banha diariamente, e no rigor do verão mais de uma vez por dia; já atingiu o nível de educação em que não procura se banhar no bebedouro nem beber a água destinada ao banho. Depois do banho faz sua meticulosa toalete com o bico e coça várias vezes a orelha com a patinha.

Quando está dormindo e é despertado demonstra um terrível mau humor e se posta em atitude de defesa, de bico aberto, produzindo um grasnar semelhante ao de uma galinha choca. Bem tratado é, entretanto, capaz de gestos suaves e atitudes distintas. O fugitivo foi criado na roça e não conhece a topografia do Rio de Janeiro, de maneira que dificilmente voltará a sua varanda. Caso ele venha a cair em algum alçapão, a pessoa que o encontrar fará obra caridosa devolvendo-o ao seu dono, que é homem já de certa idade, com a vida esburacada de tristezas e desilusões, não possuindo gato, nem mulher, nem cachorro por falta de espaço no lar.

O dono desolado antecipadamente agradece.

Maio, 1954

OLHE ALI UMA TOUTINEGRA!

Minha terra tem palmeiras
Onde canta o sabiá
As aves que aqui gorjeiam
Não gorjeiam como lá.

Gonçalves Dias escreveu esta quadra quando estava em Portugal. E eu estava lá quando a lembrei; isto foi no tempo em que morei no Marrocos. Pensei comigo: é verdade, poeta. Gorjeiam diferente; diferente, mas parecido. Eu diria que a voz às vezes é igual; a melodia é que muda. Também as palmeiras são diferentes; são diferentes, mas são palmeiras.

Às seis da manhã, em minha casa, em Rabat; depois, num fim de sesta, ainda meio entorpecido pelo sono, no hotel Mamunia, em Marraqueche – grande hotel, com seus jardins seculares, de onde se veem as tamareiras no primeiro plano e, ao fundo, as alturas nevadas do Grande Atlas – duas vezes tive a impressão de estar ouvindo o sabiá.

Da terceira vez eu não somente ouvi: eu vi. Estava pousado no chão; era um sabiá. Tinha o mesmo tamanho e o mesmo jeito de nosso sabiá; apenas o peito era mais claro, com umas pintas escuras. No Brasil há tantos sabiás diferentes que bem podia haver mais este – "sabiá de peito pintado", vamos dizer. Mas os portugueses o chamam de tordo, e os italianos também; para os espanhóis é *zorzal*, para os ingleses é *thrush*, para os franceses é *grive*.

Estas coisas eu aprendi depois de comprar um livro; comprei esse livro porque eu andava intrigado e infeliz, sem saber os nomes dos passarinhos do meu quintal. É certo que não achei o que procurava, algo sobre os pássaros do Marrocos. O livro que comprei foi *A First Guide to Birds of Britain and Europe*, livro feito por ingleses e americanos e prefaciado por Julian Huxley; não comprei o original, mas a tradução espanhola, tradução (adaptada) bem espanhola, tanto que o livro passou a se chamar *Guía de campo de las aves de España y demás países de Europa*.

O estreito de Gibraltar é tão estreito que imaginei que muito passarinho que vive de um lado também pode viver de outro; e tinha razão. Olhando as figurinhas do livro fiquei sabendo o nome de todos os passarinhos do meu quintal. O bom livrinho traz o nome científico e depois o nome comum em várias línguas, inclusive o português; não o nosso, é claro, mas o de Portugal, onde sabiá é tordo – do mesmo gênero, da mesma família, apenas de espécies diversas.

Vai ver que o poeta Gonçalves Dias estava distraído, ouviu cantar um tordo, lembrou-se do sabiá, teve saudade do sabiá, e fez aquele verso.

Vejo aqui várias figuras de tordos, uns do sul, outros do norte da Europa, outros que vivem também na Ásia (como o *tardus neumanii* que se parece demais com o nosso sabiá-laranjeira) e posso informar aos nossos tradutores de poemas e de romances líricos que tordo, *zorzal*, *grive* ou *thrush*, tudo isto pode ser honestamente traduzido por sabiá.

Em Rabat eu vivia em uma casinha moderna, feita por um razoável arquiteto suíço sem muita imaginação, mas com senso de conforto, o que teve o mérito de poupar uma árvore que havia no terreno, e dava graça a tudo. Não sei o nome da árvore: era uma acácia ou uma mimosa? Sei nome de poucas árvores. Mas o que me incomodava era não saber os nomes dos passarinhos. Passarinho é uma coisa viva, colorida e móvel, ruidosa e com temperamento, feito mulher. Você de repente vê uma mulher bonita; leva aquele choque; mulher bonita incomoda, faz a conversa da roda ficar sem sentido, as pessoas dizendo uma coisa e pensando outra; mulher bonita é sempre uma perturbação. Mas se você sabe o seu nome pelo menos fica mais aplacado, menos desprevenido diante do mistério da beleza; ela deixa de ser uma aparição, entra na vida civil, é afinal uma pessoa como as outras, capaz de ter um irmão bêbado e um mau funcionamento dos rins; enfim, deixa de ser deusa, é uma cidadã – pelo menos até certo ponto.

Passarinho também me dá vontade de perguntar – "quem é você, como se chama?" – pois, uma vez sabendo o nome, a gente fica mais à vontade perante o passarinho, tem uma ilusão de ter de certo modo quebrado essa distância infeliz que há entre o ser humano e o passarinho.

O pior é que, vendo e ouvindo esses passarinhos estrangeiros, eu não podia deixar de sentir que o estrangeiro era eu – o bárbaro, o intruso,

184

o que não sabe o nome das pessoas da terra. Vinguei-me escrevendo a uma querida amiga: "Aqui há muitos passarinhos e toda manhã cantam, mas é uma pena, cantam em puro árabe..." Com o *Guía de campo de las aves* em punho, descobri que aquela cambaxirrinha que saltitava na moita podia ser chamada de carriça, embora tenha o nome feroz de *Troglodytes troglodytes*; o pássaro preto de bico amarelo era o melro legítimo, aquele do Guerra Junqueiro, o *Turdus merula*, ruidoso e jovial, irmão preto do sabiá, primo do nosso vira e da nossa graúna; uns outros cor de canário-da-terra, porém mais cheios de corpo, são verdilhões; aqueles dois pardos, um de cabecinha preta, outro de cabecinha cor de ferrugem, que ora fazem "tec-tec" ora gorjeiam bonito, ah, esses eu já conhecia de nome, de velhos romances, e tive o maior prazer em lhes ser apresentado: são um casal de toutinegras. É um casal sério, pois, ao contrário de tantas outras aves, o macho é que é mais sóbrio, tem a cabecinha escura, enquanto a fêmea chama a atenção com seu boné vermelho. Infelizmente até hoje um desses ainda não apareceu quando tenho visita de brasileiro em casa. Estou esperando, só para ter o gosto de dizer, com um ar muito natural, como se desde menino eu não conhecesse outro bicho: "Olhe ali uma toutinegra..."

Nesse dia, sim, eu me sentirei dono da minha casa e do meu quintal, merecedor de ouvir pela manhã, sem remorso, a cantoria de *minha* passarada.

O ENXOVAL DA NEGRA TEODORA

Era uma negra velha, cozinheira antiga, escrava do inglês fazendeiro e diretor de mineração do ouro. Desde molecota vivera dentro de uma cozinha de fazenda. Trabalhava de manhã à noite, e nunca se casou. Dizem que sabia muitos segredos de comidas e doces, mas não ensinava a ninguém. Resmungava muito, não gostava de conversa, e quando estava de tromba as negrinhas e as mulatinhas não davam risada nem falavam alto, e até as moças e a senhora a tratavam com todo cuidado, pois a negra Teodora era uma escrava que sabia impor respeito, porque se dava ao respeito.

Até na hora de ser cachaceira, era uma negra de brio porque não era como essa gente que bebe nas horas que não deve e então faz os papéis mais tristes que uma pessoa pode fazer. Não. A negra tinha folga somente uma vez por mês, e era no primeiro domingo; depois de ir à missa, pegava uma garrafa de cachaça, sentava na cadeira de balanço e punha do lado uma bacia para cuspir; e então tomava a sua mona. Quando escurecia, estava bêbada como um gambá. Então se levantava e saía cambaleando pelo campo, falando sozinha. Depois desse passeio na escuridão, voltava para casa e dormia; na segunda-feira às cinco da manhã já estava trabalhando e era a mesma negra de sempre.

Fora disso tudo o que havia de especial na sua vida era a canastra; mas era muito especial. Naquela canastra ninguém tocava. Ela mesma só a abria de raro em raro, numa manhã de sol, mas então todo mundo ia espiar. A negra Teodora começava a tirar lá de dentro suas roupas brancas, e era tudo coisa fina de trabalho caprichado, tão bonito como poucas senhoras brancas têm roupa branca assim. Tinha uma bata toda de crochê, que naquele tempo se chamava "chimango", e uma saia branca com bordas de crochê e renda que ela mesma fizera. Estendia aquilo ao sol, com todo cuidado; e tinha umas meias de algodão e um par de botinas pretas com elástico, botinas estrangeiras compradas na Corte, artigo que até uma princesa era capaz de usar. Essas botinas ela comprara com as economias de muitos e muitos anos. As roupas ela mesma fizera e levara anos e anos fazendo, e com muito carinho e capricho. Depois de algum tempo a negra Teodora pegava suas coisas, engomava tudo outra vez, devagar, e guardava na canastra.

Esse enxoval precioso vocês vão pensar que era para um casamento que não houve. Não era. Nunca se soube que a negra Teodora quisesse casar com alguém, e nenhum preto de Minas Gerais podia se gabar de conhecer os seus dengues; era uma negra de muito respeito. O enxoval era para quando ela morresse. Para as criaturas ela não fazia questão de aparecer descalça e pobre; nem nos domingos de bebedeira se importava que alguém a visse na sua cadeira cuspindo e, o que era pior, quando cochilava, babando. Mas a negra Teodora sabia que quando morresse havia de ir para o céu; e então queria aparecer diante da glória de Deus bem arrumada e limpa; com suas botinas de elástico novinhas, sua saia de rendas, e seu chimango de crochê bem engomado; assim chegaria diante da glória de Deus.

Naquele primeiro domingo de fevereiro de 1871 ela foi à missa, engrolou suas rezas, depois pegou a cachaça, sentou-se na cadeira de balanço com vista para o pasto e se pôs a beber.

Bebia devagar numa canequinha de estimação. Depois de engolido um gole, fazia uma careta feia, e cuspia de lado. Seu olho ia ficando meio turvo e sua cara de negra velha ficava ao mesmo tempo mais tensa e mais bamba; mais tensa nas rugas da parte de cima da cara, mesmo porque ela apertava um pouco os olhos por causa do sol quente que ardia no pasto lá fora; mais bamba na beiçola, que pendia. Comer não comia coisa alguma no primeiro domingo de cada mês; nem precisava, porque a negra era bem gorda. E como ia ficando muito bêbada não ligava para mais nada, nem para cachorro que vinha cheirar sua mão, nem para moscas pousando na sua testa e até bem no meio da cara. Fazia um calor danado: e a negra suava, mas não parava de tomar cachaça.

Pelas quatro da tarde, depois de uma boa madorna, levantou-se penosamente e, arrastando os pés, foi encher a canequinha; sentou-se outra vez na cadeira, soltou um suspiro e passou a mão pela cara suada como uma pessoa que está cansada de tanto trabalhar neste mundo de Deus. Feito o quê, virou mais um trago.

Ela de vez em quando resmungava alguma coisa que ninguém entendia; e não era para ninguém entender. O calor estava tão forte que a negra cochilava um pouco e acordava com o corpo quente, banhada de suor; e então aproveitava para tomar mais um trago de cachaça.

De repente deu um vento, e tudo escureceu e o trovão roncou. Uma tempestade feia logo desabava com tanto trovão e tanta faísca que muita gente se pôs a rezar, com medo de raio. Mas a negra nem se levantou para fechar a porta. Ficou ali, diante da tempestade, bebendo cachaça. Não deixou que fechassem a porta nem a janela; estava achando bom beber diante do temporal, pegando na cara aquele vento de chuva.

A chuva caiu noite adentro, ora estiando, ora apertando. Mas pelas nove horas da noite a negra Teodora, como sempre fazia, meteu o pé na lama e saiu para seu passeio pelo pasto escuro.

Levava na mão a garrafa com um resto de cachaça; e sumiu resmungando na escuridão.

De manhã cedinho notaram que a negra não tinha voltado; e então saíram Chico Vaqueiro e o preto Licenço para procurar. Andaram por toda parte debaixo da chuva fina, procuraram no paiol, no curral, na manga dos porcos, por dentro e por baixo do moinho. Viram atrás do barracão, saíram pela estrada, foram de um lado até a fazenda do coronel Duarte, de outro lado até a fazenda da Boa Esperança, e não acharam a negra. Teria entrado pela mata ou ido para a vila; ou, como o ribeirão estava muito grosso, era capaz de ter-se afogado. Chegou a hora do almoço e a negra não apareceu. Saiu mais gente para procurar, e perguntaram por toda parte, e nada da negra Teodora.

Apareceu no dia seguinte, mas não na fazenda. Ia um carro de boi da fazenda do coronel Duarte para a vila, carregado de sebo de sabão, quando, no atravessar o córrego, o menino candeeiro viu uma coisa preta meio boiando num canto, e assustou; era o corpo da negra. Com certeza escorregara ao atravessar a pinguela; mesmo com a água da enxurrada o ribeirão era capaz de dar pé, mas a negra com aquela mona tinha-se afogado, e estava ali com a cara emborcada na lama.

O carreiro puxou o corpo pela perna e levou para o seco. Estava inchado e feio; qualquer corpo fica inchado e feio, que dirá o da negra Teodora, velha e gorda, com o bucho tão cheio de cachaça.

— Isso é a negra Teodora da fazenda do inglês – disse o carreiro.

E resolveu fazer uma caridade. Estava perto da vila. Com muito esforço, e ajuda do menino, baldeou o corpo quase nu para dentro do carro, botando-o em cima do sebo de sabão. Dali até a vila era coisa de meia hora; mas apesar de estar um sol danado de quente havia muito lameiro no caminho, e num deles o carro afundou uma roda que foi uma trabalheira para arribar.

Quando o carro chegou à vila estava um mau cheiro horrível; mas pior que o cheiro era a vista. Com o sol quente e os solavancos, o corpo da negra estava todo ensebado, parecendo um volume enorme de sabão preto. Onde se pegava nele escorregava, bambo. Duas mulheres que viram o corpo gritaram e saíram chorando; um menino teve uma coisa e desmaiou; e estava tão horrível que foi preciso botar energia para dois escravos puxarem o volume de cima do carro. E todos acharam que a melhor caridade era enterrar logo a pobre da negra, e ali mesmo, junto da estrada, na boca da vila, se abriu um buraco e se enterrou.

Assim, pois, vejam que coisa é este mundo. A negra que queria ser enterrada como uma rainha com sua bata de crochê e sua saia de rendas e sua botina de elástico foi jogada no buraco como um bicho morto, e muito mais feia do que qualquer bicho morto. Todo mundo na fazenda sentiu muita pena, mandou-se rezar missa pela alma da negra. Na canastra ninguém teve coragem de tocar; aquilo era como coisa sagrada, coisa do céu que tinha sobrado na terra.

Aqui, a história, que se conta na família até hoje, entra numa encruzilhada. Tomemos o pior caminho, que é este: para dizer a verdade, primeiro tiraram a botina de elástico, e isso foi quando a dona Yayá, prima-irmã de dona Erotides, mulher do sr. Amâncio, a quem a prima estava devendo um presente de uma louça vinda da Corte, que ele não quis receber por nada – quando dona Yayá teve de ir a Ouro Preto. Ora, depois que a botina andou, o resto do enxoval foi atrás – uma tira isso, outra tira aquilo, dizem que até houve briga. Enfim, coisas de família o melhor é a gente não se meter. E quando uma das moças teve um sonho ruim, onde viu a negra nua chorando e xingando, e se assustou dizendo que vinha castigo do céu, e todo mundo ficou meio assim, quem teve coragem mesmo de dar uma opinião foi "seu" Juca. "Seu" Juca era um homem de maus bofes, não gostava de preto de jeito nenhum, tanto que daí a alguns anos, quando veio a Abolição, ele virou republicano. Sua opinião foi que afinal tudo estava direito, e Deus é que quisera assim para castigar a vaidade da negra: e tinha sido muito bom para "negro deixar de ser besta".

Enfim, "seu" Juca já morreu, como a negra Teodora, e todo mundo nesta história já morreu. O que cada um fez de bom e de mau sua alma a estas horas está sabendo. É melhor não falar mais nisso. Até me pergunto se não fiz mal em ter falado.

O SR. ALBERTO, AMIGO DA NATUREZA

O livro é impresso em Prudentópolis, no interior do Paraná, e se chama *Manual do caçador ou Caçador brasileiro*. Seu autor é o sr. Alberto de Carvalho, que não tem prática de escrever, mas de caçar tem. Fala de cães, e como usá-los; e de bichos do mato, e como matá-los. O sr. Carvalho nos avisa que os poetas têm falado do mavioso canto do sabiá, mas não dizem nada de sua saborosa carne. Ele, o sr. Carvalho, come sabiá. De resto come tudo, inclusive macaco.

Para caçar rolas, aconselha-nos fazer cevas com milho, quirera ou arroz. As rolinhas se acostumam a ir comer toda manhã, e uma bela manhã – pum! O sr. Carvalho conta, com exclamações deliciadas, que já viu um só tiro matar dezesseis rolas.

Mais difícil é caçar papagaios, cuja carne, aliás, não presta. Mas assim mesmo vale a pena, porque "a chegada de um caçador carregado de papagaios é sempre aplaudida em consequência da beleza da plumagem". (É um esteta, o sr. Carvalho.)

Falando-nos de tucanos ele não informa se a carne é boa ou má, mas a verdade é que fala bem dos tucanos: "Pela beleza da plumagem constituem um belo alvo". Garante que é possível mestiçar uru com galinha garnisé, e que é mesmo infalível a receita de desentocar tatu com o auxílio de um pauzinho ou do dedo aplicado em certo lugar, convindo "segurá-lo fortemente com a outra mão pela cauda, porque do contrário ele espirrará pela porta afora com assombrosa agilidade".

Quanto aos veados, não há dificuldade: "Em geral eles têm seu lugar de morada ou paradouro, de onde não se afastam para longe, exceto quando corridos".

O sr. Carvalho ensina também como asfixiar cutias com fumaça, no oco do pau. Enfim, o sr. Carvalho é, como ele mesmo diz, um amante da Natureza!

Política e protesto

CUSPIR

Theodoro Kempers é filósofo por necessidade profissional. Os filósofos, em geral, cospem. Filosofar é, antes de tudo, cuspir. Theodoro Kempers tem uma função obscura e proeminente na família dos trabalhadores dos Diários Associados. Cidadão holandês, de cara vermelha, olhos alcoólicos, *pince-nez* doutoral e cabeleira comunista, Theodoro Kempers cospe. A culpa não é sua. O destino fez de Theodoro Kempers chefe da seção de gravura dos Diários paulistas. Sabeis, meu caro doutor Getúlio Vargas, o que é um chefe de seção de gravura? É um homem que, por meio da magia violenta dos ácidos e dos metais, pode tornar vossa excelência orelhudo como um burro, gordo como um suíno, negro como um urubu, barbado como um bode, trombudo como um elefante. Ele pode destruir, com um só golpe, o sorriso cândido que constantemente visita os lábios de vossa excelência. Ele é, em resumo, o diretor das caras. Padres, declamadoras, assassinos, estadistas, almirantes, poetas, todos os bichos da vaidosa fauna humana passam sob as lunetas de Theodoro Kempers. Eis porque Theodoro Kempers aprendeu a cuspir. A vida está cheia de clichês, a vida é uma coleção de clichês, e Theodoro Kempers é o Criador dos Clichês.

No dia 29 do mês corrente, ele cuspiu. Cuspiu na terra maldita, povoada de clichês ridículos. O glorioso e sagrado asfalto bandeirante não reagiu. Mas ai! – uma pequenina partícula da saliva do patrício da rainha Guilhermina pousou sobre o para-lama de um automóvel que passava. O automóvel parou, e dele saltou nada menos que uma autoridade policial. Nada menos que uma autoridade – tremei, oh mundos! – da Delegacia de Ordem Política. Theodoro Kempers foi preso e esbofeteado até perder os sentidos.

Horrível pecado cometeste, meu companheiro Theodoro Kempers! Um automóvel da polícia é um animal sagrado, como o íbis e o elefante branco. Nós outros, pedestres e populares, devemos venerá-lo. Respiremos a fumaça que sai de seu escapamento como se fora um incenso divino. Ouçamos a descarga de seus motores como se fora música do infinito. Beijemos o rastro de seus pneumáticos como se nossos lábios osculassem a marca sagrada dos pés do Senhor. Nosso ideal supremo, nosso Nirvana, é morrer um dia sob suas rodas sacrossantas. E tu cuspiste, Theodoro Kempers! Disseste que foi no chão. Cuspir no animal sagrado é o mais horroroso e torpe dos pecados, o mais baixo e infamante dos crimes. Cuspir no chão é má ação. Cuspir para o céu é mau, porque a cusparada volta e estala sobre nossa cabeça. Se quiseres cuspir, Theodoro Kempers, aprende comigo a cuspir delicadamente na cara dos homens. Salvo em alguns, que são demasiado sujos para servir de escarradeira.

São Paulo, janeiro, 1934

ANIMAIS SEM PROTEÇÃO

Mandaram-me para debulhar o Decreto nº 24.645, do senhor Getúlio Vargas, cujo artigo primeiro diz: "todos os animais existentes no país são tutelados do Estado".

Fica passível de multa ou prisão quem mantiver animais em lugares anti-higiênicos ou privá-los de ar ou luz; abandonar animal doente, ferido ou extenuado ou deixar de ministrar-lhe medicamentos; utilizar em serviço animal ferido, enfermo ou fraco; conduzir animais de mãos ou pés atados; ter animais encerrados juntamente com outros que os aterrorizem ou molestem etc. etc. etc. O artigo 3º diz que os animais serão assistidos em juízo pelos representantes do Ministério Público.

Ora, eis aí uma lei excelente. São inacreditáveis as barbaridades que sofrem os animais neste mundo. Levemos aos doutores promotores de justiça material para denúncias.

Eu sei de animais que vivem em lugares anti-higiênicos, quase privados de ar e de luz. Já vi várias vezes esses estranhos animais. São magros e tristes e se parecem extraordinariamente com os homens. Vivem em cortiços e porões, em casebres infectos e em casarões imundos. Quando doentes ou extenuados, não podem contar com remédio e auxílio nenhum. Esses animais, que fisicamente, como já disse, são extremamente parecidos com os homens, são muitas vezes utilizados em serviço quando fracos ou enfermos. Há fêmeas de cinquenta anos, tuberculosas e exaustas, que diariamente são obrigadas a trabalhar, se não quiserem morrer de fome. Machos de todas as idades, atacados de todas as doenças, são igualmente obrigados a prestar serviços rudes e esgotantes para viver. Até mesmo animais ainda de tenra idade se veem obrigados a suportar rudes tarefas. Todos esses animais, se acaso se rebelam contra a sua sorte, são transportados imediatamente para jaulas apropriadas e mais infectas que quaisquer outras. O transporte é feito em carroças fechadas e incômodas. Algumas vezes os animais vão com as mãos atadas por ferros especiais, e quase sempre sofrem espancamento e toda espécie de maus-tratos.

Uma das disposições da lei proíbe que se faça trabalhar animais desferrados em ruas de calçamento. Entretanto, inúmeros desses animais a que me refiro acima, andam desferrados. Os seus pés, que são muito parecidos com os pés humanos, não têm a proteção de nenhum calçado.

Creio mesmo que os animais citados não gozam de nenhuma das garantias do excelente Decreto nº 24.645. Desde o nascimento até a morte, eles sofrem toda espécie de misérias e tristezas. Não gozam de saúde nem de conforto. São péssima e parcamente alimentados e não dispõem de nenhum cuidado higiênico; por isso vivem sujos e magros. Têm de trabalhar durante a vida toda. Com esse trabalho, esses animais enriquecem os homens e fazem prosperar os Estados que os exploram; e destes só se obtém algum favor se continuarem dispostos a trabalhar toda a vida para eles. Creio que não há, hoje em dia, nenhuma espécie animal tão estupidamente explorada como essa.

É interessante notar que, devido a certas semelhanças, algumas pessoas pensam que esses animais são também homens. É engano. Eles, de fato, têm alguma parecença com os homens; mas não são homens, são operários.

São Paulo, agosto, 1934

CANGAÇO

Erguerei hoje minha débil voz para louvar o senhor Getúlio Vargas. Aprovo de coração aberto o veto que ele deu a uma lei que mandava abrir um crédito de mil e duzentos contos para a campanha contra o cangaceirismo. O presidente vetou porque não há recursos, isto é, por falta de dinheiro. Eu vetaria por amor ao cangaço.

Lampião, que exprime o cangaço, é um herói popular do Nordeste. Não creio que o povo o ame só porque ele é mau e bravo. O povo não ama à toa. O que ele faz corresponde a algum instinto do povo. Há algum pensamento certo atrás dos óculos de Lampião; suas alpercatas rudes pisam algum terreno sagrado.

Bárbaro, covarde, ele é. Dizem que conseguiu ser tão bárbaro e covarde como a polícia – a polícia que o persegue em todas as fronteiras. Mas é preciso lembrar que ele está sempre em guerra; e na guerra como na guerra. Retirai de seu aconchego doce qualquer de nossos ilustres e luxuosos generais; colocai-o à frente de um bando, mandai-o lutar uma luta rude, dura, de morte, através dos dias, das semanas, dos meses, dos anos. Ele se tornará também bárbaro e covarde.

O cangaço não é um acidente. É uma profissão. Nasce, vive e morre gente dentro dessa profissão. O tempo corre. Filhos de cangaceiros são cangaceiros, serão pais de cangaceiros. Eles não estão organizados em sindicatos nem em associações recreativas: estão organizados em bandos.

Ora, a vida do cangaço não pode ser muito suave. É uma vida cansativa e dura de roer. Quando centenas de homens vivem essa vida, é preciso desconfiar que não o fazem por esporte nem por excesso de "maus instintos".

O cangaceiro é um homem que luta contra a propriedade, é uma força que faz tremer os grandes senhores feudais do sertão. Se alguns desses senhores se aliam aos cangaceiros, é apenas por medo, para poderem lutar contra outros senhores, para garantirem a própria situação.

Ora, para as massas pobres e miseráveis da população do Nordeste, a ação dos cangaceiros não pode ser muito antipática. E é até interessante.

As atrocidades dos cangaceiros não foram inventadas por eles, nem constituem monopólio deles. Eles aprenderam ali mesmo, e em muitos casos, aprenderam à própria custa. De resto, a acreditar no que José Jobim, um rapaz jornalista, escreveu em *Hitler e seus comediantes*, agora em segunda edição, os cangaceiros são anjinhos ao lado dos nazistas.

Os métodos de Lampião são pouco elegantes e nada católicos. Que fazer? Ele não tem tempo de ler os artigos do senhor Tristão de Ataíde, nem as poesias do senhor Murilo Mendes. É estúpido, ignorante. Mas se o povo o admira é que ele se move na direção de um instinto popular. Dentro de sua miséria moral, de sua inconsciência, de sua crueldade, ele é um herói – o único herói de verdade, sempre firme. A literatura popular, que o endeusa, é cretiníssima. Mas é uma literatura que nasce de uma raiz pura, que tem a sua legítima razão social e que só por isso emociona e vale.

Vi um velho engraxate mulato, que se babava de gozo lendo façanhas de Antônio Silvino. Eu percebi aquele gozo obscuro e senti que ele tinha alguma razão. Todos os homens pobres do Brasil são lampiõezinhos recalcados; todos os que vivem mal, comem mal, amam mal. Dar mil e duzentos contos para combater o herói seria uma tristeza. Eu, por mim (quem está falando e suspirando aqui é o rapazinho mais pacato do perímetro urbano), confesso que as sortidas de Lampião me interessam mais que as sortidas do senhor Antônio Carlos.

Não sou cangaceiro por motivos geográficos e mesmo por causa de meu reumatismo. Mas dou àqueles bravos patrícios o meu inteiro apoio moral – ou imoral, se assim o preferis, minha ilustre senhora.

Rio, fevereiro, 1935

LONDRINA

Não é a primeira vez que vejo Londrina. Andei por aqui em 1934, quando, humilde e operoso repórter agrícola, acompanhei uma comissão de importadores europeus de café por todas as zonas de café de São Paulo e Paraná. A cidade, fundada pouco antes, tinha cerca de 2 mil habitantes. Voltei em fins de 1940, para fazer, com amigos, uma caçada às margens do Tibagi, onde por sinal cacei, antes de tudo, uma bela maleita; e Londrina tinha 12 mil habitantes. Volto agora para encontrá-la com cerca de 35 mil.

Se em 1934 eu tivesse comprado no centro da cidade um lote de 15 por 40 teria pago 400 mil-réis; hoje seria possível vendê-lo por 1 milhão de cruzeiros. Também neste caso meu grande consolo é pensar que em 1934 eu não tinha, de maneira alguma, 400 mil-réis disponíveis; e se tivesse os gastaria, com certeza, de modo mais divertido.

Meu amigo Rocha comprou, em fins de 1939, em um bairro da cidade, uma casa de material ("de material" quer dizer: de tijolos, e não de madeira, como costumam ser as casas do interior do Paraná) por 15 contos, com um terreno de 1 200 metros quadrados; vendeu isso em 1950 por 400 contos.

O município, criado em 1934, perdeu três distritos, que passaram a constituir municípios novos: Rolândia, Apucarana e Cambé. Com apoio em Londrina, as ondas de povoamento partiram em várias direções, a derrubar as matas, plantando cidades novas que começam a existir com violência antes que os mapas tomem conhecimento de seus nomes. Nomes que vão entrando na cabeça da gente misturados com histórias de lutas de terras e de riquezas súbitas: Porecatu, Centenário, Alvorada, Mandaguari, Maringá...

Dizia-se que o paralelo 23 marcava o limite sul da zona do café: a linha de frente dos batalhões verdes já passou de Campo Mourão, abaixo do paralelo 24. E junto com o café vêm os cereais, para matar a fome crescente das grandes cidades do Brasil. É inútil dizer que os dois grandes problemas aqui, são, como em toda parte do Brasil, transporte e energia.

201

Na verdade, os problemas crescem com uma velocidade desorientadora. O governo planeja um grupo escolar para 400 crianças; quando o grupo fica pronto o número de crianças que precisa dele é de 2000... O aluvião humano deixa para trás a máquina estatal; o "patrimônio" de súbito precisa virar município; o político que passou há dois anos para organizar o diretório de seu partido não encontra mais, agora, nenhum dos membros: todos já seguiram adiante. Uma sociedade nova se instala de súbito; o soldado do destacamento que veio há cinco anos prender um assassino acabou ficando no povoado, e hoje o povoado virou cidade e o soldado virou fazendeiro. É a terceira vez que como poeira por estas estradas, e minhas surpresas rebentam de légua em légua.

O MOTORISTA DO 8-100

Tem o *Correio da Manhã* um repórter que faz, todo domingo, uma página inteira de tristezas. Vive montado em um velho carro, a que chama de Gerico; a palavra, hoje, parece que se escreve com "j"; de qualquer jeito (que sempre achei mais jeitoso quando se escrevia com "g") é um carro paciente e rústico, duro e invencível como um velho jumento. E tinha de sê-lo; pois sua missão é ir ver ruas esburacadas e outras misérias assim. Pois esse colega foi convidado, outro dia, a ver uma coisa bela. Que estivesse pela manhã bem cedo junto ao edifício Brasília (o último da avenida Rio Branco, perto do Obelisco) para assistir à coleta de lixo. Foi. Viu chegar o caminhão 8-100 da Limpeza Urbana, e saltarem os ajudantes, que se puseram a carregar e despejar as latas de lixo. Enquanto isso, que fazia o motorista? O mesmo de toda manhã. Pegava um espanador e um pedaço de flanela, e fazia o seu carro ficar rebrilhando de limpeza. Esse motorista é "um senhor já, estatura mediana, cheio de corpo, claudicando da perna direita; não ficamos sabendo seu nome".

Não poupa o bom repórter elogios a esse humilde servidor municipal. E sua nota feita com certa emoção e muita justeza mostra que ele não apenas sabe reportar as coisas da rua como também as coisas da alma.

Cada um de nós tem, na memória da vida que vai sobrando, seu caminhão de lixo que só um dia despejaremos na escuridão da morte. Grande parte do que vamos coletando pelas ruas tão desiguais da existência é apenas lixo; dentro dele é que levamos a joia de uma palavra preciosa, o diamante de um gesto puro.

É boa a lição que nos dá o velho motorista manco; e há, nessa lição, um alto e silencioso protesto. Não conheço este homem, nem sei que infância teve, que sonhos lhe encheram a cabeça de rapaz. Talvez na adolescência ele sucumbisse a uma tristeza sem remédio se uma cigana cruel lhe mostrasse um retrato de sua velhice: gordo, manco, a parar de porta em porta um caminhão de lixo. Talvez ele estremecesse da mais alegre esperança se uma cigana generosa e imprecisa lhe contasse: "Vejo-o guiando um grande carro na avenida Rio Branco; para diante de um edifício de luxo; o carro é novo, muito polido, reluzente..."

É costume dizer que a esperança é a última que morre. Nisto está uma das crueldades da vida; a esperança sobrevive à custa de mutilações. Vai minguando e secando devagar, se despedindo dos pedaços de si mesma, se apequenando e empobrecendo, e no fim é tão mesquinha e despojada que se reduz ao mais elementar instinto de sobrevivência. O homem se revolta jogando sua esperança para além da barreira escura da morte, no reino luminoso que uma crença lhe promete, ou enfrenta, calado e só, a ruína de si mesmo, até o minuto em que deixa de esperar mais um instante de vida e espera como o bem supremo o sossego da morte. Depois de certas agonias a feição do morto parece dizer: "enfim veio; enfim, desta vez não me enganaram".

Esse motorista, que limpa seu caminhão, não é um conformado, é o herói silencioso que lança um protesto superior. A vida o obrigou a catar lixo e imundície; ele aceita a sua missão, mas a supera com esse protesto de beleza e de dignidade. Muitos recebem com a mão suja os bens mais excitantes e tentadores da vida; e as flores que vão colhendo no jardim de uma existência fácil logo têm, presas em seus dedos frios, uma sutil tristeza e corrupção, que as desmerece e avilta. O motorista do caminhão 8-100 parece dizer aos homens da cidade: "O lixo é vosso: meus são estes metais que brilham, meus são estes vidros que esplendem, minha é esta consciência limpa".

Março, 1949

A VELHA

Zico –

Ontem falamos de você, e me lembrei daquela tarde tão distante em que nós dois, sem um tostão no bolso, desanimados e calados, vínhamos pela avenida e vimos aquela velhinha recebendo dinheiro. Você se lembra? Já estava escurecendo, mas ainda não tinham acendido as luzes, e paramos um instante na esquina de uma dessas ruas estreitas que cortam a avenida. No guichê de uma casa de câmbio e viagens, ainda aberta, uma velhinha recebia maços de notas grandes. Foi tafulhando tudo na bolsa; depois saiu, com um passo miúdo, entrou pela ruazinha, onde as casas do comércio atacadista já estavam fechadas.

Sem olhar um para o outro, demos alguns passos, fascinados, atrás da velha. Senti um estranho arrepio e ao mesmo tempo um tremor; meu coração parecia bater mais depressa, e era como se alguém me apertasse a garganta.

A velhinha trotava em nossa frente, e não havia ninguém na rua. Era coisa de um segundo: arrancar a bolsa, tirar um daqueles maços de dinheiro, correr, dobrar a esquina. Nunca ninguém desconfiaria de nós – dois jornalistas pobres, quase miseráveis, mas de nome limpo. Naquele tempo nosso problema era dinheiro para andar de bonde no dia seguinte de manhã – e uma só daquelas notas daria para três meses de vida folgada, pagando a conta atrasada da pensão, comprando pasta de dentes, brilhantina, meias, uma toalha, uma camisa, cuecas, lenços...

Naquela idade para que precisava a velhinha de vestido preto de tanto dinheiro? Não teria nem mesmo tempo para gastá-lo. Além disso, a gente não precisava tomar tudo, uma parte só chegava de sobra. É estranho que ao longo de nossa miséria crônica nunca tivéssemos pensado, nem um minuto, em roubar; mas naquele momento a ideia surgiu tão subitamente e com tanta força que ficamos com um sentimento de frustração, de covardia, de vergonha e ao mesmo tempo de alívio quando, parados na calçada, vimos a velha dobrar a esquina.

Só então falamos, num desabafo, daquele segundo horrível de tentação. E fomos tocando a pé, mais pobres e mais tristes, para tomar nosso bonde na Galeria e comer o mesquinho jantar da pensão sob os olhos da dona Maria, inquieta com o atraso do pagamento...

Acho que depois nunca nos lembramos dessa tarde – e não sei por que ela me voltou à memória outro dia. Talvez porque um amigo falasse do "quebra-quebra" aqui no Rio e nunca esquecerei aquela mistura de pânico, de furor, de alegria, de raiva, de medo, de cobiça e de libertação do povo. Às vezes fico maravilhado pensando que, durante anos e anos, as joalherias expõem joias caríssimas e passam milhares de transeuntes pobres e nenhum arrebenta aquele vidro para agarrar uma joia. Não há de ser por medo – é mais por hábito, por uma longa e milagrosa domesticação.

Nós dois sentimos aquele tremor quase angustioso, aquela vontade quase irresistível de desfechar um golpe rápido, nós sofremos aquele segundo de agonia – sentindo, de uma maneira horrivelmente clara, que seria justo tomar uma parte do dinheiro da velha. E continuamos pobres (até hoje, Zico!) e seguimos nosso caminho de cabeça baixa (até hoje!) mas perdemos o direito de reprovar os que fazem o que não fizemos – por hesitação, ou por estranha covardia.

Rio, fevereiro de 1951

O SINO DE OURO

Contaram-me que, no fundo do sertão de Goiás, numa localidade de cujo nome não estou certo, mas acho que é Porangatu, que fica perto do rio do Ouro e da serra de Santa Luzia, ao sul da serra Azul – mas também pode ser Uruaçu, junto do rio das Almas e da serra do Passa Três (minha memória é traiçoeira e fraca; eu esqueço os nomes das vilas e a fisionomia dos irmãos, esqueço os mandamentos e as cartas e até a amada que amei com paixão) –, mas me contaram que em Goiás, nessa povoação de poucas almas, as casas são pobres e os homens pobres, e muitos são parados e doentes e indolentes, e mesmo a igreja é pequena, me contaram que ali tem – coisa bela e espantosa – um grande sino de ouro.

Lembrança de antigo esplendor, gesto de gratidão, dádiva ao Senhor de um grã-senhor – nem Chartres, nem Colônia, nem S. Pedro ou Ruão, nenhuma catedral imensa com seus enormes carrilhões tem nada capaz de um som tão lindo e puro como esse sino de ouro, de ouro catado e fundido na própria terra goiana nos tempos de antigamente.

É apenas um sino, mas é de ouro. De tarde seu som vai voando em ondas mansas sobre as matas e os cerrados, e as veredas de buritis, e a melancolia do chapadão, e chega ao distante e deserto carrascal, e avança em ondas mansas sobre os campos imensos, o som do sino de ouro. E a cada um daqueles homens pobres ele dá cada dia sua ração de alegria. Eles sabem que de todos os ruídos e sons que fogem do mundo em procura de Deus – gemidos, gritos, blasfêmias, batuques, sinos, orações, e o murmúrio temeroso e agônico das grandes cidades que esperam a explosão atômica e no seu próprio ventre negro parecem conter o germe de todas as explosões – eles sabem que Deus, com especial delícia e alegria, ouve o som alegre do sino de ouro perdido no fundo do sertão. E então é como se cada homem, o mais pobre, o mais doente e humilde, o mais mesquinho e triste, tivesse dentro da alma um pequeno sino de ouro.

Quando vem o forasteiro de olhar aceso de ambição e propõe negócios, fala em estradas, bancos, dinheiro, obras, progresso, corrupção – dizem que esses goianos olham o forasteiro com um olhar lento e indefinível sorriso e guardam um modesto silêncio. O forasteiro de voz alta e fácil não compreende; fica, diante daquele silêncio, sem saber que o goiano está quieto, ouvindo bater dentro de si, com um som de extrema pureza e alegria, seu particular sino de ouro. E o forasteiro parte, e a povoação continua pequena, humilde e mansa, mas louvando a Deus com sino de ouro. Ouro que não serve para perverter, nem o homem nem a mulher, mas para louvar a Deus.

E se Deus não existe não faz mal. O ouro do sino de ouro é neste mundo o único ouro de alma pura, o ouro no ar, o ouro da alegria. Não sei se isso acontece em Porangatu, Uruaçu ou outra cidade do sertão. Mas quem me contou foi um homem velho que esteve lá; contou dizendo: "eles têm um sino de ouro e acham que vivem disso, não se importam com mais nada, nem querem mais trabalhar; fazem apenas o essencial para comer e continuar a viver, pois acham maravilhoso ter um sino de ouro".

O homem velho me contou isso com espanto e desprezo. Mas eu contei a uma criança e nos seus olhos se lia seu pensamento: que a coisa mais bonita do mundo deve ser ouvir um sino de ouro. Com certeza é esta mesma a opinião de Deus, pois ainda que Deus não exista ele só pode ter a mesma opinião de uma criança. Pois cada um de nós quando criança tem dentro da alma seu sino de ouro que depois, por nossa culpa e miséria e pecado e corrupção, vai virando ferro e chumbo, vai virando pedra e terra, e lama e podridão.

Goiânia, março de 1951

O TELEFONE

Honrado Senhor Diretor da Companhia Telefônica:

Quem vos escreve é um desses desagradáveis sujeitos chamados assinantes; e do tipo mais baixo: dos que atingiram essa qualidade depois de uma longa espera na fila.

Não venho, senhor, reclamar nenhum direito. Li o vosso Regulamento e sei que não tenho direito a coisa alguma, a não ser a pagar a conta. Esse Regulamento, impresso na página 1 de vossa interessante Lista (que é meu livro de cabeceira), é mesmo uma leitura que recomendo a todas as almas cristãs que tenham, entretanto, alguma propensão para o orgulho ou soberba. Ele nos ensina a ser humildes; ele nos mostra o quanto nós, assinantes, somos desprezíveis e fracos.

Aconteceu por exemplo, senhor, que outro dia um velho amigo deu-me a honra e o extraordinário prazer de me fazer uma visita. Tomamos uma modesta cerveja e falamos de coisas antigas – mulheres que brilharam outrora, madrugadas dantanho, flores doutras primaveras. Ia a conversa quente e cordial, ainda que algo melancólica, tal soem ser as parolas vadias de cupinchas velhos – quando o telefone tocou. Atendi. Era alguém que queria falar ao meu amigo. Um assinante mais leviano teria chamado o amigo para falar. Sou, entretanto, um severo respeitador do Regulamento; em vista do que comuniquei ao meu amigo que alguém lhe queria falar, o que infelizmente eu não podia permitir; estava, entretanto, disposto a tomar e transmitir qualquer recado. Irritou-se o amigo, mas fiquei inflexível, mostrando-lhe o artigo 2 do Regulamento, segundo o qual o aparelho instalado em minha casa só pode ser usado "pelo assinante, pessoas de sua família, seus representantes ou empregados".

Devo dizer que perdi o amigo, mas salvei o Respeito ao Regulamento; *dura lex sed lex*; eu sou assim. Sei também (artigo 4) que se minha casa pegar fogo terei de vos pagar o valor do aparelho – mesmo se esse incêndio (artigo 9) for motivado por algum circuito organizado pelo empregado da Companhia com o material da Companhia. Sei finalmente (artigo 11) que se, exausto de telefonar do botequim da esquina a essa distinta Companhia para dizer que meu aparelho não funciona, eu vos chamar e

209

vos disser, com lealdade e com as únicas expressões adequadas, o meu pensamento, ficarei eternamente sem telefone, pois "o uso de linguagem obscena constituirá motivo suficiente para a Companhia desligar e retirar o aparelho".

Enfim, senhor, eu sei tudo; que não tenho direito a nada, que não valho nada, não sou nada. Há dois dias meu telefone não fala, nem ouve, nem toca, nem tuge, nem muge. Isso me trouxe, é certo, um certo sossego ao lar. Porém amo, senhor, a voz humana; sou uma dessas criaturas tristes e sonhadoras que passa a vida esperando que de repente a Rita Hayworth me telefone para dizer que o Ali Khan morreu e ela está ansiosa para gastar com o velho Braga o dinheiro de sua herança, pois me acha muito simpático e insinuante, e confessa que em Paris muitas vezes se escondeu em uma loja defronte do meu hotel só para me ver entrar.

Confesso que não acho tal coisa provável: o Ali Khan ainda é moço, e Rita não tem o meu número. Mas é sempre doloroso pensar que se tal coisa acontecesse eu jamais saberia – porque meu aparelho não funciona. Pensai nisso, senhor: pensai em todo o potencial tremendo de perspectivas azuis que morre diante de um telefone que dá sempre sinal de ocupado – *cuém cuém cuém* – quando na verdade está quedo e mudo na minha modesta sala de jantar. Falar nisso, vou comer; são horas. Vou comer contemplando tristemente o aparelho silencioso, essa esfinge de matéria plástica: é na verdade algo que supera o rádio e a televisão, pois transmite não sons nem imagens, mas sonhos errantes no ar.

Mas batem à porta. Levanto o escuro garfo do magro bife e abro. Céus, é um empregado da Companhia! Estremeço de emoção. Mas ele me estende um papel: é apenas o cobrador. Volto ao bife, curvo a cabeça, mastigo devagar, como se estivesse mastigando meus pensamentos, a longa tristeza de minha humilde vida, as decepções e remorsos. O telefone continuará mudo; não importa: ao menos é certo, senhor, que não vos esquecestes de mim.

Rio, março de 1951

MANIFESTO

Aos operários da construção civil: Companheiros –
Que Deus e Vargas estejam convosco. A mim ambos desamparam;
mas o momento não é de queixas, e sim de luta. Não me dirijo a toda a
vossa classe, pois não sou um demagogo. Sou um homem vulgar, e vejo
apenas (mal) o que está diante de meus olhos. Estou falando, portanto,
com aqueles dentre vós que trabalham na construção em frente de minha
janela. Um carrega quatro grandes tábuas ao ombro; outro grimpa,
com risco de vida, a precária torre do enguiçado elevador; qual bate o
martelo, qual despeja nas formas o cimento, qual mira a planta, qual
usa a pá, qual serra (o bárbaro) os galhos de uma jovem mangueira,
qual ajusta, neste momento, um pedaço de madeira na serra circular.

Espero. Olho este último homem. Tem o ar calmo, veste um macacão
desbotado, uma espécie de gorro pardo na cabeça, um lápis vermelho
na orelha, uma trena no bolso de trás; e, pela cara e corpo, não terá
mais de 25 anos. Parece um homem normal; vede, porém, o que faz.
Já ajustou a sua tábua; e agora a empurra lentamente contra a serra que
gira. Começou. Um guincho alto, agudo e ao mesmo tempo choroso
domina o batecum dos martelos e rompe o ar. Dir-se-ia o espasmo de
um gato de metal, se houvesse gatos de metal. Varando o lenho, o aço
chora; ou é a última vida da árvore arrancada do seio da floresta que
solta esse grito lancinante e triste? De momento a momento seu estridor
me vara os ouvidos como imponderável pua.

Além disso, o que me mandais, irmãos, são outros ruídos e muita
poeira; dentro de uns cinco dias tereis acabado o esqueleto do segundo
andar e então me olhareis de cima. E ireis aos poucos subindo para o
céu, vós que começastes a trabalhar em um buraco do chão.

Então me tereis vedado todo o sol da manhã. Minha casa ficará
úmida e sombria; e ireis subindo, subindo. Já disse que não me queixo;
já disse: melhor, cronicarei à sombra, inventarei um estilo de orquídea
para estas minhas flores de papel.

Nossos ofícios são bem diversos. Há homens que são escritores e
fazem livros que são como verdadeiras casas, e ficam. Mas o cronista

de jornal é como o cigano que toda noite arma sua tenda e pela manhã a desmancha, e vai.

Vós ides subindo, orgulhosos, as armações que armais, e breve estareis vendo o mar a leste e as montanhas azuladas a oeste. Oh, insensatos! Quando tiverdes acabado, sereis desalojados de vosso precário pouso e devolvidos às vossas favelas; ireis tão pobres como viestes, pois tudo o que ganhais tendes de gastar; ireis, na verdade, ainda mais pobres do que sois, pois também tereis gastado algo que ninguém vos paga, que é a força de vossos braços, a mocidade de vossos corpos.

E ficará aqui um edifício alto e branco, feito por vós. Voltai uma semana depois e tentai entrar nele; um homem de uniforme vos barrará o passo e perguntará a que vindes e vos olhará com desconfiança e desdém. Aquele homem representa outro homem que se chama o proprietário; poderoso senhor que se apoia na mais sólida das ficções, a que se chama propriedade. O homem da serra circular estará, certamente, com o ouvido embotado; em vossos pulmões haverá lembrança de muita serragem e muito pó, e se algum de vós despencou do alto, sua viúva receberá o suficiente para morrer de fome um pouco mais devagar.

Não penseis que me apiedo de vós. Já disse que não sou demagogo; apenas me incomodais com vossa vã atividade. Eu vos concito, pois, a parar com essa loucura – hoje, por exemplo, que o céu é azul e o sol é louro, e a areia da praia é tão meiga. Na areia poderemos fazer até castelos soberbos, onde abrigar o nosso íntimo sonho. Eles não darão renda a ninguém, mas também não esgotarão vossas forças. É verdade que assim tereis deixado de construir o lar de algumas famílias. Mas ficai sossegados: essas famílias já devem estar morando em algum lugar, provavelmente muito melhor do que vós mesmos.

Ouvi-me, pois, insensatos; ouvi-me a mim e não a essa infame e horrenda serra que a vós e a mim tanto azucrina. Vamos para a praia. E se o proprietário vier, se o governo vier, e perguntar com ferocidade: "estais loucos?" – nós responderemos: "Não, senhores, não estamos loucos; estamos na praia jogando peteca". E eles recuarão, pálidos e contrafeitos.

Rio, julho de 1951

OS PERSEGUIDOS

Ainda tirei o maço de cigarros do bolso para conferir novamente o número do apartamento, que anotara ali: 910. Apertei o botão da campainha. Atrás de mim, o Moreira, muito sujo, arfava; subíramos os três últimos andares pela escada, por precaução; e depois de um mês de cadeia ele não estava muito forte. Soube que mais de uma vez fora surrado; ficara dias sem comer, e sem sair de seu cubículo escuro, e por isso tinha aquela cara de retirante ou de cão batido. Não um cão batido – pois seus olhos estavam muito acesos, como se tivesse febre, e sua voz me parecia ao mesmo tempo mais rouca e mais alta. Sua aparência me impressionava; mas acima de qualquer sentimento eu tinha o desgosto de vê-lo tão sujo; de suas roupas miseráveis desprendia-se um cheiro azedo; e eu tinha a penosa impressão de que ele não dava importância alguma a isso. É estranho que ele me tratasse agora com certa superioridade; entretanto, eu tinha pena dele; pena e desgosto.

Como ninguém viesse, apertei novamente o botão. Moreira esboçou um gesto como se quisesse deter meu braço, evitar que eu tocasse outra vez; sua mão estava trêmula, ele parecia ter medo. Mas naquele mesmo instante a porta se abriu, e uma empregada de meia-idade, em uniforme, nos atendeu. Disse o nome – e ela nos mandou entrar. Então me vi marchando por um macio tapete claro, numa grande sala; junto às paredes, amplos sofás; e havia espelhos venezianos, enormes vasos de porcelana, quadros a óleo, flores. Um luxo de coisas e de espaço.

— Tenham a bondade de sentar e esperar um momento.

Logo que ela saiu, levantei-me e fui à janela. Era uma janela imensa, rasgada sobre o mar, o grande mar azul que arfava debaixo do sol. Nós tínhamos vivido aqueles tempos em quartos apertados e quentes, de uma só e miserável janela, dando para uma parede suja; nós vínhamos de casinhas de subúrbio, cheias de gente, feias e tristes; ou de cubículos imundos e frios; ou de uma enfermaria geral, com cheiro de iodofórmio. Entretanto, aquele apartamento de luxo não me espantara; apenas eu sentia que Moreira estava humilhado de estar ali. Mas essa vista do mar foi minha surpresa. Nos últimos tempos eu passava raramente junto do mar, e creio que nem o olhava; vivíamos como se fosse em outra cidade, afundados em seu interior, marchando por ruas de paralelepípedos desnivelados e bondes barulhentos. E ali estava o mar, muito mais amplo do que o mar que poderia ser visto lá embaixo, da rua, pelos pobres; o mar dos ricos era imenso, e mais puro e mais azul, pompeando sua beleza na curva rasgada de longínquos horizontes, enfeitado de ilhas, eriçado de espumas. E o vento tinha um gosto livre e virgem, um vento bom para se encher o pulmão.

Inspirei profundamente esse ar salgado e limpo; e tive a estranha impressão de que estava respirando um ar que não era meu e eu nem sequer o merecia. O ar de nós outros, os pobres, era mais quente e parado; tinha poeira e fumaça o ar dos pobres.

Rio, agosto de 1952

CANSAÇO

A verdade é que o Brasil às vezes enche... A gente vai achando interessantes as conversas: o presidente disse ao ministro fulano que o ministro sicrano era assim ou assado; ontem houve uma briga naquela boate entre fulano e sicrano por causa da mulher de beltrano; joão conseguiu levantar 15 milhões de cruzeiros no Banco do Brasil; pedro vai ser nomeado embaixador; manuel já está arrumando as gavetas para deixar o cargo; joaquim avalizou uma promissória em troca de uma promessa do antônio de não atacar fagundes; o deputado tal recebeu as provas de uma tremenda bandalheira que, entretanto, ao que parece, não revelará; os generais antão e beltrão estão encabeçando um movimento no Exército no sentido de fazer sentir ao ministro que não é conveniente a promulgação de tal projeto; praxedes já está convidando gente para formar seu gabinete; um grupo de industriais vai promover uma campanha para evitar a exportação de barbatimão para o Irã; um parente do presidente prometeu grandes ajudas se lhe derem a diretoria da associação meridional de tênis de mesa... E notícias sobre deputados estaduais e jogo de bicho, sobre Cexim, Cofap... O Brasil, às vezes, enche. Principalmente nesta grande e quente aldeia que é o Rio de Janeiro onde, com meia hora de conversa em um clube ou uma boate, qualquer pessoa física fica sabendo das ligações, dos compromissos, das fraquezas e das tediosas intimidades de um pequeno grupo de pessoas que se ajudam, se enganam, se friccionam e se alisam – essas pessoas que se acreditam e, ao menos aparentemente, são mesmo o Brasil. Pessoas eternas; podem sumir da vida pública depois de anos e anos de destaque, e também de incompetência, fraqueza, desonestidade; subitamente, alguém tem um ataque de imaginação e as chama de volta, como se houvesse neste país uma trágica miséria de gente.

Pedro Nava costuma dizer que o brasileiro é tão desleixado que só enterra o morto da família porque, se não enterrar, o morto começa a cheirar mal. E não fosse isso – diz ele, que é médico, e conhece por dentro a displicência de nossa gente – um parente deixaria que outro fosse providenciar os papéis; o outro deixaria para amanhã, amanhã diria que afinal quem devia ver isso era o tonico, prometia ver, mas depois que acabasse a irradiação do jogo, e afinal no dia seguinte explicaria que encontrara um amigo que tinha um conhecido numa empresa fúnebre e prometera ver se conseguia um enterro de primeira por preço de segunda – assim por diante. A defesa do morto é mesmo cheirar mal. Mas a dos vivos, a de certos vivos, não. Parece que quanto mais cheiram mal, melhor. Por favor, não pensem que eu estou me referindo a fulano ou a sicrano. Não estou me referindo especialmente a ninguém; estou apenas, neste fim de tarde, depois de um dia em que ouvi tanta conversa, um pouco fatigado de nosso querido Brasil.

Porque o Brasil, às vezes, enche.

Rio, outubro de 1952

DALVA

Foi no barbeiro. Chegou um rapaz que cumprimentou efusivamente o freguês da cadeira ao meu lado.

— Há quanto tempo!

E começou a perguntar por amigos comuns, pelos negócios, pela vida.

— E a Dalva, ainda está lá com você?

— Não. A Dalva agora tem um escritório dela mesma. Está muito bem.

— Que é que ela faz?

— Ela... empurra papel na Cexim.

*

Não há dúvida! Marx simplifica demasiado as coisas, falando em proletariado e burguesia. No Rio, as classes são muito mais numerosas, e as profissões surgem do dia para a noite. Não sei se já existe um Sindicato de Empurradores de Papel; mas a profissão existe, pois a Dalva a exerce e está muito bem. Aliás, fui informado, pelo resto da conversa, de que a Dalva é uma boa pequena, muito inteligente e correta, e que sabe se defender.

Mas sempre imagino que São Pedro, que não acompanha de perto a vida carioca, ficará um pouco perplexo, quando a Dalva lhe aparecer e ele perguntar: "Que é que você fazia lá embaixo, minha filha?" e ouvir: "Eu empurrava papel".

*

É por isso que o Brasil não progride, dirá um pessimista. Tolice. É graças a isso que o Brasil vai para a frente. Nossa vida é toda feita através de papéis, e na Cexim (Carteira de Exportação e Importação do Banco do Brasil) cada papel é apresentado em várias vias. Se não houver alguém para empurrar esses papéis todos, a vida nacional fica paralisada. Não exportamos nem importamos.

Dalva é uma heroína obscura do momento nacional. Se o sr. Getúlio Vargas tivesse mais imaginação, mandaria inscrever seu nome no Livro do Mérito, com esta singela e única explicação: "Ela empurra papel".

Março, 1953

HOMENAGEM AO SR. BEZERRA

O incorporador é um sr. Bezerra. Não chega a ser um bonito nome, é verdade, mas para mim é simpático, pois conheci vários cidadãos agradáveis com esse nome, quase todos do Nordeste, especialmente do Rio Grande do Norte – os Bezerra Dantas, por exemplo. A ideia fundamental do sr. Bezerra parece ter sido esta: tirar a minha vista do mar. Imagino que o sr. Bezerra seja meu leitor e notou que muitas vezes começo minhas crônicas falando do mar que vejo de minha varanda; é verde aqui, azul ali, nordeste semeando espumas, o raivoso e frio sudoeste, e barcos passando, e o farol da ilha e não sei mais o quê – e o sr. Bezerra se encheu. Imaginou então construir um edifício bastante largo e alto para me tapar a paisagem e o assunto. Deve ter gasto um bom dinheiro para prestar esse grande serviço às letras nacionais, pois na esquina da praia havia uma sólida casa revestida de pedras e rodeada de um parque. Uma grande equipe de trabalhadores desmantelou a casa e cortou as árvores, inclusive um belo pé de magnólia e um casal de pinheiros que há muitos anos faziam parte de minha paisagem. Sim, era alguma coisa *minha* que eles estavam derrubando – mas o advogado me disse que a lei não reconhece esse direito de propriedade visual e sentimental.

Erguido um grande tapume – onde seu nome brilha em uma tabuleta na qualidade de incorporador – o sr. Bezerra mandou fazer um imenso buraco, cavando a terra e a areia, para as fundações. Depois não sei o que aconteceu, com certeza alguma dificuldade de financiamento; sei que os operários se foram, ficando apenas um melancólico vigia, cuja função é olhar com tristeza aquele buraco.

Toda manhã, quando vou à praia, vejo o nome do sr. Bezerra na tabuleta – e fico a imaginar com certa delícia que deve ser um senhor de meia-idade, muito bem falante e de sotaque potiguar, que prometeu entregar o edifício prontinho em tantos meses e agora coça a cabeça e dá desculpas, falando em banco, na Caixa, no Instituto, que faltam certas formalidades, houve dificuldades imprevisíveis, de qualquer modo ele deseja evitar um reajustamento, aliás acredita que no mês próximo as obras poderão ser reiniciadas, o senhor compreende a culpa é dessa política estúpida do governo etc. etc.

Dois outros edifícios iniciados muito antes já estão quase prontos, mas o prédio do sr. Bezerra é apenas um sonho pairando sobre um buraco. À medida que as outras obras progridem, o sr. Bezerra deve coçar a cabeça com mais raiva, o que estimo sinceramente. Há casos de obras que ficam paradas anos e anos, e esse pensamento me parece encantador. É verdade que no caso do sr. Bezerra ainda não se pode falar propriamente em obras, mas em desobras, pois ele não fez nada, só desfez. Talvez o sr. Bezerra passe à história como um emérito construtor de buracos, título a que vários estadistas nossos fazem jus.

Enfim, enquanto o sr. Bezerra estiver mal, tudo irá bem. Ele me roubou as árvores, mas me deixou um pedaço de mar com brisa e ondas. Os cavalheiros que entraram com dinheiro adiantado para ter um apartamento devem estar com raiva do sr. Bezerra; eu, entretanto, desejo de todo o coração ao sr. Bezerra uma excelente saúde, muitas alegrias, bons vinhos e boas mulheres – e um encalacramento financeiro prolongado e sutil, que entretenha com fúteis esperanças, anos a fio, o coração dos ex-futuros condôminos.

Um encalacramento que se prolongue através dos tempos e se torne tão crônico e dramático que acabará comovendo a todos, e só terminará no dia em que o sr. Bezerra for enterrado (homenagem especial) no buraco enorme que ele abriu ali na esquina.

Rio, maio, 1958

UM MUNDO DE PAPEL

"O senhor imagina o que é isso para uma pessoa moça que se esforça para melhorar de vida? As taxas pagas, o dinheiro dos professores, das passagens, o tempo perdido, a decepção..." A história que essa carta me conta é triste e banal. Houve um concurso para escriturário de determinada autarquia. A moça inscreveu-se, tomou cursos, estudou meses, fez as provas, foi aprovada, foi classificada, chorou de alegria quando a mãe a beijou, ficou esperando a nomeação, passaram-se dois anos, ela não foi nomeada e o concurso não vale mais. O Estado, no Brasil, é um brincalhão.

Um homem me conta história idêntica: "gastei tempo, dinheiro e saúde, passei noites em claro, fiquei até doente dos olhos... deixei de levar minha filhinha a passear nos domingos... tudo em troca de nada... Sou um 'otário'..."

O pior é que os dois me pedem conselho. Só posso dizer que continuem a se esforçar e a ser bonzinhos, pois Deus protege os inocentes. Ou então o remédio é nascer outra vez, em uma família conveniente. Eu poderia fornecer aqui o nome de algumas famílias convenientes, isto é, famílias onde as mocinhas e os rapazes são nomeados, sem concurso nenhum, para cargos esplêndidos.

É verdade que há sujeitos admiráveis que, mesmo não pertencendo a essas famílias, conseguem coisas impressionantes. O diabo é que eles não revelam sua técnica. O Dasp deveria requisitar um desses cavalheiros e encarregá-lo de escrever um livro no estilo de Dale Carnegie: *Como fazer amigos e arranjar uma galinha-morta no Serviço Público Federal*.

*

Foi em Minas, creio, que um secretário de Estado mandou afixar em sua repartição esta frase com um conselho aos funcionários: "Não basta despachar o papel, é preciso resolver o caso".

Quem fez isso devia ser um empírico, sem uma verdadeira e fina vocação burocrática. O exemplo mais brilhante dessa vocação deu-o anos atrás um cavalheiro cujo nome não sei; era presidente da Câmara Municipal de São João de Meriti.

Foi o caso que morreu um vereador, e seu suplente quis tomar posse. O presidente exigiu dele a certidão de óbito do vereador. O suplente disse que não a trouxera, mas podia providenciar depois; achava, entretanto, que não havia inconveniente em tomar posse naquela mesma sessão...

O presidente respondeu:

— Não é questão de conveniência ou inconveniência. O que há é impossibilidade. O suplente não pode se empossar sem estar provada a morte do vereador.

— Mas V. Ex.ª não ignora que o vereador morreu...

— A prova do falecimento é a certidão de óbito.

— Mas V. Ex.ª tomou conhecimento oficial da morte; V. Ex.ª, como presidente da Mesa, praticou vários atos oficiais motivados por essa morte!

— A prova do falecimento é a certidão de óbito.

— Mas o morto foi velado neste recinto. O enterro saiu desta sala, desta Câmara.

— A prova do falecimento é a certidão de óbito.

— Mas V. Ex.ª segurou uma das alças do caixão!

— A prova do falecimento é a certidão de óbito.

E não se foi adiante, enquanto o suplente não apresentou a certidão de óbito. Todos os argumentos esbarravam naquela frase irretorquível, perfeita, quase genial, que mereceria ser gravada em mármore no frontispício do Dasp: "A prova do falecimento é a certidão de óbito". Só os medíocres, os anarquistas e os pobres-diabos, condenados a vida inteira a ser suplicantes ou requerentes e que jamais serão Autoridade, não percebem a profunda beleza dessa frase. Eles jamais compreenderão que uma pessoa não pode existir sem certidão de nascimento nem pode deixar de existir sem certidão de óbito. Que acima da vida e da morte, do bem e do mal, da felicidade e da desgraça está esta coisa sacrossanta: o papel.

Eu também quero fazer uma frase. Proponho que o Dasp investigue o nome daquele antigo presidente da Câmara Municipal de São João de

Meriti e, no dia em que ele morrer, mande gravar em seu túmulo (depois, naturalmente, de apresentada a certidão de óbito) esta frase de suprema consagração burocrática: "Ele amou o papel".

Rio, maio, 1958

BILHETE A UM CANDIDATO

"Olhe aqui, Rubem. Para ser eleito vereador, eu preciso de 3 mil votos. Só lá no Jóquei, entre tratadores, jóqueis, empregados e sócios eu tenho, no mínimo, mas no mínimo mesmo, trezentos votos certos; vamos botar mais cem na Hípica. Bem, quatrocentos. Pessoal de meu clube, o Botafogo, calculando com o máximo de pessimismo, seiscentos. Aí já estão mil.

Entre colegas de turma e de repartição contei, seguros, duzentos; vamos dizer, cem. Naquela fábrica da Gávea, você sabe, eu estou com tudo na mão, porque tenho apoio por baixo e por cima, inclusive dos comunas: pelo menos oitocentos votos certos, mas vamos dizer, quatrocentos. Já são 1 500.

Em Vila Isabel minha sogra é uma potência, porque essas coisas de igreja e caridade tudo lá é com ela. Quer saber de uma coisa? Só na Vila eu já tenho a eleição garantida, mas vamos botar: quinhentos. Aí já estão, contando miseravelmente, mas mi-se-ra-vel-men-te, 2 mil. Agora você calcule: o Tuzinho no Méier, sabe que ele é o médico dos pobres, é um sujeito que se quisesse entrar na política acabava senador só com voto da Zona Norte; e é todo meu, batata, cem por cento, vai me dar pelo menos mil votos. Você veja, poxa, que eu estou eleito sem contar mais nada, sem falar no pessoal do Cais do Porto, nem postalistas, nem professoras primárias, que só aí, só de professoras, vai ser um xuá, você sabe que minha mãe e minha tia são diretoras de Grupo. Agora bote choferes, garçons, a turma do clube de xadrez e a colônia pernambucana, sabe que meu velho é pernambucano, e sabe pernambucano como é que é!

E o Centro Filatelista? Sabe quantos filatelistas tem só no Rio de Janeiro? Mais de 4 mil! E nesse setor nem tem graça, o papai aqui está sozinho! É como diz o Gonçalves: sou o candidato do olho de boi!

E fora disso, quanta coisa! Diretor de centro espírita, tenho dois. E o eleitorado independente? E não falei no meu bairro, poxa, não falei de Copacabana, você precisa ver como é lá em casa, o telefone não para de tocar, todo mundo pedindo cédula, cédula, até sujeitos que eu não vejo há mais de dez anos. E a turma da Equitativa? O Fernandão garante que só lá tenho pelo menos trezentos votos. E o Resseguro, e o reduto do Goulart em Maria da Graça, o pessoal do Fórum... Olhe, meu filho, estou convencido de que fiz uma grande besteira: eu devia ter saído era para deputado!"

Passei uma semana sem ver o meu amigo candidato; no dia 30 de setembro, três dias antes das eleições, esbarrei com ele na avenida Nossa Senhora de Copacabana, todo vibrante, cercado de amigos; deu-me um abraço formidável e me apresentou ao pessoal: "este aqui é meu, de cabresto!"

Atulhou-me de cédulas.

Meu caro candidato:

Você deve ter notado que na 122ª Seção da Quinta Zona, onde votei, você não teve nenhum voto. Palavra de honra que eu ia votar em você; levei sua cédula no bolso. Mas você estava tão garantido que preferi ajudar outro amigo com o meu votinho. Foi o diabo. Tenho a impressão de que os outros eleitores pensaram a mesma coisa, e nessa marcha da apuração, se você chegar a trezentos votos ainda pode se consolar, que muitos outros terão muito menos do que isso. Aliás, quem também estava lá e votou logo depois de mim foi o Gonçalves dos selos.

Sabe uma coisa? Acho que esse negócio de voto secreto no fundo é uma indecência, só serve para ensinar o eleitor a mentir: a eleição é uma grande farsa, pois se o cidadão não pode assumir a responsabilidade de seu próprio voto, de sua opinião pessoal, que porcaria de República é esta?

Vou lhe dizer uma coisa com toda a franqueza: foi melhor assim. Melhor para você. Essa nossa Câmara Municipal não era mesmo lugar para um sujeito decente como você! É superdesmoralizada. Pense um pouco e me dará razão. Seu, de cabresto, o

Rubem.

Rio, outubro, 1958

CLAMO E RECLAMO E FICO

Uma vez me perguntaram qual a qualidade fundamental, elementar, de uma mulher, e respondi: "Asseio corporal". Eu era jovem e certamente tivera alguma experiência desagradável. Hoje sinto como a resposta era antipática, machona. Eu parecia considerar a mulher, antes de tudo, um objeto de uso. Eu seria tolerante com falhas intelectuais, falcatruas sentimentais e mesmo pequenos deslizes morais – mas intransigente em questão de limpeza física.

Eis que neste momento não estou pensando em mulher nenhuma, e sim numa cidade: esta, do Rio de Janeiro, onde assisto. Muda-se agora o prefeito, e o que dá vontade de pedir ao novo é isto apenas: limpeza. Fui outro dia à casa de um amigo, que não visitava há muito. Na sua zona respirei o ar de uma noite embalsamada; cheiro de folha e de flor, de fruta, de terra fresca, de mato e de mar, que nos tonteia docemente quando a lua vai alta. Eram odores diversos, uns mais finos, outros mais adocicados, que eu ia sentindo ao longo das ruas – esse cheiro das tranças vegetais e da respiração das ondas que ao mesmo tempo excita e dá torpor. Durou pouco esse enlevo; o táxi continuou a rodar e de repente tivemos de tapar as narinas.

Porque esta bela cidade continua maltratada e suja. A longa incúria dos homens torna envenenado e imundo em muitos trechos esse ar em que a natureza espalha seus feitiços. Montes de lixo nos terrenos baldios; a baía conspurcada por todas as porcarias e agora também as praias de mar aberto imundas.

Agora me parece pior que nunca. Temos tido administradores vaidosos que fazem isto e aquilo para erguer monumentos à própria vaidade. Precisamos de um que traga este programa simples: limpar. Esta bela mulher não precisa de joias nem de sedas; precisa, antes de tudo, de ser limpa. E, para nossa vergonha e nossa tristeza, ela é, antes de tudo, suja.

O governador Brizola acredita em eleições diretas, e quer ser, ou é mesmo, um bom moço; os camelôs são pais de família pobres, e, então, merecem nossa simpatia e nosso carinho; logo eles se multiplicam por mil. Aqui em frente à minha casa, na praça general Osório, existe há muito tempo a feira *hippie*. Artistas e artesãos expõem ali aos domingos, e vendem suas coisas. Uma feira um tanto organizada demais, sempre os mesmos artistas mostrando coisas quase sempre sem interesse. Sempre achei que deveria haver um canto em que qualquer artista pudesse vender um quadro, qualquer artista ou mesmo qualquer pessoa, sem alvarás nem licenças. Enfim, o fato é que a feira funcionava, muita gente comprava coisas – tudo bem. Pois de repente, de um lado e outro, na rua Visconde de Pirajá, apareceram barracas atravancando as calçadas, vendendo de tudo – roupas, louças, frutas, miudezas, brinquedos, objetos usados, ampolas de óleo de bronzear, passarinhos, pipocas, aspirinas, sorvetes, canivetes. E as praias foram invadidas por mil vendedores. Na rua e na areia, uma orgia de cães. Nunca vi tantos cães no Rio, e presumo que muita gente anda com eles para se defender de assaltantes. O resultado é uma sujeira múltipla, que exige cuidado do pedestre para não pisar naquelas coisas. E aquelas coisas secam, viram poeira, unem-se a cascas de frutas podres e dejetos de toda ordem, e restos de peixes da feira, e folhas, e cusparadas, e jornais velhos; uma poeira dos três reinos da natureza e de todas as servidões urbanas.

Ah, se venta um pouco o noroeste, logo ela vai se elevar, essa poeira, girando no ar, entrar em nosso pulmão numa lufada quente. Antigamente a gente fugia para a praia, para o mar. Agora há gente demais, a praia está excessivamente cheia. Está bem, está bem, o mar, o mar é do povo, como a praça é do condor – mas podia haver menos cães e bolas e pranchas e barcos e camelôs e ratos de praia e assaltantes que trabalham até dentro d'água, com um canivete na barriga alheia, e sujeitos que carregam caixas de isopor e anunciam sorvetes e quando o inocente cidadão pede picolé de manga, eis que ele abre a caixa e de lá puxa a arma. Cada dia inventam um golpe novo: a juventude é muito criativa, e os assaltantes são quase sempre muito jovens.

Mas não haveria algum jeito ao menos de haver menos ratos, menos baratas, e herpes, e sarnas e dermatites e hepatites e eczemas, todas essas belas coisas que se propagam entre gatinhas seminuas e moleques esmolambados, e mendigos e bêbados, e marginais maconhados a deambular?

227

Que fazer? Fugir de Ipanema, do Rio, do Brasil, do século XX? Do ruído das motocas e dos disparos dos policiais? Dos valões de esgoto e dos imbatíveis montes de lixo a escorrer dos morros?

Confesso-vos que por mim eu clamo e reclamo e choro, e não saio daqui. Planto-me nesta cidade, sobre o mar; vejo nesta noite azul de primavera que o Cruzeiro do Sul está nascendo; e as luzinhas trêmulas das traineiras contam que ainda há peixes no mar; e na floresta das montanhas ainda há gambás e micos, aves e serpentes. Limpe esta cidade, senhor prefeito, porque, em verdade, no mundo, nunca cidade nenhuma foi tão bela assim.

Dezembro, 1983

O CHAMADO BRASIL BRASILEIRO

Comecemos por opiniões antigas, como esta de uma carta de Capistrano de Abreu a João d'Azevedo:

> *O jaburu... a ave que para mim simboliza a nossa terra. Tem estatura avantajada, pernas grossas, asas fornidas, e passa os dias com uma perna cruzada na outra, triste, triste...*

Paulo Prado abre seu livro *Retrato do Brasil* com esta afirmação:

> *Numa terra radiosa vive um povo triste.*

Tão triste que em 1925, em Petrópolis, Manuel Bandeira, que tinha "todos os motivos menos um de ser triste", resolveu "tomar alegria".

> *Uns tomam éter, outros cocaína.*
> *Eu já tomei tristeza, hoje tomo alegria.*
> *[...]*
> *Eis aí por que vim assistir a este baile de terça-feira*
> *[gorda.*
> *[...]*
> *Ninguém se lembra de política...*
> *Nem dos 8 mil quilômetros de costa...*
> *O algodão do Seridó é o melhor do mundo?... Que me*
> *[importa?*
> *Não há malária nem moléstia de chagas nem ancilóstomos.*
> *A sereia sibila e o ganzá do jazz-band batuca.*
> *Eu tomo alegria!*

E Sérgio Buarque de Holanda, na primeira página de suas *Raízes do Brasil*:

> *... Somos ainda hoje desterrados em nossa terra.*

O consolo é lembrar aquela coisa de Euclides da Cunha em *Os sertões*:

> *O sertanejo é, antes de tudo, um forte.*

Enchemos o peito de orgulho. Mas Euclides prossegue dizendo:

> *Não tem o raquitismo exaustivo dos mestiços neurastênicos do litoral.*

Viram? Para falar bem do homem do sertão ele desmerece o homem da praia. Mas o próprio sertanejo, embora possa se transformar em "um titã acobreado e potente", não é figura muito boa:

> *... É desgracioso, desengonçado, torto... reflete no aspecto a fealdade típica dos fracos...*

E mais adiante Euclides proclama:

> *Não temos unidade de raça. Não a teremos, talvez, nunca. Predestinamo-nos à formação de uma raça histórica em futuro remoto, se o permitir dilatado tempo de vida nacional autônoma...*
> *Estamos condenados à civilização. Ou progredimos ou desaparecemos.*

Este dilema me faz lembrar um outro que me assustava quando eu era menino. Não sei se era frase de homem célebre ou propaganda de algum formicida: "Ou o Brasil acaba com a saúva ou a saúva acaba com o Brasil".

Isto me dava aflição; eu me perguntava por que é que nós todos não íamos urgentemente matar saúvas.

Não matamos. Não morremos. Convivemos.

Oswald de Andrade exclama, no seu "Manifesto antropofágico", de 1928:

Tupi or not tupi that is the question.

E é outro paulista Andrade, Mário, que faz uma comovente confissão brasileira.

Não vê que me lembrei que lá no norte, meu Deus!
Muito longe de mim
Na escuridão ativa da noite que caiu,
Um homem pálido, magro, de cabelo escorrendo nos olhos,
Depois de fazer uma pele com a borracha do dia,
Faz pouco se deitou, está dormindo.
Esse homem é brasileiro que nem eu...

Essa fundamental solidariedade me impressionou quando uma lavadeira que eu tinha aqui no Rio, Sebastiana, me disse que não tinha podido dormir aquela noite: uma chuva com vento invadira o seu barraco no morro do Cantagalo. Seu menino amanhecera doente, e ela também sentia uma dor no peito.

"Mas enfim", disse, "isso é bom para a lavoura".

A velha Sebastiana viera de Carangola e não tinha mais lavoura nenhuma; e até a casinha que ela fizera lá em Minas, "perto do comércio", fora registrada em nome do seu marido, que não era seu marido porque era casado com outra. E ela descia os caminhos perigosos, escorregadios, do morro, com a trouxa de roupa na cabeça, e me dizia: "É bom para a lavoura".

É uma maneira de dizer na roça. Pode ser maneira de pensar. O Brasil é, principalmente, uma certa maneira de sentir.

Janeiro, 1980

NA REVOLUÇÃO DE 1932

Neste mês de julho estou fazendo cinquenta anos de correspondente de guerra. Eu tinha dezenove anos, em março de 1932, quando comecei a trabalhar pela primeira vez, profissionalmente, em um jornal, o *Diário da Tarde*, de Belo Horizonte, pertencente, como *O Estado de Minas*, aos Diários Associados. No ano anterior eu havia feito o tiro de guerra na Faculdade de Direito, e toda minha cultura militar era um pouco de ordem-unida e o desmonte da culatra de um fuzil 1908.

Em princípios de junho, os paulistas haviam invadido o território mineiro, ocupando várias cidades. Depois regrediram e se entrincheiraram no túnel da Mantiqueira e em algumas elevações próximas, na fronteira dos dois estados. Viajei longa e penosamente em um trem cheio de tropa e de poeira, e me lembro de que quando ele parou em Três Corações tomei um banho delicioso no rio Verde. Eu poderia ter entrevistado o mais importante cidadão local, mas não o fiz, porque Edson Arantes do Nascimento, dito Pelé, só iria nascer em 1940...

O quartel-general das forças governistas naquele setor ficava em Passa Quatro, e o acantonamento da Força Pública mineira era em Manacá, uma estaçãozinha ali perto; fiquei alojado em um carro de segunda classe, de bancos de madeira. Fazia frio, mas eu comprei um cobertor e tinha um capote. O capote não durou muito: na primeira vez que fui à frente, acompanhando uma companhia da Força Pública, tivemos de avançar a pé, em fila indiana, pela beira de um córrego, no mato, cada homem guardando uma distância de dez metros do outro; mas o inimigo nos viu e deu várias rajadas de metralhadora. Travei conhecimento, então, com o ruído que realmente dá medo na guerra, e não é estampido nenhum, mas o delicado silvo das balas passando perto: *psiu, psiu, psiu...* Foi aí que um tenente começou a fazer sinais para mim, depois veio correndo, me agarrou, tirou meu capote e o jogou dentro d'água; ele atribuía ao meu capote, que na verdade era bastante claro, o fogo do inimigo. Não reclamei, pois não me agradava servir de alvo, mas o capote fez muita falta. O cobertor que eu comprara sumiu misteriosamente no dia seguinte a uma noite em que certo oficial me convidara para ir dormir em seu carro – um vagão de carga todo acolchoado, cheio de maciezas e coisas quentes que ele comprara em Passa Quatro. Não aceitei porque achei o homem suspeito, e ele se vingou mandando dar sumiço no meu cobertor e no travesseiro que eu improvisara com um saco de estopa...

Minha segunda visita à frente não foi mais feliz. Viajei a princípio no alto de uns caixotes de munição, em um caminhão sacolejante, subindo a serra, fazendo prodígios de equilíbrio. Mais para diante não havia estrada, e seguimos a cavalo por uma picada que o Batalhão de Engenharia acabara de abrir na mata. Eu nunca tinha cavalgado em trote inglês, e o remédio foi aprender na hora, pois meu cavalo seguia o ritmo dos outros. De repente o homem que ia na minha frente deu um urro de dor e caiu do cavalo. Saltei para socorrê-lo. Estava com a cara cheia de sangue: o garrancho de uma árvore, naquela espécie de túnel vegetal, havia arrancado seu olho direito. Ajudei a carregá-lo e fiz o resto da viagem com a cabeça bem baixa, até uma tal de Fazenda São Bento, de onde seguimos a pé, já noite, para uma posição do flanco direito, o Pico do Cristal.

Joguei-me dentro de uma trincheira e dormi exausto, mas acordei de madrugada porque o frio era de dois graus abaixo de zero. Tirei o cantil de um sargento que dormia a meu lado e virei: estava cheio de cachaça. Sentia os pés entorpecidos, ou melhor, não sentia os pés, não podia andar; tomei vários tragos. Foi isto certamente que me salvou da gangrena, do que doze anos depois, na FEB, a gente chamava de "pé de trincheira". Além de descer aos pés, a cachaça me subiu à cabeça e, de manhã cedo, me arrisquei um pouco pela terra de ninguém, desejoso de ver melhor as posições dos paulistas.

— Seu cretino, você está revelando nossa posição!

Eu tinha bebido um pouco demais, e achava que estava fazendo um bonito andando para um lado e outro além das trincheiras, quando um sargento disse isto. Tratei de voltar. Levei uma bronca por estar arriscando a vida à toa – a minha e a dos outros – e alguém disse:

— Olhe, *Estado de Minas* (era o nome do meu jornal, e meu apelido ali), você está tão arriscado a levar uma bala pela frente como pelas costas.

E explicou que muita gente implicava comigo porque meu jornal era a favor dos paulistas, e até cismava que eu era espião.

Minha situação não era mesmo fácil – nem meu trabalho. O jornal não estava interessado em publicar nada que representasse vitória da ditadura, e a censura não deixava passar nada que importasse em vitória dos paulistas. Quem censurava minha correspondência ali no local era o chefe de Polícia das forças em operação, o prefeito de Pará de Minas, Benedito Valadares – de quem me tornei amigo desde então. Lembro-me de que certa vez contei uma conversa de soldados em volta de uma fogueira, à noite, na retaguarda. O tema era "Onde é que você gostaria de estar a esta hora?" Um queria estar com a família em Barbacena, outro queria estar assistindo a uma boa fita com a namorada no cinema de Lavras, mas houve um que disse: rua Guaicurus número tal, com fulana e uma cerveja Cascatinha. Era uma casa de mulheres.

O censor riscou isto dizendo que era "contra o moral da tropa". Ponderei que "o moral" era uma coisa e "a moral" era outra. Benedito concordou, sorrindo:

— Está bem, vamos deixar o rapaz com a mulata e a cervejinha dele.

Mas ou o censor do jornal ou o próprio secretário da redação (a imprensa mineira era de uma pudicícia impressionante) cortou a resposta do homem.

Eu estava reduzido a escrever coisas assim, e acho um milagre ter conseguido publicar oito reportagens. Não me lembro quantos dias eu passei na frente, mas foram uns quinze, no máximo. Aquela minha bebedeira no Pico do Cristal repercutiu em Belo Horizonte, e Luís de Bessa, o redator-chefe do jornal, mandou um telegrama assustado sugerindo a minha volta. O coronel Vargas, chefe do Estado-Maior do coronel Lery, comandante da Força Pública, me disse que muitos oficiais achavam que eu devia ser preso e mandado para Belo Horizonte. Outros oficiais me defendiam porque eram amigos do *Estado de Minas*; entre eles o coronel Fulgêncio dos Santos, comandante do Sétimo de Bom Despacho, e Otacílio Negrão de Lima, comandante do Batalhão de Engenharia (e futuro prefeito de Belo Horizonte e ministro do Trabalho). Eu sabia que estava iminente um ataque geral contra o túnel e não queria perdê-lo. Muitos daqueles 3 mil homens seriam empregados, e, como repórter de uma guerra parada, de trincheira, eu me sentia humilhado em ir embora sem ver a ofensiva. O coronel Vargas disse: "Bem..."

Foi ao percorrer posições avançadas, dando as últimas ordens para o ataque do dia seguinte que o coronel Fulgêncio recebeu no ventre uma bala de fuzil, pontiaguda, provavelmente de um *snipe* ou caçador, como a gente dizia. Trazido para o hospital, foi operado pelos doutores Lucídio de Avelar e Juscelino Kubitschek, então capitão-médico da Força Pública. E morreu. "Nenhum de nós dois era cirurgião", disse-me uns quarenta anos depois o doutor Avelar, "mas o estado dele era muito ruim mesmo". Nesse mesmo dia (30 de julho) morreram dois tenentes. O ataque foi suspenso; soube-se depois que, no flanco direito, Otacílio Negrão de Lima ficou com raiva, porque era muito amigo do coronel Fulgêncio, avançou e tomou uma posição dos paulistas. Como o resto da tropa não atacou, ele foi obrigado a regredir para não ser cercado, e teve algumas baixas. Um acidente com uma granada matou um capitão. Um dia horrível.

No dia 31 fui preso, o coronel Vargas me explicou que aquelas mortes tinham deixado a tropa abatida e irritada, e o coronel Lery entendia que para minha segurança eu devia ser mandado de volta a Belo Horizonte, escoltado.

Em Passa Quatro ainda levei um carão de um oficial do Exército, do QG do coronel Cristóvão Barcelos. Ele mandara me prender, dias antes, apesar da autorização que lhe mostrei, assinada pelo senhor Gustavo Capanema, secretário do Interior, dizendo que eu podia percorrer a zona de guerra em território mineiro. "Isto aqui não é Minas Gerais, é a Quarta Região Militar." Eu fora levado preso por um sargento, mas logo adiante encontrei um caminhão dirigido por um tenente da Força Pública, meu amigo que não levou em conta a minha alegação (e do sargento) de que eu estava preso, e me mandou subir na boleia, o que fiz. É natural que o tenente do Exército estivesse furioso ao me reencontrar; ouvi uma torrente de insultos aos jornalistas, à progenitora do doutor Assis Chateaubriand e à minha própria, e também a sua opinião de que eu devia ser fuzilado. A escolta, porém, tinha outras ordens e lá fomos. Lembro-me de que dormi uma noite na cadeia de Divinópolis onde, entretanto, me foi permitido fazer o *footing* à noitinha (era domingo) em uma ponte sobre uma cachoeira.

Também me lembro de que não consegui um só olhar de *flirt* de uma daquelas moças que passeavam lindas. Além de feio, eu estava muito mal-ajambrado. (Quem sabe eu teria mais sorte se encontrasse a aborígine Adélia Prado, grande poeta?! Mas não foi possível, porque ela também ainda não havia nascido.)

No dia seguinte seguimos para Belo Horizonte, onde fui solto.

"TRIVIAL VARIADO"

Vamos parar

O gabinete do Ministro da Guerra divulgou ontem "um documento apreendido em Nova Iguaçu" com instruções para ação dos famosos Grupos de 11. Como é assinado pelo "Comandante Supremo", está na cara que deve ser atribuído ao sr. Brizola.

O documento é impressionante... pela tolice de quem o redigiu. Ali se diz que a burguesia nacional será aliada do movimento, e "nós a apoiaremos após a vitória", mas também se ordena que sejam incendiados, além dos edifícios públicos, os estabelecimentos comerciais e industriais. Isso sem falar em plantações, celeiros, depósitos de cereais e armazéns gerais. Fogo em tudo! E viva a burguesia!

Ministro Costa e Silva: o senhor deve mandar prender quem descobriu esse documento. Ou encarregar alguém mais inteligente de forjar um outro. O sr. Brizola era uma espiroqueta vermelho, mas nunca um débil mental.

Marechal Castelo Branco: baixe uma ordem para parar esse fabrico de planos cohens chineses ou nacionais, que comprometem não apenas a honra como a inteligência das Forças Armadas. Eu, que discutindo com os amigos, costumo defender a turma da FEN, fico com a cara no chão.

Jornal do Brasil, 17 de julho de 1964

Carta de preso

Esta carta veio pelo correio comum:

"Penitenciária das Neves, 13/10/64

— Prezado sr. Rubem Braga

Sou professor de Antropologia da Faculdade de Ciências Econômicas da Universidade de Minas Gerais. Estou preso, há mais de seis meses, pela Revolução de 1 de abril por defender ideias estritamente científicas.

Acredito que estou sendo vítima de pessoas que não veem com bons olhos as críticas que sempre fiz a ideias retrógradas, aos estereótipos e preconceitos de toda espécie. Peço-lhe que faça alguma coisa para desanuviar o cerceamento da liberdade e o terrorismo cultural que se exercem sobre mim. (a) Marcos Magalhães Rubinger".

Meu caro professor – O senhor admite que tem ideias. Diante dessa confissão não vejo, francamente, que diabo posso fazer a seu favor. Procure se tratar dessa doença, muito mais incômoda e inconveniente que sezões ou bichas! E, por favor, enquanto estiver infectado não me procure nem me escreva, que pode me comprometer.

Jornal do Brasil, 23 de outubro de 1964

O marechal não deve ler

Nem David Nasser, nem *O Cruzeiro* podem ser acusados de comunistas ou de inimigos da Revolução. Isso dá uma gravidade maior à reportagem que David assina, na revista que está nas bancas, sobre as torturas praticadas em Goiás sob o título *Terror e Miséria da Linha Dura*.

Aconselho o marechal Castelo Branco a não ler esse número de revista. É uma leitura penosa, desagradável, um relato de coisas vis praticadas no seu Governo, por autoridades que continuam a ser autoridades. Ler aquilo e não tomar uma providência pode fazer mal à saúde mental de qualquer pessoa honrada e de bom coração como é, sem dúvida alguma, o nosso Presidente. Evite remorsos e preocupações, marechal, proibindo a entrada em Palácio desse número da revista. Se lhe perguntarem o que diz àquilo, diga que não teve tempo de ler. E durma com a sua consciência tranquila, marechal.

Jornal do Brasil, 19 de novembro de 1964

PLÍNIO E PRESTES

Leio numa revista um artigo veemente e confuso sobre Plínio Salgado. Ele morreu em dezembro de 1975, com 80, quase 81 anos. Para um jovem de hoje, é difícil imaginar a importância que esse homem teve no Brasil. Foi dos caras mais amados e odiados na primeira metade do século. Escritor de algum mérito, participou da Semana de Arte Moderna em 1922 e dez anos depois fundou a Ação Integralista Brasileira.

Logo uma legião de "camisas verdes" se formou em todo o Brasil; o movimento atraiu jovens intelectuais de valor, como San Tiago Dantas, Barbosa Lima Sobrinho, Thiers Martins Moreira, José Lins do Rego (só no comecinho), Rômulo de Almeida, Miguel Reale, Hélder Câmara... Uma parte da juventude da classe média aderiu com entusiasmo, e também militares, especialmente da Marinha. O líder católico Tristão de Ataíde (então direitista) aconselhou, em artigo da revista *A Ordem,* os jovens católicos que tivessem vocação política a entrarem para a Ação Integralista.

O movimento foi muito forte principalmente em regiões de filhos de imigrantes italianos ou alemães, admiradores de Mussolini e Hitler.

Bem, não tenho tempo nem espaço para contar aqui a história da AIB.

Lembrarei, apenas, que a certa altura, havia no Rio dois jornais integralistas: *A Ofensiva,* órgão oficial, e *Século XX.* Este último, dirigido por Gustavo Barroso, era antissemita, o que não acontecia com o primeiro. Depois da derrota do *putsch* contra Vargas (1938), Plínio foi preso e esteve exilado vários anos em Portugal.

Na volta ele se elegeu deputado federal, mais de uma vez.

Mas mudara. Não fazia mais discursos entusiásticos; era um deputado mudo e melancólico, sempre a tomar suas batidinhas.

E quando veio o AI-5, ele avisou, de véspera, a um seu colega de Câmara, comunista, aconselhando-o a se esconder, pois a cana ia ser dura. (Isto está em livro de memórias de Adão Pereira Nunes.) Por que ninguém faz uma biografia de Plínio Salgado? E a propósito: por que não se faz também uma biografia de Luís Carlos Prestes (outro líder que sobreviveu a si mesmo), aproveitando o fato de que ele está por aí, vivo e lépido, para se documentar?

Agora mesmo ele apareceu no programa de Jô Soares, muito animado e dizendo até coisas surpreendentes do alto dos seus 91 anos – sempre tão honesto, sempre tão errado...

Revista Nacional, 25 de junho de 1989

A TRAIÇÃO DAS ELEGANTES

"As fotos estão sensacionais, mas algumas das elegantes não souberam posar" – confessou Ibrahim Sued a respeito da reportagem em cores sobre as "Mais Elegantes de 1967" publicada em *Manchete*.

A verdade é mais grave, e todos a sentem: as "Mais Elegantes" estão às vezes francamente ridículas, às vezes com um ar boboca e jeca, às vezes simplesmente banais. A culpa não será de Ibrahim, nem do fotógrafo, nem da revista, nem das senhoras; o que aconteceu é misterioso, desagradável, mas completamente indisfarçável: alguém ou, digamos, Algo, Algo com maiúscula, fez uma brincadeira de mau gosto, ou talvez, o que é pior, uma coisa séria e não uma brincadeira; como se fossem as três palavras de advertência que certa mão traçou na parede do salão de festim de Baltazar; apenas não escreveu nas paredes, mas nas próprias figuras humanas, em seus olhos e semblantes, em suas mãos e seus corpos: "Deus contou o dia de teus reinos e lhes marcou o fim; pesado foste na balança, e te faltava peso; dividido será o teu reino".

Oh, não, eu não quero ser o profeta Daniel da rua Riachuelo; mas aconteceu alguma coisa, e essas damas que eram para ser como símbolos supremos de elegância e distinção, mitos e sonhos da plebe, Algo as carimbou na testa com o Mane, Tekel, Fares da vulgaridade pomposa e fora de tempo. Oh, digamos que escapou apenas uma e que há uma outra que não está assim tão mal. Mas as 12 restantes (pois desta vez são 14) que aura envenenada lhes tirou o encanto, e as deixou ali tão enfeitadas e tão banais, tão pateticamente sem graça, expostas naquelas páginas coloridas como risíveis manequins em uma vitrina de subúrbio?

Que aconteceu? Ninguém pode duvidar da elegância dessas damas, mesmo porque muitas não fazem outra coisa a não ser isto: ser elegantes. Elas são parte do patrimônio emocional e estético da Nação, são respeitadas, admiradas, invejadas, adoradas desde os tempos de Sombra; vivem em nichos de altares invisíveis, movem-se em passarelas de supremo prestígio mundano – e subitamente, oh! ai! ui! um misterioso Satanás as precipita no inferno imóvel da paspalhice e do tédio, e as prende ali, com seus sorrisos parados, seus olhos fixos a fitar o nada, estupidamente o nada – quase todas, meu Deus, tão "Shangai", tão "Shangai" que nos inspiram uma certa vergonha – o Itamaraty devia proibir a exportação desse número da revista para que não se riam demasiado de nós lá fora! Não sou místico; custa-me acreditar que algum Espírito Vingador tenha feito esse milagre ao contrário. A culpa será talvez da "Revolução", que tornou os ricos tão seguros de si mesmos, tão insensatos e vitoriosos e ostentadores e fátuos que suas mulheres perderam o desconfiômetro, e elas envolvem os corpos em qualquer pano berrante que melífluos costureiros desenham e dizem – "a moda é isto" – e se postam ali, diante da população cada vez mais pobre, neste país em que minguam o pão e o remédio, e se suprimem as liberdades – coloridas e funéreas, ajaezadas, e ocas, vazias e duras, sem espírito e sem graça nenhuma.

Há poucos meses, ao aceno de uma revista americana, disputaram-se algumas delas a honra de serem escolhidas, como mocinhas de subúrbio querendo ser "misses", e no fim apareceram numas fotos de publicidade comercial, prosaicamente usadas como joguetes de gringos espertos. Desta vez é pior: não anunciam nada a não ser a inanidade de si mesmas, tragicamente despojadas de seus feitiços.

Direi que essa derrota das "Mais Elegantes" não importa... Importa! As moças pobres e remediadas, a normalista, a filha do coronel do Exército que mora no Grajaú, a funcionária da coletoria estadual de Miracema, a noiva do eletricista – todas aprenderam a se mirar nessas deusas, a suspirar invejando-as, mas admirando-as; era o *charme* dessas senhoras, suas festas, suas viagens, suas legendas douradas de luxo que romantizavam a riqueza e o desnível social; eram aves de luxo que enobreciam com sua graça a injustiça fundamental da sociedade burguesa.

Elas tinham o dever de continuar maravilhosas, imarcescíveis, magníficas. É possível que pessoalmente assim continuem; mas houve aquele momento em que um vento escarninho as desfigurou em plebeias enfeitadas, em caricaturas de si mesmas, espaventosas e frias.

Quero frisar que dessas senhoras são poucas as que conheço pessoalmente, e lhes dedico a maior admiração e o mais cuidadoso respeito. Não há, neste caso, nenhuma implicação pessoal. Estou apenas ecoando um sentimento coletivo de pena e desgosto, de embaraço e desilusão:

nossas deusas apareceram de súbito a uma luz galhofeira, ingrata e cruel; sentimo-nos traídos, desapontados, constrangidos, desamparados e sem fé.

É duro confessar isto, mas é preciso forrar o coração de dureza, porque não sabemos se tudo isso é o fim de uma *era* ou o começo de uma *nova era* mais desolada e difícil de suportar.

Janeiro, 1967

Guerra

COMIDAS

No pequenino vilarejo afogado sob a neve, temos, pela gentileza de um capitão da Intendência, o prazer de almoçar na casa de uma família onde moram três sargentos. Depois de tantos dias de comer em quartéis e acampamentos no meio de homens, é confortador esse almoço servido por três louras e robustas camponesas, que nos trazem macarrão feito em casa, e outras saudades. Sim, é comovente, e quando digo que é comovente apenas exprimo a verdade.

E a questão não está apenas nesse ambiente de família, neste fato de estarmos dentro de uma casa – uma verdadeira e simples casa, com todas as coisas inúteis e preciosas com que as mulheres enchem as casas. Lembro-me de que há coisa de um mês um tenente me convidou a ir com ele visitar uma família numa cidadezinha, e fez propaganda, dizendo que era bom de vez em quando a gente passar umas horas assim num ambiente de família – aliás, fazia questão de dizer – uma família muito distinta etc. Fui. Havia a senhora, duas meninas e uma senhorinha que tocava piano, o tipo da moça direita, ou, como se diz aqui, uma *"signorina per bene"*.

A *"signorina per bene"* não apenas tocava piano como cantava, e como cantava! Cantava coisas assim como *"Napoli... la luna... e tu!"* ou então: *"Firenze... un sogno"*. Sua voz era mais aguda do que convinha na saleta, e o pianoforte era mais forte do que conviria em três saletas daquelas juntas.

E a saleta estava cheia de móveis "modernistas" exatamente iguais a esses que se podem comprar na Rua do Catete. Na parede, gravuras baratas, em cima dos móveis paninhos rendados pavorosos, no meu cálice um licor terrivelmente doce. Ah, por que não me davam de uma vez um licor de pequi, como nas festinhas de aniversário nos bairros de Belo Horizonte, e por que não botavam logo na vitrola um disco de Vicente Celestino? A boa senhora falava sobre a carestia da vida; depois chegou o marido, um industrial, e falou do mesmo assunto. E de súbito me deu uma aflição, mais do que isso, uma espécie impaciente de mortificação que na saída perdurou sob a forma de melancolia, desânimo.

Num país como este, de bom vinho, grandes artistas, aquela miséria de um licor, aqueles quadros, aquela música; na cidadezinha tantas vezes bombardeada no meio desta guerra, desta grande tempestade do mundo – aquele lar estreito e imutável e imutavelmente convencional. Jarro com flores de papel!

Bibelôs até do Gordo e do Magro! Tudo isto tinha lá. E pior que tudo, pior que o Fantasma Onipresente do Mau Gosto, o disfarçado e indisfarçável gosto de prisão mais ou menos voluntária, o tédio monstruoso daquelas vidinhas estreitas, daquela pequena usina de limitação mútua, daquela família pequeno-burguesa de pequeno burgo, onde tudo o que numa criatura pode acontecer de grande e livre morre afogado no ar preso... Vou à frente por dever de ofício, não gosto de tiros, não gosto de bombas, ninguém gosta e muito menos eu (morrer é ruim, ficar ferido é ruim, estar a todo momento na iminência de morrer ou ficar ferido é muito ruim), mas saindo daquela casa distinta senti vontade de tocar logo para as montanhas, para os ventos, as explosões, o diabo.

Nesta casa camponesa em que vejo três mulheres, um homem e duas crianças, o ambiente é outro. Esta casa camponesa é uma casa honrada, sólida, boa. A comida também é honrada, sólida, boa. A bebida não é aquele licorzinho pedante e pavoroso, é uma talagada de grapa forte e copos de vinho grosso. Na família, todos trabalham a terra – a terra que está ali mesmo em volta: e têm aquela casa para dormir e comer, e isso justifica a família, e faz dela uma coisa natural e grande. Duas das camponesas são solteiras; logo casarão, e, como a irmã mais velha, terão certamente uma casa assim, e filhos, e seu pouco de terra – e isso é honrado, é certo mais que tudo.

Foi um almoço apenas – e tivemos de tocar viagem, com toda certeza não passaremos tão cedo por ali. Foi um almoço entre duas reportagens – mas que esse simples almoço seja cantado aqui em prosa, ainda que má, atrapalhada e apressada. Eu disse antes que foi comovente a comida e gostaria de explicar que um dos assuntos que mais comovem nossos soldados numa conversa é o assunto de comidas. Um começa a falar do que costuma comer na casa dele em Alagoas; outro fala de seus pratos familiares em Minas. E cada um descreve um prato; quando dois homens concordam no mesmo prato e cada um acrescenta um detalhe, eles começam a falar com uma grande animação; sentem-se como que irmãos... Das mulheres, naturalmente, os homens sempre falam com reserva; está visto que sempre há algum que conta histórias, mas nesse terreno, geralmente, o que é mais vital não se conta: é vital, é íntimo demais. Além disso, o "caso" de um não interessa muito ao outro, e o outro mal o ouve, lembrando-se do seu próprio. A grande irmandade é feita em torno de pratos de saudade – pratos que fumegam na imaginação, quentes e saborosos, com seu gosto de infância e de domingo.

Oh! mães de família do Brasil: quando chegar aí a notícia da paz, e arrumardes a casa para esperar aquele que vai voltar, providenciai para que haja sobre a mesa o prato familiar mais querido, e ele o comerá, eu vos digo, ele comerá alegria, ele comerá felicidade, infância, ternura boa.

Janeiro, 1945

FRENTE CALMA

Era uma patrulha com três grupos de combate e 10 *partigiani*. Iam os tenentes Rigueira e Carijó.

Pela uma e pouco da noite, a patrulha começou a descer uma encosta, pelo meio de um castanhal. Lá embaixo os homens tiveram de atravessar um rio de margens escarpadas – em alguns trechos, seis metros de altura – e com uma profundidade de meio metro. Esse córrego está gelado. Dali para a frente a linha lançava-se sob a forma de um espigão com declive acentuado. Os homens foram subindo na neve escorragadia, procurando se proteger da vista do inimigo andando atrás dos castanheiros. O terreno tinha algumas dobras que ofereciam proteção contra um fogo que viesse de cima, mas o inimigo poderia muito bem observar a progressão de nossos homens, pois as árvores eram espaçadas. Os soldados subiram ofegantes, o tenente deu ordem a dois grupos de cercarem umas casinhas que havia no alto do morro.

As casas foram vasculhadas sem que aparecesse nenhum inimigo. Apareceu, porém, um civil italiano, informando que o posto avançado do alemão era ali pertinho, e ele sabia onde era. O tenente Rigueira pediu que ele indicasse o lugar, e, depois de alguma relutância, o paisano foi na frente.

Quando chegaram perto da casa onde devia haver alemães, o tenente Rigueira dispôs seus homens. Nessa ocasião, o chefe dos *partigiani* negou-se a avançar, dizendo que era muito perigoso. Um *partigiano* do grupo se ofereceu, porém, para ir na frente rastejando e ver se havia algum sentinela.

— Nunca vi ninguém rastejar tão bem – comentou depois o tenente. — O *partigiano* parecia uma cobra.

Atrás desse italiano foram o tenente Rigueira e o sargento Silva, que para isso se ofereceu espontaneamente, e mais dois esclarecedores de ponta – os soldados Amorim, Carlos Quintilhana, e o soldado Temístocles Alves da Silva. Os homens levavam sabre ou faca de trincheira e granadas de mão. Subiram assim a crista do espigão; o tenente fez sinal para que eles parassem. Parecia haver ali, no escuro, a poucos metros, um sentinela alemão. O tenente mandou que o italiano continuasse rastejando e deu ordem ao soldado Amorim para que o seguisse, para reconhecer com segurança o sentinela. Ao chegar perto do vulto, o civil que ia na frente, no lugar de simplesmente apontar o sentinela, disse: "Sentinela tedesco". O alemão, a menos de dois metros, disse alguma coisa na língua dele. O soldado Amorim deu um salto com a faca de trincheira na mão – e o sentinela não teve mais muitos segundos de vida. Mas assim mesmo o ruído alertou outros alemães, que saíram da posição organizada. O sargento Silva apontou sua metralhadora de mão e deu ao gatilho, mas ela falhou.

Tentou novamente – e ela falhou outra vez. O sargento lançou então uma granada de mão, e logo outra, enquanto o soldado Amorim fazia o mesmo. As granadas caíram dentro da posição do inimigo – e de lá vieram gemidos e lamentações.

Aquele pequeno posto alemão estava aniquilado, mas de um pouco mais atrás partiram rajadas de metralhadoras e começaram a cair perto granadas de mão.

Nossos homens retraíram-se um pouco, e o inimigo atirou de bazuca e submetralhadora. Vultos de alemães passavam correndo na crista do morro, para os dois lados, indicando que eles ameaçavam um movimento desbordante, procurando envolver nossa patrulha.

O tenente Rigueira, antes de dar ordem de retraimento, tentou comunicar-se pelo rádio com o tenente Carijó para que este tentasse um movimento por um dos flancos para cercar o inimigo.

Mas o rádio falhou.

A patrulha teve, então, ordem de recuar. Como o fogo inimigo era muito intenso, os homens desceram o morro rolando. Dois homens nossos estavam feridos (sem maior gravidade), mas foram carregados por outros dois – o cabo Alcides Zaneta e o soldado Francisco Ribeiro dos Santos, que, apesar da forte barragem inimiga, trouxeram os dois camaradas até lugar seguro.

O cabo Manuel Aires de Oliveira, que ficara comandando a retaguarda, assegurou a retirada da patrulha até que passasse o último homem. Apesar do tiroteio firme que vinha lá de cima, esse cabo ainda teve calma para recolher as armas dos dois feridos.

251

Teve destaque também o segundo-tenente Fremídio Trota, que, como observador avançado da Artilharia, ficou até as três da madrugada na posição, atendendo a todos os pedidos de tiro do comandante do batalhão, contribuindo para o pronto desencadeamento dos tiros de nossa artilharia.

O comandante da companhia elogiou ainda a iniciativa e a energia do segundo-tenente Célio D'Alva Vieira Rigueira, que comandou a patrulha. Mas quem voltou à posição esta noite com uma história melhor para contar foi o soldado João Pedro Amorim, que matou o alemão a faca.

Histórias como esta que resumi, às vezes com mais felicidade ainda, às vezes com mortos nossos, às vezes sem resultado nenhum, acontecem toda noite na frente brasileira. E no dia seguinte o comunicado diz que "a frente esteve calma, limitando-se a atividade de patrulha". Mas para os homens que fazem esses passeios a 14 graus abaixo de zero, a noite não é tão calma assim.

18 de janeiro de 1945

A MENINA SILVANA

A véspera tinha sido um dia muito duro: nossos homens atacaram uma posição difícil e tiveram de recuar depois de muitas horas de luta. Vocês já sabem dessa história, que aconteceu no fim de novembro. O comando elogiou depois os médicos que deixaram de se alimentar, abrindo mão de suas refeições para dá-las aos soldados. Um homem, entretanto, fora elogiado nominalmente: um pracinha, enfermeiro da companhia, chamado Martim Afonso dos Santos. Às nove horas da manhã – essa história também já chegou aí – Martim foi ferido por uma bala quando socorria um ferido na linha de frente. Não foi uma bala no peito; o projétil ficou alojado nas nádegas. Mas não importa onde a bala pegue um homem: o que importa é o homem. Martim Afonso dos Santos fez um curativo em si próprio e continuou a trabalhar. Até as onze e meia da noite atendeu aos homens de sua companhia. Só então permitiu que cuidassem de si.

Resolvi entrevistar Martim e fui procurá-lo num posto de tratamento da frente, onde me disseram que ele devia estar. Lá me informaram que ele tinha sido mandado para um hospital de evacuação, muitos quilômetros para a retaguarda – para encurtar conversa, eu andei mais tarde de posto em posto, de hospital em hospital, e até agora ainda não encontrei o diabo do pretinho. Encontrarei.

No posto de tratamento estavam dois homens que acabavam de ser feridos em um desastre de jipe e um outro com um estilhaço de granada na barriga da perna.

— Padioleiros, depressa!

Os homens saíram para apanhar o ferido – mas quando eles entraram, eu estava procurando o nome de Martim no fichário, e não ergui os olhos. O médico me informou que, como o ferimento era leve, eu devia procurá-lo em tal hospital; talvez já tivesse tido alta... Foi então que distraidamente me voltei para a mesa onde estava sendo atendido o último ferido – e tive uma surpresa. Quem estava ali não era um desses homens barbudos de botas enlameadas e uniforme de lã sujo que são os fregueses habituais do posto. O que vi ao me voltar foi um pequeno corpo alvo e fino que tremia de dor.

Um camponês velho deu as informações ao sargento: Silvana Martinelli, 10 anos de idade.

A menina estava quase inteiramente nua, porque cinco ou seis estilhaços de uma granada alemã a haviam atingido em várias partes do corpo. Os médicos e os enfermeiros, acostumados a cuidar rudes corpos de homens, inclinavam-se sob a lâmpada para extrair os pedaços de aço que haviam dilacerado aquele corpo branco e delicado como um lírio – agora marcado de sangue. A cabeça de Silvana descansava de lado, entre cobertores. A explosão estúpida poupara aquela pequena cabeça castanha, aquele perfil suave e firme que Da Vinci amaria desenhar. Lábios cerrados, sem uma palavra ou um gemido, ela apenas tremia um pouco – quando lhe tocavam num ferimento, contraía quase impercetivelmente os músculos da face. Mas tinha os olhos abertos – e quando sentiu a minha sombra, ergueu-os um pouco. Nos seus olhos eu não vi essa expressão de cachorro batido dos estropiados, nem essa luz de dor e raiva dos homens colhidos no calor do combate, nem essa impaciência dolorosa de tantos feridos, ou o desespero dos que acham que vão morrer. Ela me olhou quietamente. A dor contraía-lhe, num pequeno tremor, as pálpebras, como se a luz lhe ferisse um pouco os olhos. Ajeitei-lhe a manta sobre a cabeça, protegendo-a da luz, e ela voltou a me olhar daquele jeito quieto e firme de menina correta.

Deus, que está no Céu – se é que, depois de tantos desgovernos cruéis e tanta criminosa desídia, ninguém o pôs para fora de lá, ou Vós mesmo, Senhor, não vos pejais de estar aí quando Vossos filhos andam neste inferno! – Deus sabe que tenho visto alguns sofrimentos de crianças e mulheres. A fome dessas meninas da Itália que mendigam na entrada dos acampamentos, a humilhação dessas mulheres que diante dos soldados trocam qualquer dignidade por um naco de chocolate – nem isso, nem o servilismo triste, mais que tudo, dos homens que precisam levar pão à sua gente, nada pode estragar a minha confortável guerra de correspondente. Vai-se tocando, vai-se a gente acostumando no ramerrão da guerra; é um ramerrão como qualquer outro: e tudo entra nesse ramerrão – a dor, a morte, o medo, o disco de Lili Marlene junto de uma lareira que estala, a lama, o vinho, a cama-rolo, a brutalidade, a ajuda, a ganância dos aproveitadores, o heroísmo, as cansadas pilhérias – mil coisas no acampamento e na frente, em sucessão monótona. Esse corneteiro que o frio da madrugada desafina não me estraga a lembrança de antigos quartéis de ilusões, com alvoradas de violino – Senhor, eu juro, sou uma criatura rica de felicidades meigas, sou muito rico, muito rico, ninguém nunca me amargará demais. E às vezes um homem recusa comover-se: meninas da Toscana, eu vi vossas irmãzinhas do Ceará, barrigudinhas, de olhos febris, desidratadas, pequenos trapos de poeira humana que o vento da seca ia a tocar pelas estradas. Sim, tenho visto alguma coisa, e também há coisas que homens que viram me contam: a ruindade fria dos que exploram e oprimem e proíbem pensar, e proíbem comer, e até o sentimento mais puro torcem e estragam, as vaidades monstruosas que são massacres lentos e frios de outros seres – sim, por mais distraído que seja um repórter, ele sempre, em alguma parte em que anda, vê alguma coisa.

Muitas vezes não conta. Há 13 anos trabalho neste ramo – e muitas vezes não conto. Mas conto a história sem enredo dessa menina ferida. Não sei que fim levou, e se morreu ou está viva, mas vejo seu fino corpo branco e seus olhos esverdeados e quietos. Não me interessa que tenha sido inimigo o canhão que a feriu. Na guerra, de lado a lado, é impossível, até um certo ponto, evitar essas coisas. Mas penso nos homens que começaram esta guerra e nos que permitiram que eles começassem. Agora é tocar a guerra – e quem quer que possa fazer qualquer coisa para tocar a guerra mais depressa, para aumentar o número de bombas dos aviões e tiros das metralhadoras, para apressar a destruição, para aumentar aos montes a colheita de mortes, será um patife se não ajudar. É preciso acabar com isso, e isso só se acaba a ferro e fogo, com esforço e sacrifícios de todos, e quem pode mais deve fazer muito mais, e não cobrar o sacrifício do pobre e se enfeitar com as glórias fáceis. É preciso acabar com isso, e acabar com os homens que começaram isso e com tudo o que causa isso – o sistema idiota e bárbaro de vida social, onde um grupo de privilegiados começa a matar quando não tem outro meio de roubar.

Pelo corpo inocente, pelos olhos inocentes da menina Silvana (sem importância nenhuma no oceano de crueldades e injustiças), pelo corpo inocente, pelos olhos inocentes da menina Silvana (mas oh! hienas, oh! porcos, de voracidade monstruosa, e vós também, águias pançudas e urubus, oh! altos poderosos de conversa fria ou voz frenética, que coisa mais sagrada sois ou conheceis que essa quieta menina camponesa?), pelo corpo inocente, pelos olhos inocentes da menina Silvana (oh! negociantes que roubais na carne, quanto valem esses pedaços estraçalhados?) – por esse pequeno ser simples, essa pequena coisa chamada uma pessoa humana, é preciso acabar com isso, é preciso acabar para sempre, de uma vez por todas.

Fevereiro, 1945

CRISTO MORTO

— Depois de uns 20 minutos, você vai ver na frente, à esquerda, um morro com uma casinha branca, isolada, bem no cimo. Ali você sai da estrada e pega a *mulateira* que tem à sua esquerda. Dobre logo antes de uma capelinha arrebentada. Tome cuidado com o carro na mulateira, porque ali o campo está minado.

Ouvindo essas indicações, saí pensando comigo mesmo que "uma capelinha arrebentada" é uma das indicações mais vagas que se pode dar a um viajante nesta região da Itália. É costume plantar igrejas no alto dos montes. Quando vem a guerra, essas igrejas são frequentemente usadas como postos de observação, e um PO é sempre um alvo frequentado pelas granadas da artilharia.

Tenho visitado muitas igrejas. Nos dois últimos dias visitei três. A primeira está situada num dos lugares mais belos do mundo, e não foi muito arrebentada: mas uma formação de *partigiani* se instalou lá dentro, onde dorme e faz comida. As imagens não tinham grande interesse, mas os livros em latim do padre (que sumiu) eram todos de 1700. No alto de um confessionário encontrei um quadro a óleo, pintado sobre madeira, que era um ex-voto. Representava toda uma família ajoelhada, com velas acesas na mão, diante da Virgem. A um canto estava escrito o nome da família e a data: 1601. Tirei o quadro da parede para vê-lo melhor, e logo dois *partigiani* se apressaram a dizer que se eu quisesse poderia carregar. Não o fiz – menos por escrúpulo do que pelo peso do quadro.

Ali, como em tantas igrejas da Itália e mesmo do Brasil, chocou-me o contraste entre o bom gosto às vezes maravilhoso da construção e decoração antiga e o mau gosto escandaloso e ofuscante do clero e dos devotos destes últimos cem anos. Isso faz com que os altares em funcionamento sejam, com frequência, os lugares mais desagradáveis das igrejas, com aquela trapalhada de dourados e vermelhos à luz de velas.

Há tempos me levaram para ver um milagre: a Capela de Ronchidos, ou Ronchidosso, perto de Gaggio-Montano, a 1 045 metros de altitude. Essa capela era um PO alemão que devassava incrivelmente as nossas linhas. Os americanos da 10ª Divisão de Montanha a ocuparam – mas antes disso a capela recebeu fortes chacoalhadas de 105. Ficou completamente destruída, mas a santa foi encontrada intacta, com uma granada aos pés, uma granada que não explodira.

Devo confessar que não cheguei a ver a imagem, que tinha sido retirada meia hora antes de minha chegada. A capela, de construção fortíssima, apresentava apenas uns restos de paredes.

Mas depois desse milagre, vi um não milagre que me pareceu mais impressionante. Uma granada, não sei se nossa ou "deles", atingiu uma capelinha poucos quilômetros à direita do Monte Castelo, e um pouco mais ao norte. Apenas duas paredes ficaram de pé: o teto e as outras paredes ruíram. Havia uma tela com uma imagem de uma santa que não identifiquei: e no fundo havia uma grande cruz de madeira onde estava pregado um Cristo em tamanho natural – refiro-me ao tamanho de Cristo feito homem, naturalmente.

A cruz, pintada de preto, não parecia ter sido atingida. Mas o Cristo, de massa cor de carne, fora decapitado por um estilhaço. A mão esquerda da imagem despregara-se do braço da cruz, e o braço caíra ao longo do corpo, que tombou para o lado direito. A mão direita continuava, entretanto, pregada, e os pés também. E aquele corpo sem cabeça, pendurado a uma só mão, com os joelhos curvados, parecia querer cair a qualquer momento sobre o monte de escombros. Entre as pedras e os tijolos alguém plantara, como legenda do quadro, um cartaz simples: "Perigo – Minas".

E então me ocorreu que não há minas somente para a imprudência dos pés, senão também da cabeça. Não basta andar com todo cuidado – é preciso pensar, e (ainda mais aflitivo) é preciso sentir com todo cuidado. Lembrei-me de um verso de um poema que um amigo fez há tempos – "Vou soltar minha tristeza no pasto da solidão". Não se deve soltar: o pasto da solidão é cheio de minas.

Tudo isso podem ser ideias à toa, mas aquele Cristo decapitado depois de crucificado me pareceu mais cristão que a Madona intocada sorrindo com a granada aos pés, entre as ruínas de sua capela. Aquele pobre Cristo de massa, sem cabeça, pendendo para um só lado da cruz, me pareceu mais irmão dos homens, na sua postura dolorosa e ridícula, igual a qualquer outro morto de guerra, irmão desses cadáveres de homens arrebentados que tenho visto, e que deixam de ser homens, deixam de ser amigos ou inimigos para ser pobres bichinhos mortos, encolhidos e trancados, vagamente infantis, como bonecos destruídos.

O boneco de Deus estava ali. Perdera não apenas a cabeça, ainda mais. Perdera até a majestade que costuma ter o Cristo na sua cruz, olhando-nos do alto do Seu martírio, dominando-nos do alto de Sua dor. Não dominava mais nada. Era um pobre boneco arrebentado e mal seguro, numa postura desgraçada e grotesca. Era um morto da guerra. E ai dos mortos! Que faremos com os mortos? Podem rezar missas aos potes para que as almas deles se salvem, mas eles não querem isso. Eles querem saber de nós – eles nos vigiam. Eles vigiam o nosso reino da terra; foi por esse reino que eles morreram. Estão espantados: querem saber por que morreram, para que morreram. Eles morreram muito jovens, quando ainda queriam viver mais; não gostaram da própria morte, por isso não gostaram da guerra.

Enquanto um homem for dono deste campo e mais daquele campo, e outro homem se curvar, jornada após jornada, sobre a terra alheia ou alugada, e não tiver de seu nem o chão onde vai cair morto – esperem a guerra. Ela explodirá – e enquanto não explodir estará lavrando surda. O homem rico lutará contra outro menos rico que também quer ficar mais rico, ou não quer ficar ainda menos rico; e o homem pobre lutará por ele, ou contra ele. Lutará para não perder o pouco que tem, ou lutará porque não tem nada a perder. De qualquer modo haverá guerra – e os bonecos serão outra vez arrebentados e estripados.

E os homens subirão até as igrejas, não para ver a Deus, mas para ver os outros homens que eles precisam matar. E o Cristo de massa perderá a cabeça outra vez; e não perderá grande coisa, porque o Cristo-Deus, o Cristo-Rei, esse já a perdeu há muito tempo.

Abril, 1945

OS ALEMÃES EM CA' BERNA

Contei ontem a história que me contou o cura de Vidiciatico, sobre o procedimento das tropas alemãs na zona recentemente libertada pelas tropas americanas e brasileiras. Ele me forneceu uma lista das pessoas massacradas em Ca' Berna, a poucos quilômetros de Vidiciatico, também pertencente à comuna de Lizzano in Belvedere, Província de Bolonha. Com essa lista, fui à aldeia – e as pessoas que lá encontrei não somente me confirmaram que tinham sido aquelas vítimas, como também, em linhas gerais, a história do massacre tal como me haviam contado.

Ca' Berna é um lugarejo que não tem mais de oito casas. Duas estão abaixo da estrada que vai de Vidiciatico para Madonna Dell'Acero. As outras estão numa elevação à esquerda, formando um pequeno grupo. O caminho que desce uns 50 metros até a estrada é enfeitado por alguns abetos, e o morro atrás da aldeia tem um bosque de carvalhos – que agora ainda estão com os galhos quase nus, mas em setembro têm folhas – e a história se passou em setembro.

Parando o carro na estrada, vi um pequeno terreno cercado de arame farpado. Dentro havia uma cruz de madeira, e alguns homens e mulheres plantavam alguma coisa em dois canteiros, sob os braços da cruz. Fui até lá: era o pequeno cemitério improvisado para as 29 vítimas do massacre. Não fosse a cruz, o cemitério pareceria um jardim em formação. Sobre a terra fofa dos canteiros havia pequeninas imagens de santos e simples pedaços de papel com nomes escritos. Algumas das pessoas que ali estavam eram parentes dos mortos.

A história do massacre

Não houve divergências importantes na história que várias pessoas me contaram – a mim e a um capitão brasileiro meu amigo.

No dia 27 de setembro de 1944, pouco depois do meio-dia, teve-se notícia de que vinha pela estrada uma coluna alemã (uma mulher que estava sentada à porta de sua casa, um pouco antes da aldeia, se deu ao trabalho de contar quantos alemães passavam: contou 312 homens).

Não era a primeira vez que passavam alemães por ali. A população sabia que eles podiam simplesmente passar. Talvez, entretanto, viessem varejar as casas para carregar alguma coisa de valor que não estivesse bem escondida e, principalmente, agarrar todos os homens e rapazes para irem trabalhar ou lutar para eles. Alguém deu o aviso – e os homens que no momento estavam ali fugiram, escondendo-se quase todos – eram poucos – no bosque de carvalho no morro atrás da aldeia. Haviam aparecido porém, descendo a montanha, alguns *partigiani*. Quando os primeiros alemães passaram pela estrada, esses *partigiani*, entrincheirados atrás de um muro de pedras ao lado da aldeia, abriram fogo. Os alemães deitaram-se no chão, ou se puseram a salvo atrás do barranco acima do qual está hoje o cemitério – e responderam ao fogo. O tiroteio não durou muito tempo. Cerca de 300 alemães que estavam para trás, na direção de Madonna Dell'Acero, atacaram a aldeia, disparando metralhadoras e dando tiros de morteiros.

Os *partigiani* – que deviam ser uns 17 homens – tiveram naturalmente de se retirar, o que conseguiram fazer, deixando, entretanto, um morto. Dos alemães não morreu nenhum homem. Depois que os *partigiani* se retiraram, os alemães vieram à aldeia, reuniram todas as pessoas que encontraram em uma casa, contra a qual dispararam um tiro (provavelmente de morteiro), e pelo rombo lançaram granadas de mão. Depois entraram na sala e mataram todas as pessoas, dando em cada uma, de bem perto (desde crianças de quatro anos até o velho de 69), um tiro de pistola na cabeça. Algumas pessoas receberam dois tiros na cabeça. Feito isso, os alemães incendiaram todas as casas – e se retiraram. Nem todas as casas ficaram destruídas, porque as paredes são de pedras, e depois que os alemães se foram, as pessoas que estavam escondidas procuraram apagar os incêndios.

Ângelo Ugolini é um homem louro arruivado, e nasceu na Alsácia, para onde seu pai emigrara. É de família italiana. Tem 39 anos de idade, e, ali junto da aldeia, uns três hectares de terra onde planta trigo e batata; tem duas vacas.

Ele me levou até a primeira casa do grupo que fica acima da estrada. As paredes são pintadas de branco, e a janela e a porta são verdes. A casa tem dois andares, e uma parte foi destruída pelo fogo. Mas a sala da frente do térreo está intacta: ali é que foram achados os mortos.

— Naquele dia, eu tinha ido lá embaixo, perto do rio, cortar feno para as vacas. Quando ia voltar, ouvi os tiroteios e gritos. Concluí que estava havendo um choque entre alemães e *partigiani*, e me escondi como pude lá embaixo. Quando afinal cessaram os ruídos e gritos, eu voltei. "Minha família não estava em minha casa, que pegava fogo. Vim encontrar minha filha aqui dentro – olhe, aqui. Esta mancha de sangue que o senhor está vendo na parede é de meu filho Sérgio. Aqui no meio da mancha de sangue tem um furo na parede: a bala está encravada lá dentro. Sérgio (12 anos) estava sentado aqui, junto à parede, com a cabecinha varada por uma bala (Ângelo me aponta, em sua própria cabeça, a localização da entrada e da saída do projétil). Ao lado dele estava minha mulher, Corina, com meu filho de quatro anos de idade, Romolo. Depois, lá fora, encontrei mortos minha mãe Ermina, de 63 anos, e o meu pai Attilio, de 69 anos. Cada um tinha um rombo de bala na testa ou na cara. Aqui dentro, todo o chão era uma poça de sangue.

Bernardino Alieto tem 55 anos, é um homem grosso, com um barrete de veludo, e me mostra a sua carteira de ferroviário aposentado. Residia em Bolonha. Em junho, a cidade foi muito bombardeada pela aviação aliada, e a casa onde Bernardino residia foi destruída. Ele resolveu então vir para Ca' Berna, onde tinha a casa onde moravam antigamente seus pais. Chegou aqui no dia 1º de agosto de 1944, trazendo sua mulher, Ada Zanacchini fu Serafino, de 49 anos de idade, e seu sobrinho, Romolo Baratti fu Attilio, de cinco anos de idade. Esse menino, filho de uma irmã de Ada, era órfão de pai e mãe, e Bernardino Alieto o criava como se fosse seu filho. Pelas 12h30 de 17 de setembro, Bernardino foi avisado da aproximação dos alemães e fugiu para o bosque de carvalhos no morro. Pela uma hora mais ou menos ouviu disparos. Depois o tiroteio aumentou. Muitos tiros das metralhadoras alemãs postadas numa elevação à margem da estrada que vai para Madonna Dell'Acero iam bater lá em cima do morro. Bernardino ficou deitado atrás de uma árvore. Só desceu do morro à tardinha. Logo viu no chão um *partigiano* morto: o cadáver estava quase nu. Foi à sua casa e gritou o nome de sua mulher várias vezes – "Ada! Ada!" – e ela não respondeu. Viu então que uma parte da casa estava incendiada. Andou pelas outras casas e viu na estrada os cadáveres de Ermina e Attilio, os pais de Ângelo. Começou a gritar ainda mais forte pelo nome de sua mulher e de seu filho. Foi afinal encontrá-los dentro daquela casa – cada um com um tiro na testa. Antonio, Cláudio e Franco Bernardini são três irmãos; conversei com os dois últimos. Também se refugiaram no monte à aproximação dos alemães. Quando desceram, encontraram morta a sua mãe, Maria fu Giovanni, de 55 anos de idade. Estava dentro daquela sala, juntamente com os cadáveres de duas primas dos rapazes: Maria Delia di Giuseppe, de 20 anos, e Clementina di Giuseppe, de 14 anos.

Uma outra prima, irmã dessas duas, chamada Lia, de 21 anos de idade, estava morta na estrada. Um homem que assistiu a cena a distância – Umberto Volpondi, que tinha sido preso por outros soldados alemães e vinha sendo conduzido por ali no momento, e mais tarde conseguiu escapar – disse que viu uma moça que corria atrás da casa, subindo o morro. Viu que dois soldados alemães a agarravam e a puxavam pelos cabelos até junto da estrada. Era, certamente, Lia, que foi encontrada depois naquele ponto da estrada, morta a tiros.

Eu poderia ter ouvido mais pessoas, mas todos os depoimentos coincidem. Detalhes precisos da chacina, ninguém poderá contar, a não ser os que a praticaram. A maior parte dos mortos estava dentro da sala da casa que tem a placa "109 – Lizzano in Belvedere – Frazione Vidiciatico". Logo abaixo dessa casa, em uma pequena vala ali existente, foi encontrado o corpo de Anna Demalde di Augusto, de 41 anos. Ela recebeu uma rajada de metralhadora que lhe tirou fora a parte superior da cabeça. Seu corpo estava caído na vala, e nos braços ela agarrava uma criança de quatro anos, sua filha – Grazia Maria Taglioli. Essa menina foi atingida por mais de 30 tiros de metralhadora.

Além das pessoas que já citei, foram as seguintes as vítimas dos alemães em Ca' Berna (os nomes vão como é uso na Itália, primeiro o nome da família, depois o próprio, depois o do pai):

Zanacchini Maria fu Eugênio, 54 anos; Franci Novella fu Umberto, 16 anos; Zanacchini Annunziata fu Eugênio, 46 anos; Castelli Olímpia fu Telesforo in Bernardi, 39 anos; Bernardi Ofélia di Giovanni, filha da anterior, de 19 anos; Tamburini Rina fu Giuseppe, 22 anos; Giacobrazzi

Maria di Giuseppe, 21 anos; Italia, de 21 anos; Laura, de 18, Elio, de 16, e Giorgio, de 14, todos filhos de Oreste Vitali; uma desconhecida, de 18 ou 19 anos, que dizem ser irmã de um *partigiano* de Porretta; um jovem *partigiano* desconhecido; dois desconhecidos, *sfollati* que haviam chegado dias antes.

Foram os mesmos alemães que mataram essas 29 pessoas em Ca' Berna que passaram o resto do dia em Vidiciatico, tendo prendido toda a população dentro da igreja, que massacraram 82 pessoas em Ronchidosso e arredores. Talvez eu vá a Ronchidosso (estive lá rapidamente, tempos atrás, visitando a capela destruída, mas desci a montanha a pé por um caminho que não passa pelo vilarejo) e faça outra reportagem. Talvez não tenha oportunidade.

É provável que os homens que fizeram isso tenham lutado contra os brasileiros, em novembro, quando lançamos o primeiro ataque ao Monte Castelo. É possível que o capitão que chefiava esses homens – e que os italianos chamam *"Il Capitano Pazzo"* ("o Capitão Louco") – tenha sido feito prisioneiro pelos americanos que conquistaram o Monte Belvedere em fins de fevereiro. Mas em assunto como este prefiro colher as informações pessoalmente, e só afirmar o que julgar seguro. Há, na Itália, muitas histórias como esta – na Itália e no resto da Europa. Quando eu estava no Brasil, sempre li com certa cautela essas narrativas – feitas por poloneses, italianos, franceses ou russos. Durante a guerra sempre há muita mentira, muito exagero, muita "propaganda". O inimigo é sempre atroz, bárbaro etc. Mas agora eu tenho mais tendência a crer em histórias desse gênero – agora eu vi testemunhas de uma delas, e ouvi as palavras de ódio e dor dos homens que perderam a família. Um deles – Ângelo Ugolini – de vez em quando, no meio da narrativa, batia com a mão na cabeça, dizendo:

— *Porco Dio!*

Não tinha outra expressão para a sua desgraça – e eu não tive coragem de observar, diante dele, que, nesta guerra, Deus – exatamente como o Vaticano – permanece neutro.

Abril, 1945

AVENTURA EM CASABLANCA

Cheguei pelas nove da manhã, e como saíra de Roma na véspera à tardinha, em um duro avião militar, e no aeroporto resolveram me crivar de vacinas, e eu estava magro, nervoso, cansado, a mão direita numa tipoia, e ainda por cima um oficial me informou que eu com aquela prioridade poderia ficar mofando dias e dias ali, e outro oficial insistia em que eu deveria ficar hospedado no próprio aeroporto, ao que lhe respondi que jamais, e outro oficial tentou mostrar-me o regulamento ou não sei que instruções que eu nunca leria, nem que o Comando Supremo o exigisse com um ultimato à minha pessoa – aconteceu que, quando um sargento, um simples, um genial sargento americano simpatizou com minha cara barbada, meu mau humor e dois ou três palavrões que eu proferia com o ar de quem não teme em absoluto ser fuzilado, antes estaria disposto a considerar isso uma especial fineza – contra os regulamentos, os aeroportos, a guerra e Nossa Senhora mãe de Deus – e me arranjou um papelzinho carimbado e um jipe que me permitiram ir para o hotel, visto que eu declarara terminantemente que não compreendia coisa alguma do que me diziam e apenas quando o citado sargento perguntou afinal o que é que eu queria, eu respondi que eu queria ir para o Brasil, e então ele riu muito, disse por sua vez dois palavrões cordiais e me mandou para um hotel – ah, se o leitor se cansou de um período tão comprido, imagine como estava eu cansado, não de ler, mas de viver e sofrer todo esse período que durou seguramente duas horas, pois só depois das onze cheguei ao hotel.

Consegui um banho; e me joguei na cama porque há mais de 24 horas não dormia. Mas uma hora depois ouvi um rumor e acordei, como é de meu costume, assustado; mais, porém, do que o costume: em minha frente estava um árabe todo coberto de seus panos brancos e com uma barba preta de árabe falso que faz papel de bandido em filme imperialista. Aquele assassino disfarçado me falava em francês, e me chamava de *lieutenant*, e o que era pior, *Lieutenant* Davis. Respondi-lhe que *je ne suis pas lieutenant, get out, voglio dormire,* que porcaria, e o miserável bateu em retirada, convencido de que, mesmo com o punhal que certamente

265

trazia oculto sob as vestes, não lhe seria fácil enfrentar um poliglota tão violento quanto eu. Mas, tendo acordado, senti vontade de sair. Passei uma água na cara, meti as botas e meu uniforme que era um misto de dois ou três uniformes brasileiros e americanos – e desci.

Na portaria fui avisado de que devia levar um papelzinho para comer num restaurante e devia telefonar sistematicamente às oito da noite e às cinco da madrugada, caso dormisse fora, para ver se havia avião para mim, e se eu perdesse um avião, iria para o fim de uma fila que só se esgotaria uma semana depois, talvez mais.

Andei pela cidade, barbeei-me, fiz umas compras pitorescas para minha encantadora esposa, fui assaltado por moleques mendigos, vi negros de *short* e barrete vermelho, mulheres de que a gente só vê os olhos, magazines e mafuás, encontrei até um português chamado Teixeira, que me deteve na rua para dizer que era português, com o que, segundo lhe informei com um certo exagero, me deu um imenso prazer; e a rua principal parece com Bolonha, se Bolonha fosse branca e limpa. Foi ali que subitamente duas senhoras me deram o braço e me convidaram para beber. Creio que não era a primeira vez que tinham essa luminosa ideia aquele dia, porque estavam meio alegres. Uma era bonita e a outra era dessas que a gente diz que enfim há piores; eu tinha dinheiro no bolso e achei a ideia boa.

Levaram-me para um boteco com ingênuas pinturas murais, e começamos com muitos conhaques e apresentações. Uma era francesa, outra árabe afrancesada; e pareciam encantadas pelo fato de eu ser brasileiro. Contei-lhes que nasci, modéstia à parte, em Cachoeiro de Itapemirim, e elas ficaram, ao que parece, tão impressionadas, que mandaram vir mais conhaque. Falo francês como quem cospe pedras, e além do mais estava terrivelmente cansado com meses de luta para falar italiano e inglês; de maneira que tomei o partido de falar pouco, beber muito e exprimir os tradicionais laços de amizade que ligam Cachoeiro de Itapemirim a Casablanca passando a mão pelos cabelos das damas; que eram castanhos. Assim entardecemos no boteco, e uma delas cantava. A certa altura, convidei um sargento americano para tomar alguma coisa, e ele acabou baldeando a tal que há piores para beber no balcão. Foi então que meus olhos bateram na lista de preços, que estava pregada na parede, suspensa sobre nossas cabeças como a espada de Dâmocles, como diria um bêbado de certo nível cultural. Fiz um violento esforço cerebral para transpor os francos para dólares, dólares para liras e afinal liras para mil-réis; tentei mesmo chegar até cruzeiros, mas a essa altura já estava exausto. Cada gota de conhaque custava uma pequena fortuna, e calculei que estava às beiras da falência. Fiz outra vez o cálculo traduzindo diretamente os francos para as liras e as liras para o mil-réis, para ver se assim saía mais barato. Mas deu mais ou menos no mesmo, e eu ainda não terminara o cálculo quando surgiu na mesa uma garrafa de champanhe, o que me fez berrar imediatamente pela conta.

Aqui começa, meus senhores, o mistério de Casablanca. Contarei o resto domingo que vem. Faço questão, porém, de esclarecer desde logo que a história que Joel Silveira andou contando por aí sobre Ingrid Bergman e mim é inexata. Mas explicarei tudo no outro domingo, se os amigos tiverem um pouco de paciência.

FIM DA AVENTURA EM CASABLANCA

Muitos leitores me dizem que estão indignados com esse negócio de eu começar uma história num domingo e não acabar. Consolem-se comigo, que também me aborreço muito. Hoje, por exemplo, devo acabar de contar minhas aventuras em Casablanca. Ora, quando eu comecei aquilo, estava convencido de que era uma boa história. Hoje, relendo a primeira parte, fiquei com sono e desanimado; e quando penso que devo fazer a segunda, francamente, sinto náuseas.

Afinal, o leitor nada tem a ver com o que me aconteceu em Casablanca. E não me perguntou nada. Eu é que me meti a contar a história. Se tivesse contado de uma só vez, vá lá. Mas neste momento estou na posição de uma pessoa que começa a contar uma anedota e é interrompida; e quando pretende continuar se dá conta, subitamente, que a anedota não tem nenhuma graça nem interesse, ou, o que é lamentável, ela se esqueceu do fim. Está visto que não me esqueci do fim de minhas aventuras em Casablanca. Mas só agora percebo que fiz uma horrível imprudência; porque, francamente, não me é possível contar a história tal como aconteceu. Como acontece em muitas histórias, a parte mais interessante é de caráter confidencial; seria da maior inconveniência que eu a contasse em público. Mesmo em particular, quando sou interrogado, guardo um pesado silêncio, ou digo qualquer mentira que me ocorre, pois além de ser um homem responsável perante minha pátria, Deus e minha família, sou um perfeito cavalheiro, e um perfeito cavalheiro deve saber guardar perfeito silêncio em circunstâncias como essas. Fosse apenas o meu nome que estivesse em jogo, vá lá; eu talvez não hesitasse em comprometê-lo pois a probidade profissional e o respeito ao público me obrigariam a contar tudo direitinho, visto que comecei. Tanto mais que muitas pessoas, inclusive senhoras de sociedade, manifestaram-se muito aflitas para saber o fim. São corações fracos. Ficam assustadas quando imaginam o quadro final do primeiro capítulo destas emocionantes aventuras: um pobre correspondente de guerra brasileiro, desarmado, com a mão direita neutralizada por uma tipoia, mal dormido e bem bebido, metido no fundo de um barzinho da perigosa cidade de Casablanca, com duas mulheres desconhecidas e duvidosas, uma enorme conta e um gerente que revela na cara sentimentos de banditismo piores que os de um Humphrey Bogart. Sei que uma boa parte da população do país não tem dormido quase nada esta semana, de medo que me aconteça alguma coisa. Que fazer?

Pois se tranquilizem, minhas senhoras. A verdade é que se alguma das senhoras passasse cinco minutos depois por aquele bar (o que não creio que aconteça, porque aquela zona é considerada perigosa, mesmo para Casablanca) se deteria na calçada e ficaria certa de que o escritor Bernanos andava pelas proximidades, pois ouviria as exclamações com que ele costuma iniciar e terminar seus artigos, tais como *la France immortelle, l'honneur de France, la France de toujours, jamais! jamais!, c'est une trahison, on ne passe pas, vive la France* e *allons, enfants de la patrie*. O senhor Bernanos costuma dizer essas coisas ao mesmo tempo que chama de imbecis, idiotas e canalhas todas as pessoas que não acreditam que os franceses foram para a Síria por inspiração de Jeanne d'Arc e para colocar o *esprit* contra o grosseiro materialismo russo, inglês e americano. Assim a paixão patriótica cega as inteligências mais claras; e muitas vezes me pus a imaginar que se o senhor Bernanos é tão orgulhoso e desvairado tendo, afinal de contas, nascido na França, como ele seria insuportável se pudesse provar, como eu posso (sem querer com isso, repito, humilhar ninguém), que nascera em uma cidade como Cachoeiro de Itapemirim – afinal de contas uma cidade de gente decente e boa, de famílias conhecidas, gente que a gente sabe quem é, e que fala uma língua direita que qualquer pessoa de bem pode entender.

Mas naquele momento eu estava no estrangeiro, e era obrigado a falar em língua estrangeira, o que sempre é incômodo e ligeiramente humilhante, pois como dizia aquele português, o Teixeira, não há nada mais hipócrita e constrangedor pra um homem de bem do que chamar queijo de *fromage* ou *cheese* quando está vendo com toda a clareza que no fundo aquilo é queijo mesmo. Confesso, entretanto, que naquele momento não me importava falar francês, pois a França bem merecia, e inclusive eu estava empolgado por uma onda de admiração pela França, ali representada por aquela senhora de cabelos castanhos e voz meio rouca porém muito doce. Nessa voz ela me dizia que *non, non, jamais;*

que elas duas me haviam convidado para beber e que portanto tinham o direito de pagar; que era estúpido de minha parte querer afrontá-las com o meu sujo dinheiro; e chegou a insinuar coisas depreciativas para a boa educação e o cavalheirismo do homem brasileiro, o que seria intolerável se não fosse dito com ar tão meigo e por uma boca tão fresca à qual um dentinho ligeiramente acavalado do lado esquerdo não tirava graça nenhuma, antes me pareceu acrescentar alguma. Neste ponto proponho ao leitor uma conversa de homem para homem. Prometo pela minha palavra de honra não voltar nunca mais a escrever histórias em série, continuando no próximo domingo. Prometo, ainda domingo que vem, terminar de uma vez por todas estas excitantes aventuras de Casablanca e nunca mais falar nisso. Era minha intenção, juro, acabar essa história hoje, tanto que logo que sentei à máquina escrevi o título "Fim da aventura em Casablanca", como o leitor pode verificar. Mas, domingo que vem acabo de qualquer jeito e prometo mesmo prestar declarações sobre as coisas que, com tão condenável indiscrição, o correspondente Joel Silveira que passou por Casablanca alguns dias depois de minha partida andou espalhando aí pelos botequins sobre meu encontro com a atriz Ingrid Bergman, quando a verdade é muito diferente e – vou dizendo desde logo – nada contém que possa desabonar a conduta daquela senhora.

VERDADEIRO FIM DA AVENTURA EM CASABLANCA

Devem estar lembrados os senhores que duas mulheres me arrastaram para um bar, onde bebemos e fizemos uma grande despesa. Elas pagaram – e isso me deixou tão comovido, que me pus a cantar a *Marselhesa* com os olhos úmidos. A explicação sentimental da coisa era que estávamos no dia seguinte ao Dia da Vitória, e elas ainda não tinham festejado o fim da guerra com um brasileiro. Eis que nada era por mim; era por uma das Nações Unidas, o Brasil, que eu representava naquele botequim como o senhor João Neves e outros representam agora na Europa.

— A outro bar! – gritei eu. — A outro bar!

Sim, eu queria retribuir aquelas gentilezas que atingiam a minha pátria através de minha garganta; pois o brasileiro é assim, sentimental e generoso; e se o brasileiro é assim, este aqui então não se fala. Estava disposto a gastar todo o meu dinheiro com aquelas senhoras, especialmente a de dentinho acavalado. Lembro-me de um bêbado de minha terra, que dizia:

— No dia em que eu tirar vinte contos na loteria não fica uma mulher pobre nesse Cachoeiro!

Nunca tirou; ainda há mulheres pobres, o que é pena. Mas a senhora do dentinho acavalado me fez saber que era enfermeira voluntária de um hospital aliado; e estava na hora de entrar em serviço. Sairia somente pelas cinco e meia da manhã. Depois de muitos debates (confesso, com ligeira vergonha, que tentei demovê-la do cumprimento de seu dever) ela me pediu o telefone do hotel. Chamaria pelas cinco e meia e iríamos, num carro puxado por um cavalo branco, visitar o palácio do sultão. Disse que a madrugada em Casablanca é linda em maio; conduziu-me carinhosamente até uma rua mais perto do centro, orientou-me e abandonou-me.

Ah, pobre homem triste e bêbado numa cidade confusa, longe dos seus e de sua terra, sem um amigo, ao escurecer. Andei para um lado e outro, quase me atropelaram e eu murmurava de mim para mim coisas meigas e desoladas – em francês. Em mau francês; tão ruim que às vezes eu mesmo não entendia bem, o que aumentava minha confusão. Vi o anúncio luminoso de um barzinho e parti naquela direção como a pobre criança perdida no meio de um conto antigo, na escuridão, marcha no rumo de uma luzinha que vê lá longe.

O bar era estreito e ruidoso com muitas mulheres e oficiais; mas havia a um canto uma pequena mesa vazia, e me sentei. Deus sabe por que pedi champanhe. Era, segundo creio, de Argel; mas naquela altura dos acontecimentos, poderia ser licor de cacau que eu não notaria a diferença. Fiquei por ali a erguer brindes imaginários, pensando coisas, vendo as pessoas que conversavam, discutiam e riam dentro do botequim. Havia um piano, e alguém tocava. Insensivelmente, comecei a acompanhar a música, batendo com os dedos na mesa; e de súbito levei um susto e ergui a cabeça. Era o "Tico-tico no fubá" – e a pianista tocava olhando para mim e sorrindo. Em menos de meio segundo, eu a havia baldeado para a mesa e quinze minutos depois ela já fazia uma ideia razoável do que significa tico-tico no fubá. Como não sei como é tico-tico nem como é fubá em francês, minha explicação foi um pouco longa, e ajudada pelos gestos que eu fazia com os dedos sobre a mesa tentando imitar o gentil passarinho no ato de bicar o fubá. Partimos daí para outras conversas; ela voltou ao piano para tocar outra música brasileira que resultou ser cubana, mas nem por isso deixou de me comover, pois era tocada para mim, e logo mandei arriar outra champanhe.

Neste ponto, tenham santa paciência, eu me detenho. Não contarei o caso do americano bêbado que queria brigar com o francês, em cujo caso tive uma intervenção bilíngue; nem como me retirei sem conseguir pagar a conta, que a pianista disse que ela pagaria porque assim seria mais barato 35%, mas me daria oportunidade aquela noite mesmo de comprar outras bebidas que beberíamos com outra senhorita e um oficial ruivo que tinha um jipe que nos levaria não sei onde; sendo que eu devia estar na porta do bar à hora de sua saída, ao que afiancei que estaria rente como pão quente. Paremos por aqui. A versão de Joel Silveira sobre o meu encontro com Ingrid Bergman no Coq d'Or vale tanto quanto a de Egydio Squeff sobre os perigos que corri nas mãos de uma suposta espiã que se dizia tcheca, embora seja verdade que na confusão dos tempos de guerra há mulheres que se fazem passar por espiãs para atrair os incautos.

A mistura dessas duas histórias tem dado lugar a uma grande confusão, ainda mais quando combinada com o passeio no carro puxado por um cavalo branco, pela madrugada. Sou um homem de certa idade, e tenho visto coisas. Algumas aconteceram comigo, porém poucas. Calarei. Além do mais a Suécia era um país neutro.

Setembro, 1946

UMA CERTA AMERICANA

Muito me inibia o cortante nome de Hélice, minha ternura do Natal de 1944 durante a guerra, na Itália.

Hélice era como ela pronunciava e queria que eu pronunciasse o seu nome de Alice. Como era enfermeira e tinha divisas de tenente eu às vezes a chamava de *lieutenant*, o que é muito normal na vida militar, mas impossível em momentos de maior aconchego.

Falei no Natal de 1944; foi para mim um Natal especialmente triste. É verdade que recebi notícia de que o "48th Evacuation Hospital" tinha avançado para perto de nosso acantonamento. A notícia me deixou sonhador; vejam o que é um homem que ama: eu repetia com delícia: "48th Evacuation Hospital"...

Evacuation é um nome bem pouco lírico para alguém de língua portuguesa, e nem "48th" nem "Hospital" parecem muito poéticos; mas era o hospital em que trabalhava Alice, e isso me alegrava. A alegria aumentou quando um correspondente de guerra americano, acho que o Bagley, me avisou de que haveria uma festa de Natal no 48, e eu estava convidado.

Era inverno duro, a guerra estava paralisada nas trincheiras e *foxholes*, caía neve aos montes. Cheguei da frente, tomei banho, fiz a barba, limpei as botas, meti o capote, subi em um jipe, lá fui eu. No bolso do capote, por que não confessar, ia uma garrafinha de um horrível conhaque de contrabando que eu arranjara em Pistoia. A festa era em uma grande barraca de lona armada um pouco distante das outras barracas que serviam de enfermarias. Naquela escuridão branca e fria da noite de neve, era um lugar quente, iluminado, com música, onde Alice me esperava...

Não, não me esperava. Teve um "oh" de surpresa quando me viu; e como abri os braços veio a mim abrindo também seus belos braços, gritando meu nome, e dizendo votos de Feliz Natal; como, porém, me demorei um pouco no abraço e lhe beijava a face e o lóbulo da orelha esquerda com certa ânsia, murmurou alguma coisa e se afastou com um ar de mistério, me chamando de *darling*, mas me empurrando suavemente.

Havia coisa. A coisa era um coronel cirurgião louro e calvo que logo depois saía da barraca. Alice saiu atrás dele, e eu atrás dela. O homem estava sentado em um caixote de munição vazio, no escuro, os cotovelos apoiados nos joelhos e as mãos na cara. Não me viu; fiquei atrás dele enquanto Alice insistia para que ele fosse para dentro, ali estava terrivelmente frio, a neve caía em sua careca – *don't be silly, darling*, repetia ela docemente; ele murmurou coisas que eu não entendia, ela insistia para que ele entrasse, *please...*

Enfim, havia um *lieutenantcolonel* no Natal de minha *lieutenant*. A certa altura ele foi chamado a uma enfermaria, para alguma providência urgente, e eu quis raptar Alice, mas para onde, naquele descampado de neve, sem condução? Nem ela queria ir, dizia que não podia deixar a festa; tivemos um *clinch* amoroso (o que chamamos pega em português) atrás de uma barraca de material, mas emergiram da escuridão dois feridos de guerra com seus roupões *bordeaux* deixando entrever ataduras; e Alice, que estava fraquejando, repeliu-me para reconduzir os feridos a seus leitos.

O "48th Evacuation Hospital" mudou de pouso novamente e só voltei a ter notícias dela em abril do ano seguinte, no fim da guerra: Alice casara-se com o doutor tenente-coronel, por sinal um dos mais conhecidos cirurgiões de New York, e, através de um capitão brasileiro que me conhecia, me mandara um bilhete circunspectamente carinhoso participando suas núpcias e me desejava as felicidades que eu merecia.

Não merecia, com certeza; não as tive. Também, para dizer a verdade, não cheguei a ficar infeliz; guerra é guerra; apenas guardei uma lembrança um pouco amarga daquele Natal distante. Santo Deus, mais de 20 anos! Feliz Natal onde estiveres, Hélice ingrata!

Setembro, 1957

EM ROMA, DURANTE A GUERRA

"Se algum dia eu partir para a guerra..." Pois aconteceu, meus netinhos, que um dia eu parti para a guerra. Não, não farei como esses veteranos de cinema que, sentados em suas cadeiras de rodas, contam lances terríveis e arrasam o inimigo a bengaladas. Também não vou afirmar que foi minha presença no teatro de operações que motivou a ruína de Hitler e Mussolini; deixo isso ao julgamento da Posteridade, ou, como dizia o nosso finado imperador, à Justiça de Deus na Voz da História. O zíper da modéstia me fecha a boca.

Contarei hoje apenas uma aventura minha de retaguarda. Um dia, num bar de Roma, havia uma elegante senhora loura que tinha cigarro mas não tinha fósforos. Um galante correspondente de guerra que estava na mesa ao lado sacou de seu isqueiro e pediu-lhe licença para acender seu cigarro. Depois, com muita delicadeza e timidez, disse que havia chegado aquele dia em Roma, e não conhecia ninguém; queria saber se ela não levaria a mal sua ousadia de convidá-la para sua mesa. Assim eu (que outro não era, como já adivinhastes, o galante correspondente) travei relações com uma espiã, pois é evidente que mulher loura com cigarro e sem fósforo só pode ser espiã. Ela falava um italiano perfeito, o que também faz parte de seu ofício; mas apesar disso perguntei-lhe se era italiana. Disse que era e não era. Bonita resposta, pensei eu, reparando em seus olhos de um azul cinzento, e brinquei: "não vai me dizer que é da Abissínia!" Ela riu; era de Trieste; confessei-lhe que eu era de Cachoeiro de Itapemirim, ela repetiu o nome de minha cidade com tanta graça que me apaixonei.

Dois ou três dias nos encontramos, até que certa noite eu a convidei a jantar no hotel em que eu estava alojado, com os demais correspondentes de guerra – um pequeno e simpático hotel de Via Sistina, perto da Igreja de Trinità dei Monti. Estávamos ainda no aperitivo – se lembra, Squeff, daquele *rum con limone*? – quando ela deixou a mesa um momento para ir ao toalete. Imediatamente aproximou-se de mim um major inglês de grandes bigodes e muito polidamente me pediu que o procurasse mais tarde em seu apartamento no mesmo hotel.

276

Adiantou que trabalhava na contraespionagem, e que a senhora que estava em minha companhia era suspeita; mas que eu não a deixasse perceber que fora informado disso.

No dia seguinte o major me esclareceu: a minha amiga era tcheca de raça alemã, filha de um industrial ligado aos nazistas. Prometi ao major transmitir-lhe qualquer pergunta ou pedido suspeito que ela me fizesse; mas eu devia voltar logo para a linha de frente e a minha encantadora mata-harizinha não havia meio de me tentar extorquir o segredo da futura bomba atômica nem o esquema da próxima ofensiva aliada.

No dia seguinte almoçamos num restaurante e tomamos três garrafas de tinto; depois, num bar fiquei a alisar ternamente a sua mão fina, de veias azuis. Mão de espiã – pensava eu – e senti uma ternura especial, uma fraqueza dentro de mim. Aquele dia mesmo eu ia voltar para a frente, para aquele mundo desagradável de homens, lama e explosões; senti que ia ter saudades dela, e lhe disse isso.

Mão de espiã... Mas além, ou antes de ser uma espiã, ela era também mulher; não tinha nascido espiã; teria tido algum prazer verdadeiro em minha companhia? Foi então que ela me pediu um favor: que através de minha correspondência eu mandasse um recado para um seu tio, que morava em São Paulo, dizendo que ela estava em Roma e pedindo que lhe enviasse, em meu nome, através de meu jornal e do Banco do Brasil, uma determinada importância em dinheiro. Escreveu o nome do tio em um papelzinho e me entregou.

Beijamo-nos na Piazza di Spagna; subi a escadaria lentamente. Se eu entregasse aquele papelzinho ao major inglês, um homem seria preso em São Paulo; pensei em nossa polícia, nos seus "hábeis interrogatórios"; e se o homem fosse inocente?

Na portaria do hotel liguei para o P.R.O. pedindo um jipe que me levasse ao aeroporto; depois, num impulso, pedi à telefonista que me desse o apartamento do major inglês. Não atendia; mas o porteiro me informou que ele estava no hotel, provavelmente no salão de chá que ficava no terceiro andar. Tomei o elevador, mas então resolvi ir até o meu apartamento arrumar a mala. Tirei o papelzinho do bolso e fiquei um instante na janela a olhar a paisagem de Roma lá embaixo. O vento ainda era frio, naquele começo de primavera. Fiz uma bolinha com o papelucho e o joguei fora; acompanhei-o com os olhos até que o vi cair num toldo, e depois na rua. E acabou-se a história.

Agosto, 1963

UM COMBATE INFELIZ

Pediram-me para dar um depoimento pessoal sobre o marechal Mascarenhas de Moraes, o comandante da FEB, no centenário de seu nascimento. Ponderei que minhas relações com ele foram estritamente formais; era trinta anos mais velho do que eu, e já o conheci general. Homem reservado e sisudo, de pouco falar. Sobre seus ombros caiu uma tarefa delicada e dificílima, que aceitou sem hesitar, e cumpriu bem.

Recordarei um dia em que estivemos lado a lado durante algumas horas, e foi o de 29 de novembro de 1944. Na véspera o comando da FEB convocara os correspondentes de guerra para uma reunião no QG Avançado, em Porreta Terme. Era a primeira vez que fazia isso, e havia um certo ar de solenidade. Foi-nos dito então que a FEB ia desfechar um ataque no dia seguinte. O chefe da Terceira Secção (Operações), coronel Castelo Branco (o que um dia seria presidente), mostrou-nos, no mapa, o plano de ataque. O comando perguntava quantos correspondentes queriam assistir ao combate e quantos preferiam ficar no QG, onde tinham meios de transmitir prontamente as notícias que lá chegassem. Eu era o único sem franquia telegráfica.

Segui para a linha de frente aquela noite mesmo. Foi uma viagem penosa, feita naturalmente na escuridão, a subir sem cessar uma estrada cheia de lama. Os homens que deviam atacar no dia seguinte iam a pé, silenciosos e lentos, atolando as botas na lama e escorregando de vez em quando. Era tão penoso que muitos gastaram sete horas para fazer 17 km, e chegaram exaustos às bases de onde deveriam partir para o ataque logo pela manhã.

Lembro-me de ter dormido, eu próprio cansadíssimo e faminto, no chão, numa sala onde a noite inteira chegavam e saíam homens de botas enlameadas. Conversando com eles pela manhã, eu soube que era a primeira vez que iam entrar em combate. Confesso que tive um aperto no coração e um mau pressentimento.

Poucos dias antes – a 25 de novembro – eu andara por ali com alguns colegas. Fomos levar um correspondente inglês, Buckley, a conhecer a frente. Estivemos no P.O. do Batalhão Silvino, do Sexto R.I., em Bombiana. A chegada e a saída foram debaixo de fogo, e o capitão Félix nos explicou que os soldados brasileiros lutavam como parte de uma *task force* americana que tentara inutilmente tomar Monte Castelo.

Agora o objetivo era o mesmo. O fato de haverem convocado na véspera os correspondentes indicava que os homens do Estado-Maior brasileiro esperavam vencer, e seria uma vitória de comando brasileiro. Iam ser empregados dois batalhões, o de Uzeda, do Primeiro R.I., e o Cândido, do Décimo Primeiro, ambos debutantes e (diziam-me francamente, ali mesmo, os seus homens) mal treinados e muito cansados.

Apesar disto, comecei a ficar otimista quando o combate se iniciou, e fui para o posto de observação do general Mascarenhas. Era uma trincheira bem cavada. Note-se que não estava ali o comando, que cabia ao general Zenóbio, comandante da Infantaria. O telefone e o rádio funcionavam. "Leblon 5" – chamava-se a todo momento em código; Leblon era o bairro em que eu morava no Rio e, Deus sabe por que, essa coincidência me fez bem. O general Mascarenhas tinha à mão uma carta militar; com um binóculo ele identificava as posições: "Aquela casinha branca é Vitelino, a outra lá em cima, logo à esquerda, já no Monte Castelo, é Fornelo".

O Monte Castelo! Nada que chamasse atenção, entre aquelas eminências do Belvedere, Gorgolesco, La Torracia; uma lombada que parecia suave, e por isso mesmo, porque podia servir de chave a outros avanços, o inimigo fortificara bem e defendia com unhas e dentes; para os brasileiros, em breve, uma obsessão sinistra.

A princípio tudo parecia bem, e o fato de haver um pelotão de carros de combate americanos, junto ao Batalhão Uzeda, era animador. Por algum motivo eles não avançaram mais de cem metros, e o batalhão teve muitas baixas. Um capitão foi ferido na cabeça e outro negou-se a atacar, um tenente teve crise nervosa. O batalhão do major Cândido conquistou vários pontos, mas teve de recuar para não ficar com o flanco esquerdo desguarnecido.

Creio que foi por volta das dez horas que o general me pediu um cigarro. Dei-lhe um Liberty Ovais, ele perguntou se eu não tinha outro, e acabou fumando aquele mesmo.

(A essa altura da guerra nossa tropa estava recebendo cigarro americano e começava a desprezar os que vinham do Brasil. Muita gente detestava o Liberty porque era forte; pior do que ele só o Yolanda, cujo maço tinha a figura de uma mulher loura, que os italianos chamavam de Bionda Cattiva, loura ruim.) Por volta do meio-dia, o general já me havia filado oito cigarros, que, aliás, ele mal fumava. Estava nervoso, de cara fechada. Dois dias antes (eu soube isso depois) ele tivera uma áspera discussão com o general Crittenberg, comandante do IV Grupo, a que pertencia a nossa divisão, sobre os combates dos dias 24 e 25 da tal *task force*; agora, porém, a responsabilidade era toda nossa.

Os soldados, em sua grande maioria, portaram-se bem, e recuaram em ordem para suas posições, mas as baixas eram pesadas: 24 mortos e 153 feridos.

Descrevi a batalha em 21 páginas à máquina, batidas penosamente em cinco vias na minha portátil, noite adentro, à luz de uma vela, os dedos duros de frio; soube que meu relato foi aprovado com pequenos cortes pela censura militar, mas não chegou ao jornal: um daqueles debiloides da censura do DIP não gostou, e jogou tudo fora.

Não sei bem o tempo que passei ao lado do general, enquanto granadas rebentavam junto ao nosso P.O., que o inimigo, evidentemente, já localizara. Foram mais de três horas de tensão. Ouvi seus diálogos com outros oficiais; ele falava com firmeza, mas em linguagem estritamente funcional.

A derrota seguinte, a 12 de dezembro (quando os correspondentes foram proibidos, não sei por que, de ir à frente), abalou-o de tal modo que pensou em deixar o comando e voltar para o Brasil; foi dissuadido pelo general Cordeiro de Farias.

E foi bom que ficasse. Com o Estado-Maior dividido, os inevitáveis desentendimentos (ou difíceis entendimentos) com o Comando Aliado, a displicência com que o Rio atendia aos pedidos da FEB, os ciúmes e prevenções da retaguarda e as durezas da guerra, só um homem da responsabilidade, da energia e da paciência do general Mascarenhas – um homem com sua autoridade – poderia levar a campanha até o fim como ele o fez, com êxito.

Maio, 1983

ONDE NOMEIO UM PREFEITO

Joel Silveira costuma dizer que está esperando a minha morte para então escrever "a verdadeira história da guerra dos brasileiros na Itália". Alega que se o fizer agora, eu sou capaz de desmentir tudo. É inútil eu jurar que não o desmentirei nunca; acho de estrito dever, como companheiro de guerra, confirmar todas as patacoadas e pataratas que ele urdir. Confio em que ele faça o mesmo em relação a mim.

Dito o que, vou contar como há quase quarenta anos me aconteceu nomear um prefeito – ou, mais precisamente, um *sindaco*, que é a palavra italiana.

Éramos três no jipe: Raul Brandão, correspondente do *Correio da Manhã*, o motorista Machado (Atilano Vasconcelos Machado, de Bagé, será que você ainda está vivo?) e eu, correspondente do *Diário Carioca*. Tínhamos vindo do outro lado dos Apeninos, descendo para o vale do Pó ao longo do Panaro, até Vignola. Utilizando as viaturas da artilharia, a tropa brasileira avançava para Noroeste, para impedir a passagem das tropas alemãs; era abril de 1945, a guerra estava no fim. A certa altura, procurando encontrar o nosso esquadrão de Reconhecimento, seguimos um caminho diferente e fomos dar em um lugarejo chamado Montecavolo.

A aldeia parece vazia. Encontramos com dificuldade um velho, a quem pedimos informações, pois não estamos seguros se os alemães já abandonaram ou não Quattro Castella, que fica pouco além. Quando nota que somos aliados, o velho se põe a gritar, e minutos depois estamos cercados de gente – principalmente mulheres velhas e moças. São faces rosadas que avançam para nós, trêmulas de emoção, rindo entre lágrimas, vozes estranguladas de prazer. Uma jovem de tranças alouradas se aproxima de mim, abrindo caminho no pequeno grupo e, com um ar de louca, pergunta se eu sou mesmo aliado, *vero, vero?* Seus olhos estão cheios de luz e empoçados d'água. Ela ergue os dois braços, põe devagar as mãos nos meus ombros, e suas mãos tremem. Quer falar e soluça. Dois homens me puxam pelos braços, uma mulher me beija, todos se disputam a honra de nos levar para casa. Afinal, um casal de velhos ganha a partida e nos leva para uma sala, e toda a casa se enche de gente. A todo momento chegam retardatários, que ficam nas pontas dos pés para nos ver, para ver esses estranhos seres, tão longamente, tão ansiosamente esperados: os soldados aliados.

— Há tanto tempo que vos esperávamos! Há tanto tempo! *Liberatori! Brasiliani!*

Trazem queijo, abrem garrafas de vinho espumante, obrigam-nos a beber. Dezenas, centenas de olhos nos fixam, como se estivessem vendo três deuses – e não dois feios correspondentes de guerra e um pracinha chofer. Somos os primeiros aliados a chegar ali. Os alemães partiram horas antes.

— *Liberatori!...*

Explicamos que não somos libertadores de ninguém, e de modo algum. Estamos fardados de oficiais, mas somos repórteres, homens desarmados. Não somos soldados... Mas é inútil. Para aquela gente somos heróis perfeitos e acabados. E as mulheres começam a dar vivas ao Brasil, a esse país desconhecido cujo nome vem escrito em nossas mangas.

Uma italiana diz que tem irmão em São Paulo, agricultor, chama-se Guido Monteverdi, será que eu conheço? Uma pobre mulher, que tem os olhos cheios d'água, diz:

— Tenho um irmão na Austrália!

E se abraça comigo. Alguém diz que a Austrália nada tem a ver com o Brasil, que o Brasil fica na América. A mulher me pergunta se o Brasil é muito longe da Austrália. Eu estou comovido:

— *Vicino, vicino...*

Sim, tudo é perto no mundo, todos os povos são vizinhos e amigos. Tocamos para a frente. Estamos perto de S. Ilario d'Enza. Chegamos às primeiras casas. Mando parar o carro para fazer perguntas. Um pequeno grupo de pessoas nos olha com hostilidade e o homem, que é o único a dizer alguma coisa, responde evasivamente a tudo o que pergunto. Afinal, reparam que somos aliados – e começa, ali também, a gritaria. As mulheres saem correndo para dentro das casas e voltam com vinho e ovos. Já atrás ganhamos ovos. Agora enchem o nosso carro de ovos. É o que aquela pobre gente tem para nos dar – quer dar alguma coisa. Já temos seguramente umas três dúzias de ovos dentro do jipe, e aparece uma velhinha que me traz ainda uma cesta cheia. Recuso: aqueles ovos irão quebrar-se dentro do jipe. Mas a mulher chora e banha os ovos com suas lágrimas, implorando que os aceitemos. Começamos a rir; outra mulher aparece com uma garrafa de lambrusco – e ovos. Outra ainda traz uma garrafa de conhaque – e mais ovos. Mostramos que é absurdo carregar tantos ovos, mas nenhuma delas abre mão do direito de dar o seu presente. Há duas jovens que choram perdidamente de alegria.

— Como vocês demoraram! Ah, mas vieram! Nós sabíamos, vocês viriam! Nós esperamos sempre. Muito obrigada! Muito obrigada!

Partimos carregados de centenas de ovos, mas ao chegar à praça principal vemos uma verdadeira multidão. Somos os primeiros aliados a chegar aqui, e nosso jipe é rodeado. Palmas rebentam de todos os lados, homens e mulheres nos abraçam, nos beijam, há velhos chorando. Pergunto onde se pega a Via Emília. "A Via Emília é aquela rua mesmo." Um homem aparece e explica com dificuldade, em meio ao alarido, que ele é o chefe do Comitê de Libertação Nacional. Quer saber se pode assumir o governo da cidade. Explico que é melhor esperar os americanos – há tanques americanos em Montecchio. Tanques americanos em Montecchio! A notícia desperta novos vivas aos Estados Unidos, depois à Inglaterra, ao Brasil, ao mundo inteiro. O homem insiste: enquanto não chega o comandante americano poderá ele provisoriamente governar a cidade? Há muito o que fazer imediatamente. Brandão abstém-se.

Não represento coisa alguma a não ser o *Diário Carioca*, mas acho melhor concordar:

— Bem, o senhor assume provisoriamente. Quando chegarem outras forças o senhor procure o comandante.

Machado buzina para abrir caminho na multidão. Ninguém se move. Sinto que todos esperam um gesto. Faço subir no jipe o homem, ergo-lhe o braço como se ele fosse um pugilista vitorioso e eu o juiz da partida e declaro:

— *Lei è il sindaco di S. Ilario d'Enza!*

Vivas delirantes. O homem não fora apenas nomeado, mas também eleito por aclamação.

Maio, 1984

Arte, artistas

SOBRE LIVROS

A Rádio Gaúcha está perguntando aos intelectuais que livro da literatura mundial eles desejariam ter escrito. Até agora já apareceu meia dúzia de respostas. Nilo Ruschel desejaria ter feito *O livro de San Michele*; Limeira Tejo, *Os sertões*; Antônio Baratas, *Dark Flowers*, de John Galsworthy; Erico Verissimo escolheu *Servidão humana*, de Somerset Maugham, e Vianna Moog preferiu *A decadência do Ocidente*, de Spengler. O último a opinar foi Paulo Gouveia, que se inclinou por *Moralités Legendaires*, de Laforgue.

Devo confessar com a mais triste humildade que não li até o fim ou não li absolutamente nenhum desses livros ilustres, a não ser *Os sertões*, que li até o fim, mas não li desde o começo. Quanto ao *Livro de San Michele* eu estava lá pela página quarenta quando um amigo me carregou o livro; e quanto à *Decadência* fiz uma tentativa, mas não gosto de Spengler, em geral não concordo com ele. Acho que o Ocidente vai muito bem, exatamente porque já está cansado de ir mal, só lhe faltando piorar um pouco para ficar efetivamente bom. Ainda não li *Servidão humana*, e jamais ouvi falar de *Dark Flowers* ou de *Moralités Legendaires*.

Com uma ignorância tão eclética não estou, portanto, classificado para responder a uma pergunta dessa. Das coisas que já li, talvez preferisse ter escrito o *Cântico dos cânticos*. Mas há quem diga, e parece que com toda justiça, que o *Cântico* não foi escrito pelo glorioso rei Salomão. Neste caso eu preferia infinitamente ser o rei Salomão, sem haver escrito o *Cântico*, sem ser o rei Salomão. O que é natural, pois que mulheres mais vale amá-las que cantá-las; e ninguém mais as teve e amou que o rei Salomão, e tanto e a tantas, que eu duvido que lhe sobrasse tempo para cantá-las. Fora disso, este pobre senhor Rubem Braga pretenderia, nada mais, nada menos, que ser autor de *D. Quixote*. Escrevendo quando uma classe não tinha acabado de morrer e outra mal começava a nascer, Cervantes fez qualquer coisa ao mesmo tempo profunda e simples, cheia de sabedoria e gargalhadas. Haverá outros livros maiores, e pode mesmo acontecer que eu ache isso. Mas em matéria de gostar, é aquele que eu gostaria de escrever. É grande, é generoso, é belo e humano, é terrível como um bombardeio, suave feito uma pomba-rola. E além de tudo foi um livro imensamente útil; e eu penso que, desde que há homens que se deixam levar pela mórbida mania e pelo doentio luxo de escrever, eles honestamente devem procurar fazer alguma coisa que preste algum serviço aos outros mesmo se danando a si mesmo, como aconteceu com Cervantes. Voto, portanto, em *D. Quixote* – para não falar de outros livros inconfessáveis, que eu gostaria de ter escrito, mas com bons pseudônimos.

12 de julho de 1939

POETISAS

Os leitores que me desculpem, mas hoje vou tratar de um caso pessoal. Foi o caso que há tempos certa moça me escreveu pedindo auxílio. Não respondi; não sabia de que se tratava, não tenho amor nenhum pelo mistério. Depois a moça me escreveu outra vez. Mandou uns sonetos e pediu minha opinião. Dei essa opinião aqui: não gostei dos sonetos. Agora o que acontece? A moça ficou zangada? Mandou uma carta com desaforos? Não, nada disso. A moça mandou outra carta... agradecendo. Ela mesma diz que os sonetos não prestam e que é uma tola. Acha que eu não fui brutal – fui sincero. Diz-se pedante, pretensiosa e acaba pedindo desculpas.

Essa carta da moça é uma carta de tal jeito humilde, e simples e absurdamente modesta que me deu raiva de mim mesmo. Porque te meteste, oh Braga, a criticar os sonetos da moça? Acaso podes tu criticar algum soneto? Acaso não és tu – vamos, confessa! – um poeta fracassado? Tu, que diariamente alinhas aqui bobagens sobre bobagens, tu que nem sequer és um literato, pois pertences às "classes anexas" da literatura, por que te metes a dar palpites? A moça disse que seu ideal na vida é fazer versos. Isso não te comoveu, homem de pouca fé? Então neste mundo, neste bruto e seco mundo, no meio de tanta ambição feia, de tanta ferocidade lupina, de tanta sujeira e de rudeza, existe uma certa moça pobre cujo sonho é fazer poemas – e tu não te comoves! Tu escreves bobagens azedas para estragar o doce sonho azul da moça – dessa pobre ingênua moça que é feito um lírio nascendo num campo devastado de guerra entre blocos de cimento e fogo.

Se não gostaste dos sonetos, que tinhas de dizer isso? Tanta mentira que se diz sobre sonetos, tanta crítica feita com falsidade para agradar, e tu és severo logo com essa pobre moça desconhecida que não incomoda ninguém! Tanto homem por aí impondo de fabricadas gloríolas, tanto morcegão enfeitado de gênio e tu a quereres massacrar com a pata – oh, Braga, oh, animal – essa pequenina borboleta que pousa na pequena e humilde flor de seu próprio sono! Tu sabes perfeitamente – não o negues! – que a mais falada poetisa moderna do Brasil de hoje é uma simples charlatã que não escreve os versos que assina. Tu sabes que essa mulher que assina belos poemas que fazem sua glória é incapaz de fazer por si mesma um poema que não seja miseravelmente medíocre – e não o dizes. Por que não o dizes? Sei! Não queres comprar encrencas, não queres desgostar amigos e conhecidos, não queres ferir homens que se deixam apaixonar pela discutível beleza dessa mulher. E entretanto quando aparece à tua frente uma obscura moça que faz honestamente, puramente seus pobres versos, tu – oh covarde! – tu te plantas com ar severo a fazer críticas!

Um dia destes um dos mais conhecidos críticos brasileiros chamou de gênio duas vezes uma outra riquíssima poetisa. Para ganhar um presente da mulher milionária ele tombou de joelhos e adorou, servil, em cântico genuflexo (falando em excelsitudes inumeráveis e incomparáveis), a poetisa. Tu sabes que essa poetisa é na verdade aceitável, simples e boa, mas que não é gênio nem excelsitude – e que só é gênio e excelsitude quando um crítico quer receber como paga um pouco de ouro ou uma coisa qualquer que se compra com ouro. E por que não desmascaras essa farsa ignóbil? Ah, Braga, ah, patife, quem sabe que tu – também tu – não rondarás genuflexo o palácio da vaca de ouro? Ah, isso não me admiraria. Só és honesto e severo e intransigente quando se trata duma pobre Cely que faz versos escondida e os manda para teu exame escritos a lápis num pobre papel de caderno...

Cely. Não ligue ao que escrevi e, pelo amor de Deus, não me peça desculpas. Continue fazendo seus versos – é uma das poucas coisas decentes e puras que ainda se pode fazer neste mundo. Você, mocinha que faz versos num mundo onde quase só se pensa em fazer dinheiro, não fique triste se não gostei de seus sonetos. Aceite a minha sinceridade – a sinceridade que eu não tenho para outras, ricas e exaltadas que vivem nos galarins da fama – como uma homenagem. E se desistir de fazer versos também não fique triste. Eu sou um poeta fracassado e isso não me faz mal. Pelo contrário – até engordei, depois que desisti. Fora dos sonetos existe a vida, Cely – e vivê-la com alguma decência é o melhor poema que se pode escrever nestes sujos e mesquinhos tempos.

15 de outubro de 1939

O VELHO CARDOSO

O Brasil tem muitos pintores, mas, pelo menos até há pouco, o único representado na Galeria Tate, de Londres, não chegava a ser um pintor: era um fazedor de quadros. Um compositor, se assim preferirem. Não vai nisso nenhum desprezo pela arte de José Bernardo Cardoso Júnior, o velho Cardosinho. Sua arte de jogar com as tintas é primária; seu desenho é o de um escolar que não tem pendor para o desenho. E mais: ele raramente busca seus motivos na natureza. Prefere chegar a ela indiretamente. Serve-se de fotografias ou gravuras que recorta em velhas revistas e álbuns. A velha fotografia de uma artista de cinema o interessa mais que a jovem que passa sob a sua janela. Tem um gato em casa; mas prefere copiar o desenho de um gato que viu em um anúncio de fios de lã. Quis fazer um autorretrato diante do espelho, e não fez. Pegou uma fotografia velha de si mesmo e fez assim o esplêndido autorretrato 20 anos mais moço. Não tem qualquer imaginação plástica, e a despreza.

Apesar de tudo isso, Cardoso fez quadros que ninguém sonharia – e que fazem sonhar. Vamos ver um desses quadros. Chama-se *Vai Haver Barulho* – e logo vos direi por que tem esse nome. É a moça que pensa isso, olhando o gato que ameaça brigar com o cachorro. Essa moça, por menos que o pareça, foi tirada da fotografia de uma artista de cinema americano que ele viu numa revista e achou bonita. Os dois gatos e o cachorro foram inspirados diretamente em gravurinhas que ele recortou de revistas velhas. Para pintar a Baía de Guanabara, que aparece ao fundo, Cardoso não se deu ao trabalho de pegar um bonde e ir à Avenida Beira-Mar: copiou de uma fotografia. Quanto às borboletas, ele não copiou de livro nenhum. Comprou as borboletas, espetou-as na parede e pintou-as. A maior custou-lhe três mil-réis – é o que me informou.

A mesa, a coluna – e com esses elementos o velho Cardoso, aos 82 anos, criava um mundo novo. É um mundo de sonho de infância, cheio de pureza e de luz.

Pintou, dos 70 aos 86 anos, cerca de 600 quadros, dos quais a grande maioria sem o menor interesse e alguns de um emocionante lirismo plástico. Declarou uma vez que a arte é uma cópia da natureza. A gente copia a natureza "mas bota nela uma coisinha". Essa "coisinha" fez do velho Cardoso um inocente surrealista lírico.

José Bernardo Cardoso Júnior (1861-1947) nasceu em Coimbra, Portugal, de pai brasileiro e mãe portuguesa – o dr. José Bernardo Cardoso e d. Matilde Augusta Estrada da Silva Cardoso. Veio para o Brasil aos três anos de idade, e foi morar em Valença. Passou depois para Rio Bonito, onde esteve na escola durante dois anos. Aos 9, 10 anos, mudou-se para Cabo Frio.

Em 11 de agosto de 1873, o patacho *Feliz União* foi abalroado pelo paquete francês *Bourgogne*. Nesse naufrágio morreu uma senhora que vinha de Cabo Frio para o Rio de Janeiro com três filhos e uma filha. Das crianças só se salvou uma – um garoto de 12 anos que conseguiu ficar agarrado a uma tábua das oito da noite até a uma da madrugada. Cardoso me contou que um jornal da época publicou a notícia com os títulos: "Naufrágio de um navio – A coragem de uma criança". E acrescentou: "A criança era eu..." Também disse, talvez com certa satisfação, que o navio francês que pôs a fundo o patacho acabou naufragando anos depois...

Cardoso estudou no Seminário São José, do Rio Comprido, durante três anos. Em 1877 foi para Roma, onde se matriculou na Universidade Pontifícia Gregoriana. Já era bacharel em Filosofia quando "perdeu a vocação". O motivo imediato disso foi uma jovem romana morena, vizinha do internato. Cardoso não lhe sabe o nome, e ela nunca soube do caso. De sua janela ele nem sequer tentou se corresponder por sinais com a morena que via à distância. Mas a visão da moça o roía por dentro, e ele acabou dizendo ao seu confessor "que achava que daria era um bom pai de família".

Voltando para o Brasil, foi professor de latim e francês no Ateneu Mineiro de Juiz de Fora, e professor primário no Colégio Amorim Carvalho, no Rio. Casou-se em Paraíba do Sul, aos 27 anos de idade, com dona Felisbela Peixoto. Vieram os dois morar no Rio, e ambos se formaram na Escola Normal de Niterói. Ele foi inspetor escolar em Campos e professor do Colégio Batista, do Rio.

Chefe de uma família feliz, formou um filho em Medicina e três filhas na Escola Normal.

Aos 70 anos, aposentado, começou a fazer uns quadrinhos para matar o tempo. Dois pintores o animaram: Portinari e Fujita. Este trocou um de seus gatos por um quadro de Cardosinho.

— Ele gostou tanto do quadro que eu dei para ele. Depois fiz outro igualzinho e vendi. Já fiz mais dois iguais.

Isso o velho me contou quando passei uma tarde visitando-o, junto com Augusto Rodrigues, na garagem de sua casa, que ele transformara em ateliê, em 1947. O quadro representa um assassinato em uma canoa, no Rio Araguaia. As cores são do Cardosinho; o desenho, ele me mostrou, foi copiado de um jornal velho, um jornal de 20 de março de 1927, *El Telégrafo*, de Buenos Aires. Ilustra a notícia de um "crime dos asseclas de Borges de Medeiros, o bárbaro assassinato de Pedro Arão". Cardoso acrescentou uma lua – e uma cabeça decepada... Para copiar o desenho, quadriculou-o.

Cardoso deixou inéditos um livro de poesia, onde há poemas dedicados ao marechal Floriano Peixoto e a Bidu Sayão, e um romance. Não creio que tenham qualquer importância. Os quadros que, sem saber desenhar nem pintar, esse homem suave e bom compôs na velhice é que são, às vezes, tocados de uma graça inefável.

Como se um anjo guiasse sua mão trêmula...

CARMEN

Aconteceu no Rio uma discussão tremenda entre o sr. José Lins do Rego e o sr. Pedro Calmon por causa do samba. Não acompanhei muito bem a furiosa polêmica, mas parece que houve o seguinte: o sr. Pedro Calmon escreveu qualquer coisa contra as excursões de sambistas pelo estrangeiro. O sr. José Lins não gostou, e defendeu os sambistas contra o sr. Pedro Calmon. Daí a discussão se ampliou facilmente sobre o caráter e o valor da música popular, sobre arte em geral, sobre literatura e sobre história.

Deus me livre de discutir com o sr. Pedro Calmon, homem da intimidade de Carlota Joaquina, de Pedro II e de outras pessoas importantes, vivas ou mortas. E mais ainda me livre Deus de brigar com o simpático Zé Lins que há tempos, na presença do jornalista Osório Borba, me ameaçou de uma surra de chibata se eu o atacasse.

De qualquer modo, enquanto esses homens berram, Carmen Miranda canta nos Estados Unidos. E eu prefiro prestar atenção a Carmen, a grande e querida Carmen.

Essa portuguesa é o que o Rio tem de mais carioca, de mais vivo e engraçado. Seu artificialismo instintivo, sua voz gostosa e inquieta que não sabe cantar do mesmo jeito um samba duas vezes, seu nariz errado e amorável, toda Carmen me parece uma pura maravilha carioca. A última vez que eu a vi foi em um cassino perguntando o que é que a baiana tem, sempre alegre, com aquela alegria tão clara, tão sem malícia, tão agradável, tão rara e tão benemérita. Alegria que vale um tesouro neste país de gente que pensa que ser triste é que é bonito.

O que amo em Carmen é que ela exprime a antítese do tango, desse horrível tango cheio de traições, de choramingações profundas e pesadonas, que me parece um dos flagelos do continente. E o pior é que no Brasil há uma tendência para o tanguismo em certas canções, como por exemplo nos bezerramentos desmamados do sr. Orlando Silva e outros chorões bem remunerados. Herdamos qualquer coisa do fado – o pavoroso fado que substitui os homens traídos do tango pelo ceguinho, pela mãezinha. Só o que nos pode salvar é a marcha leviana e inconsequente e o samba. Mesmo o samba tem sido atingido por coros fúnebres e lágrimas melosas com que se manipula a desgraça do samba-canção.

Creio que a vida humana seria praticamente intolerável neste país se não existisse ainda a bossa do samba amável, do samba arejado que, mesmo para exprimir as amarguras do grande Noel Rosa, temperava tudo com a música viva, onde a melancolia não se faz pesada e a desgraça é uma coisa à qual não se deve ligar excessiva importância.

Mais do que todas as cantoras, Carmen é uma expressão do samba higiênico que impede o nosso povo de sumir nos subterrâneos mórbidos da estupidez. Só podemos nos honrar de que ela tenha ido agitar seus balangandãs em Nova York, desde que não fique por lá. A grande Carmen, cheia de alegria e de graça, é uma das coisas que esta república ainda pode apresentar de apresentável. Todas as amarguras assassinas, todas as negras tragédias de besteira se diluem perante a grande Carmen em uma exclamação feliz: "como ela requebra bem!...".

Folha da Tarde, 24 de julho de 1939

CAYMMI, COMPOSITOR

Dorival Caymmi é baiano do Cabula, bairro da Cidade do Salvador, famoso pelas suas laranjas. Meninão criado solto, sempre foi metido em aventuras: sua casa ficava longe da praia, aos domingos acordava cedo e se largava, ele e um grupo de amigos, para as praias de Itapuã e adjacências, que um dia ele imortalizaria em algumas de suas mais belas canções. De violão em punho, fez muita serenata, participando de todas as festas populares da terra, dos ranchos à Conceição da Praia, da Lapinha à segunda-feira da Ribeira. Tentou fazer várias coisas, foi vendedor de bebidas, um dia bebeu o mostruário, mas era como cantor que ia se tornar famoso. Formou o conjunto Quatro e Meio, cantou na Bahia, mas um dia meteu o violão no saco, veio para o Rio, instalou a vida aqui e daqui do Rio só sai mesmo para pequenas temporadas em São Paulo. Vai à Bahia em viagens curtas, visitando todos os amigos. Alguns destes, seus companheiros de infância e juventude, são hoje personagens de algumas de suas canções. Com os cabelos prateando prematuramente, seu jeito todo especial de revirar os olhos quando canta faz um sucesso danado com as mulheres. Confessa que não gosta muito de trabalhar, mas, como é puxado a conforto e tem mulher e três filhos, dá duro todas as noites: canta até de madrugada num bar de Copacabana e faz ainda um programa radiofônico todas as semanas. Conversador, costuma ficar até de manhã, contando histórias e ouvindo anedotas. Concorda que faria grande sucesso em Paris e outras praças, mas prefere ficar nesta mesmo, que ele conhece bem, com a praia ao lado da casa.

Pintor de sucesso, com influência portinaresca, vai organizar sua primeira exposição individual. Alguns de seus quadros, com motivos de mar e de pescadores, já fazem parte de galerias de prestígio. Bebe pouco, dorme muito, é entendido em Bíblia, já colecionou selos e moedas.

Manchete, 31 de março de 1956

ARY BARROSO, COMPOSITOR

Ary Evangelista de Rezende Barroso resolveu usar apenas o primeiro e o último desses nomes quando alguém lhe disse que o recheio dava azar; e reconhece que a mudança lhe deu sorte. Nasceu em 7 de novembro de 1903 em Ubá, Minas; o pai, João Evangelista Barroso, que foi promotor e deputado estadual, era irmão de Sabino Barroso, ministro da Fazenda do governo Wenceslau Braz e, a certa altura, presidente da Câmara Federal. Mas João era civilista, boêmio e tocador de violão; não se dava bem com o irmão ilustre e hermista. A mãe, Angelina, da imensa família mineira dos Rezende, morreu aos 21 anos, do coração; João Evangelista apaixonou-se com isso e deixou-se consumir de fome.

Em menos de dois meses, o menino Ary, de 8 anos, ficou órfão de pai e mãe e passou a ser criado pela avó materna e pela tia Ritinha, que lhe ensinou piano. Ary ganhava 5 mil-réis por noite no Cinema Ubaense, a martelar o teclado; foi também caixeiro de uma loja de armarinhos, e assim conseguiu terminar o ginásio. Era sacristão, tomava banhos de rio, aprendeu a tomar cerveja com Chico Bomba e se lembra muito da morte de Pio X, quando passou o dia inteiro a dobrar o sino – cinco minutos de meia em meia hora. Uma de suas proezas foi, juntamente com João Martins de Oliveira (hoje magistrado), amarrar ao rabo de um cavalo o badalo do sino da velha igreja do Rosário, em ruínas e com fama de mal-assombrada. Houve grande rebuliço na cidade, as mulheres rezavam, os homens acabaram descobrindo que a assombração era o cavalo da carrocinha do Zé Chinelo, lixeiro e tocador de baixo em mi bemol, que chegou a ser preso; do sacristão é que ninguém podia desconfiar.

Ary estudou até o terceiro ano, quando o dinheiro acabou. Teve então de viver (mal) de piano, tocando em salas de espera de teatros – Carlos Gomes, Trianon, Eldorado – e em bailes. Progrediu até tocar na melhor orquestra da época, a de Romeu Silva; depois de uma excursão a Poços de Caldas juntou algum dinheiro e, aconselhado por outro tio, resolveu continuar o curso de Direito, pois todos os Barrosos sempre foram bacharéis, e ele não podia ser a vergonha da família. Na verdade, terminou o curso em 1929 e foi nomeado juiz municipal em Nova Rezende, sul de Minas: ao fim de cinco dias, voltou ao Rio e ao piano.

Por volta de 1928, 1929, começou a compor umas coisas, mas a Casa Carlos Wehrs não se animava a editá-lo; como aquele rapazinho magro, de óculos, cheio de espinhas e com ar de fome, insistisse, o gerente da casa aconselhou-o a procurar o empresário do Carlos Gomes, que estava precisando de música nova para uma revista de Olegário Mariano. Foi lá. Luís Peixoto recebeu-o sem muita fé, mas admitiu que poderia ouvi-lo ao piano. Todas as oito músicas de Ary foram incluídas na revista, e ele foi contratado como compositor exclusivo do Carlos Gomes. Seu primeiro sucesso foi "Vou à Penha", e o segundo, "Vamos deixar de intimidade", lançado por Aracy Cortes. Fez, depois, "Dá nela", e ganhou a espantosa quantia de 5 contos, primeiro prêmio de um concurso carnavalesco.

Daqui para a frente, seu nome se tornou conhecido, e não há brasileiro digno que não se lembre de músicas tais como "Segura essa mulher", "Rancho Fundo", "Maria" ("o teu nome principia"), "Tabuleiro da baiana", "Os quindins de Iaiá"... Querem mais? Tomem lá a "Baixa do Sapateiro", "Grau dez", "Upa, upa" ("meu cavalinho alazão"), "Tu" ("teu olhar é um sonho azul"), "Foi ela", "Aquarela do Brasil", "Terra seca", "Inquietação" ("quem no aceso da paixão..."), "Como vais você?", "Camisa amarela", "Risque", "Boneca de piche", "Faceira"... É, na verdade, o maior dos maiores, o mais rico e numeroso de nossos compositores, esse tremendo criador de melodias e de ritmos que milhões de brasileiros repetem e às vezes invadem o resto do mundo – literalmente o resto do mundo, de Nova York a Moscou.

Às vezes associou-se com letristas; duas músicas suas com Noel ("Mão no remo" e "Estrela da manhã") não fizeram sucesso, mas deu muita sorte com Luís Peixoto ("Maria", por exemplo), com Lamartine Babo ("Grau dez", "Rancho Fundo") e Luís Iglésias ("Boneca de piche"). Com Olegário Mariano fez "Nega baiana" e agora está fazendo "Portugal", com letra escrita especialmente por Manuel Bandeira.

Lembremos que foi quatro vezes aos Estados Unidos e fez música para muitos filmes, inclusive de Walt Disney, e seus grandes intérpretes chamam-se Carmen Miranda, Dircinha, Aracy de Almeida, Sílvio Caldas, Mário Reis – e agora Elizete Cardoso. Locutor esportivo e humorista de

298

rádio durante 18 anos (agora está em litígio com a Tupi), e ficou famosa sua gaitinha para marcar os gols, sempre mais alegre quando o gol era do Flamengo, sua voz de estranhos erres e vogais, com um sotaque que ele mesmo inventou; meteu-se em política, foi eleito vereador uma vez e derrotado duas, se arrepende dessas aventuras. Levou ao México uma orquestra de 24 figuras, e agora vai levá-la ao Prata.

A música que mais dinheiro lhe tem rendido é "Aquarela do Brasil"; à custa dela fez uma casa em uma ladeira do Leme que na ocasião lhe ficou em 1100 contos e outra de 11 quartos em um sítio em Araras, e ainda sobrou. Tem um filho de 23 anos e uma filha de 20 anos e entrega à esposa todo o dinheiro que recebe. Gosta de beber especialmente uísque, bebe quase toda noite, considera-se um mau bêbado que muitas vezes durante o dia tem que procurar as pessoas a quem disse coisas inconvenientes durante a noite para se desculpar; tem milhões de amigos e não sabe viver de outro jeito, tem um papagaio que só canta sambas de Ataulfo Alves, dois cães policiais, um dos quais tomou uma bebedeira tremenda na passagem de ano com restos de uísque e ainda está doente ("isto prova que uísque é mesmo para a gente tomar"), um pintassilgo e um coleiro e sobretudo um jabuti "que está em nossa família há 25 anos e nunca pronunciou uma só palavra".

Acha que combina bem com a mulher porque ela não gosta de futebol, nem de sambas, nem da noite – as coisas que ele adora. Vai à praia, ouve Debussy, Brahms, Tchaikovsky, Gershwin, e acha que o samba se bolerizou, e em dezembro recebeu dos Estados Unidos 300 contos de seus direitos autorais durante o segundo semestre. Não é de comida, mas um de seus pratos prediletos dispensa o prato propriamente dito: é frango assado, que come inteiro e com a mão. Assim é o velho Ary, boêmio, discutidor, vaidoso, sentimental, esperto, ingênuo, infantil – e, sobretudo, grande.

Manchete, 15 de janeiro de 1955

DUKE ELLINGTON

Duke Ellington está discutidíssimo. Uma grande parte dos fanáticos do *jazz* que se moveu de Saint-Germain até o Palais de Chaillot para ouvir sua orquestra não gostou, e vaiou certos números.

Duke, um negro imensamente simpático e de bom humor, foi ao microfone:

— Vocês sabem que nós gostamos muito de vocês. É uma pena que não estejam gostando de nossa música. Estamos tocando aqui como se estivéssemos em Nova York ou na Califórnia. Se não gostam disso, não sei o que poderemos fazer. Enfim, vamos continuar, talvez mais adiante vocês achem melhor...

Os *hot-fans* de Paris são mais realistas que o rei, e mais católicos do que o papa – comenta um crítico. Um deles pôs-se a explicar a Duke o que é a música de *jazz*. O grande improvisador disse:

— Não, eu não sei o que é *jazz*. Eu faço música popular negra.

E como alguém falasse em Debussy, ele disse:

— Gosto muito.

Pela madrugada tive o prazer de ouvir Duke Ellington tocando piano no restaurante da grande negra Inês, minha amiga e velha paixão do pintor Antônio Bandeira. Todo mundo vibrou com aquele número inesperado no antro da rua Champollion. Mas quem se divertia mais era Duke Ellington – bastava olhar para a cara dele para a gente ver isso.

Folha da Tarde, 18 de maio de 1950

VANJA ORICO, ARTISTA

Em um bonito lugar do mundo Vanja nasceu: Copacabana. Ano de 1931, mãe gaúcha, pai paraense e imortal, uma avó índia que lhe deu os olhos assim, a carinha de cunhantã. Deslumbramento e paixão de infância e da vida inteira constante: o mar, a água – "onde tem água eu caio n'água".

Estuda no Sagrado Coração, mas aos 9 anos começa essa peregrinação de filha de diplomata: vai para Portugal, onde Osvaldo Orico é conselheiro comercial. Peregrinação que faz a pessoa crescer diferente, boiar um pouco na vida, criar laços aqui e ali e parecer artificial ou inautêntica em qualquer lugar – um coração marginal. Resultado: Vanja, que vive rodando mundo, tem a nostalgia permanente do Brasil, mesmo quando está no Brasil quer mais Brasil, o Brasil mais fundo, mais povo...

Mas, senhores, vamos ao fato. Um ano de Portugal, depois meses de Rio e ano e meio no Chile, em um colégio inglês onde, além de juntar essa língua ao seu francês do Sacré Coeur, faz muito esporte para crescer bem. Depois volta ao Rio, termina o ginásio, e ouvinte da Faculdade Católica e, aos 15 anos – Espanha. São 2 anos e meio de Espanha, e se apaixona pela música e pela dança, está sempre na Feira de Sevilha e em todas as festas, acompanha caravanas de ciganos. Estuda *ballet* clássico e bailados espanhóis com um ardor total e, de repente, vem a grande tristeza: tem uma pequena irregularidade no coração e não pode ser bailarina. Chora muito, e até hoje essa decepção lhe dói.

Agora são 2 anos e meio de Itália, colégio de freiras, estudo de canto no Conservatório Santa Cecília, dura disciplina de solfejo e harmonia. Vanja se extenua, não quer mais, certa vez foge da escola. Com uma velha professora particular, aprende canções russas e, nas festas populares, canções italianas. Em 1951, dá um concerto em Paris, Dante Viggiani a traz ao Brasil onde canta clássico no Municipal, conhece Hekel Tavares, Mignone, etc., se apaixona pelo folclore brasileiro, é convidada a fazer um teste para *O cangaceiro*, passa três meses e meio aflitíssima na expectativa, depois seis meses e tanto de filmagem no interior paulista. Muitos dos figurantes são nordestinos, e ela aprende a cantar tudo que eles sabem e mais as "capoeiras" de Carybé: agora só quer saber de Bahia e Nordeste. Antes de ver o filme, vai dar concertos na Itália e resolve ir a Cannes como jornalista (do *Diário Carioca*, e mandou reportagens mesmo), mas lá *O cangaceiro* faz sucesso, e a Maria Clódia é convidada a ficar como artista hóspede, canta em público "Mulher rendeira", recebe várias propostas de *tournées*. Passa um mês no Recife com Ascenso Ferreira, Capiba, maracatus e xangôs, visita a Bahia, vem para o "Meia-noite" do Copacabana, a princípio com repertório internacional, depois só brasileiro, grava discos, Jorge Amado ouve e lhe arranja um convite para ir à Rússia, onde dá cinco recitais em Moscou, Kiev, Stalingrado e Leningrado, o último no famoso Salão Tchecov de Moscou, alta honra. Conhece Shostakovich e o grande compositor ucraniano Korcinsk que se impressiona com músicas de Villa-Lobos e Capiba, que ela canta, e lhe pede essas músicas para fazer uma sinfonia brasileira. Viu *Anna Karenina* com uma locomotiva de verdade entrando no palco, vibrou com o *ballet*, acha que a mulher russa comum não é elegante, mas a mulher mais linda deste mundo é a bailarina russa. "Nem uma só vez eles me falaram de política. Foram gentilíssimos. Quanto à plateia, creio que é a mais emotiva do mundo. Em um pedido de 'bis', cantei uma canção russa que aprendera em Roma, muita gente chorou de emoção, mamãe me disse."

Depois excursiona pela Alemanha Ocidental com *O cangaceiro*, vai a 16 cidades, é convidada para o cinema, está agora no Rio (terminará em Berlim) estrelando *Ouro negro*, filme de cooperação germano-brasileira, história de uma luta entre duas companhias de petróleo. Nesse filme dança um lundu, que ainda está aprendendo. Outro filme, *A virgem do Roncador*, ítalo-brasileiro em Ferraniacolor, ela é a nativa, vai rodar no Araguaia. Outro, só em projeto: *A seara*, adaptação despolitizada da *Seara vermelha* de Jorge Amado, direção de De Santis e fotografia de Ruy Santos, a ser rodado na caatinga e no São Francisco. Amor: um italiano, namoro já antigo, que continua por correspondência – "assim dura mais".

Manchete, 15 de maio de 1954

JOSÉ PEDROSA, ESCULTOR

José Alves Pedrosa, para os íntimos Zépé, nasceu numa fazenda de Rio Acima, Minas, em 1915, e é o caçula de oito irmãos, e o único deles que teve oportunidade de estudar. É muito comum no interior essa vantagem dos irmãos mais moços, que nascem quando a família já está em melhores condições; não tendo podido dar uma educação melhor aos outros filhos, o velho Pedrosa quis fazer deste um verdadeiro doutor, médico ou engenheiro.

Quando Zé tem 5 anos, a fazenda é vendida e seu pai compra um sítio em Cachoeirinha, junto a Belo Horizonte, e, ao mesmo tempo que frequenta o grupo escolar e depois o Colégio Arnaldo, o menino se entrega a vários misteres, tais como banho de córrego e criação de passarinho, e para ganhar dinheiro, mas principalmente para fazer alguma coisa, planta um pequeno bananal e vende as respectivas bananas, tem uma vaca, um carneiro, um cavalo e um cachorro, foi caixeiro de secos e molhados, vaga-lume do Cinema Brasil e ajudante de mecânico numa empresa de ônibus, sem falar de sua qualidade de fundador e meia-esquerda do Canadá Futebol Clube.

Tinha facilidade em desenho e modelagem, mas não levava muito a sério essas coisas até o fim do ginásio, quando deu para frequentar a biblioteca da rua da Bahia, e disparou a ler livros de arte. O pai lhe dera um pequeno lote de terra; vendeu-o por 3 contos, e com esse dinheiro veio para o Rio em 1936 e aqui passou um ano na Escola Nacional de Belas Artes, curso livre de escultura. Teve uma grande decepção (imaginava a Escola uma coisa formidável), mas em todo caso aprendeu a lidar com o material e viu muita coisa; até então só fizera uns quadrinhos a óleo e uma cabeça do pai em cera virgem. O pai, que se zangara com ele, se reconcilia, e lhe faz a mesada de 150 mil-réis. Pedrosa mora num quarto de pensão com um cantor de rádio, um farmacêutico e um investigador; este um dia está de serviço no Cassino da Urca e o convida a ir lá; alguém vê o rapaz ali e conta em Belo Horizonte ao velho, que imediatamente corta a mesada do "boêmio". Fraqueza do pulmão e pedra nos rins o devolvem a Minas e passa meses na fazenda de uma de suas irmãs tomando uma dúzia de ovos por dia e toda tarde maçã assada com vinho do Porto. Já então faz uma pequena terracota com visível influência de Maillol.

Quando volta a Belo Horizonte, se mete num movimento popular contra a companhia de bondes e é preso mais de uma vez; esse rapaz calado, tímido, desconfiadíssimo, não chega a ser um comunista, mas tem explosões de protesto social ou de simples temperamento; numa destas, quando regressa ao Rio, entra em grossa pancadaria com colegas da Escola que o chamam de futurista e comunista, e é convidado a não mais frequentar as aulas. Fica ali pela porta da Escola e bobeando pelo Vermelhinho; então já conhece a turma de arquitetos, artistas e escritores novos que formiga na Araújo Porto Alegre. Oscar Niemeyer recebe a encomenda da Pampulha e convida Pedrosa a fazer um torso para a Casa de Baile: vai executá-lo em Belo Horizonte e lá improvisa um *atelier*, o primeiro da terra, que vários escritores novos passam a frequentar, como Rubião (seu colega do Colégio Arnaldo), Paulo Mendes Campos, Fernando Sabino, etc. Trabalha muito; é então que, sozinho, errando inúmeras vezes e refazendo o trabalho, sem ninguém que o oriente, ele aprende seu *métier*. Na Escola, não lhe haviam ensinado sequer o método de trabalho; depois de suar quatro anos com a tal mulher da Casa do Baile é que descobre que primeiro é preciso estudar bem, no desenho, a figura; depois fazer a maquetinha, depois aumentá-la; depois fazer em grande. O serviço nunca será entregue, mas entrementes ele faz uma cabeça de Murilo Rubião e, depois de três tentativas que não o satisfizeram, uma excelente cabeça da moça Helena, filha do governador Valladares, também faz um retrato de Cyro dos Anjos. Uma cabeça de Fernando Sabino, feita nessa época, durara até o ano passado. O escultor não gostava dela, mas explica: "Eu não podia quebrar porque o objeto não era meu; o Fernando não podia quebrar porque o trabalho não era dele; o Arnaldo Pedrosa d'Horta veio de São Paulo e, como não tinha nada com isso, jogou a cabeça no chão e quebrou, para alívio meu e do Fernando".

Em 1943, volta ao Rio, é acolhido no apartamento de Paulo Silveira e Percy Deane, arranja depois um lugar para trabalhar na Biblioteca Nacional, amplia o trabalho para a Pampulha e faz um grupo para a casa de Francisco Inácio Peixoto, de Cataguases, em travertino. Quem o ampara, a certa altura, é Marques Rebelo. Finda a guerra, Portinari e Landucci indicam seu nome ao adido cultural francês, e Pedrosa recebe uma bolsa para Paris. Fica dois anos pela Europa, graças à modestíssima bolsa e a uma pequena ajuda do Itamaraty; faz um curso de talhe de pedra com Nicolussi, que muito aproveita, tem uma enorme e bela namorada suíça, aprende a fazer comida em casa, anda léguas a pé, vai quatro vezes à Itália, faz e vende várias cabeças, vê museus, conhece artistas, adquire para sempre o vício do cachimbo. Volta porque sente saudades da família, quer rever os velhos pais, e nos primeiros tempos é hospedado em Ipanema na casa de Carlos Thiré. Passa depois para o antigo *atelier* de Vicente Leite, um trecho da via Margutta encravado em Botafogo, na rua Pinheiro Guimarães, e ali faz vários retratos como os de Macedo Soares (J.E.), Senhora Peggy Salles, Martagão Gesteira e, para a Câmara dos Deputados, Rui Barbosa e Joaquim Nabuco. Como todo escultor, perde um tempo imenso fazendo estudos para encomendas que jamais serão efetivadas e agora mesmo está gravemente encravado com uma figura de gesso de cinco metros e meio de altura por seis de comprimento, para o Centro Cívico de Curitiba, trabalho que o obrigou a morar em São Paulo e trabalhar duramente mais de um ano.

Admira sobretudo, em escultura, Maillol, Despiau, Laurens, Lipchitz, Brancusi e Arp; hoje tende a fazer menos figuras e mais procuras plásticas, e gosta de trabalhar em conjunto com um arquiteto e um pintor; está executando uma fonte (Roma lhe deu o amor das fontes) para homenagem a Filomeno Ribeiro, em Montes Claros, juntamente com Aldari e Milton Dacosta; e por indicação de Sérgio Bernardes, faz uma composição em ferro para o apartamento de Cincinato Braga. Gostaria de fazer mais fontes e trabalhos para parques e jardins, mas "geralmente essa gente do governo prefere os acadêmicos e enche a cidade de trolhas e marmotas". No ano passado, ganhou, no Salão Nacional, o prêmio de viagem pelo Brasil. Não frequenta sociedade, mas reconhece que os artistas que andam pelos salões têm mais chance de receber encomendas; raramente usa gravata, dirige bem sua MG, apesar de ser míope e não usar óculos, lê principalmente contos e poesia, preferindo Hölderlin, Rilke e Valéry; gosta de beber, e só não bebe mais porque no dia seguinte não pode trabalhar com a mesma cabeça e a mesma mão; enfurna-se frequentemente no *atelier* e quase foge quando há uma reunião de mais de quatro pessoas. Assim é o Zépé, silencioso, olhando de lado, paciente e apaixonado pelo seu trabalho.

Manchete, 12 de março de 1955

FRANS POST

Na Orangerie abriu uma exposição de paisagens holandesas do século XVII. Pintores de um tempo de euforia burguesa, um tempo de comerciantes e armadores que chamavam pão ao pão. Mas como, nessas paisagens lúcidas e nítidas, ficou infiltrada e dispersa tanta poesia? Por que nos comove tanto esse pedaço da rue Vermeer?

E se às vezes a terra era pobre e chã ("esse frio e alagado inferno", como disse da Holanda o padre Vieira), dois terços do quadro eram dedicados ao céu. Como Frans Post fez no Recife. Não encontramos na exposição nenhum Frans Post do Recife. Há somente um quadro seu, mas delicioso: *O rio São Francisco*. À esquerda, um mandacaru ergue os braços, e entre as pedras, na beira do rio, há um matinho miúdo, uma cabaça, três flechas de ubá – e uma capivara.

Do outro lado da água um barco, umas casinhas, um caminho que sobe o morro, onde há alguma coisa que deve ser um forte defendendo a entrada do rio. Tudo minucioso e ingênuo no primeiro plano – mas há, nesse mundo de água e de céu, nesses morros baixos e distantes do outro lado do rio, a tristeza dos espaços brasileiros.

Perguntei se o quadro veio da Holanda, me disseram que não, que é do Louvre. Conheço a sala dos holandeses no Louvre e nunca o vi lá: é que ele está no Museu de Ultramar. Foi Maurício de Nassau que o deu de presente para Luís XIV, e não podemos reivindicar esse presente de um príncipe a um rei. Mas, por que ninguém encomenda a um pintor brasileiro qualquer (outro dia contamos 21 pintores brasileiros em Paris) uma cópia dessa paisagem tão bela e tão ingênua da barra do São Francisco que talvez, trezentos anos depois de Frans Post, ninguém mais tenha pintado?

Correio da Manhã, 21 de dezembro de 1950

O "MEU" SEGALL

Um cronista de *Última Hora* contou ontem uma história em que entram o deputado Renato Archer, uma galeria de pintura e este vosso criado. Eu não pretendia trazer o caso a público, mas o diabo é que sou obrigado a me explicar porque inadvertidamente o colega nomeia uma galeria que nada tem a ver com a história, a Montmartre. A coisa se passou com a casa de arte chamada Exclusividades, não sei se por culpa de seus donos ou de algum empregado.

O caso é que tenho em casa um pequeno óleo de Lasar Segall, presente do grande artista e saudoso amigo. Anos atrás, em minha casa comecei a copiar, de brincadeira, o quadrinho de Segall, não em uma tela, mas no papelão que reforçava a moldura de outro quadro qualquer – creio que um desenho de Di Cavalcanti. Não cheguei nem mesmo a copiar todos os elementos do quadro a óleo: alguns deixei simplesmente indicados a lápis. Depois voltei a pendurar o quadro naturalmente com meu pequeno exercício voltado contra a parede, e não mais pensei no assunto.

Um dia resolvi mandar fazer algumas molduras e substituir outras. Deixei, então, vários quadros na loja de Copacabana da casa Exclusividades, que me havia sido indicada por um amigo. Quando, tempos depois, recebi os quadros com as molduras novas, dei por falta de um ou dois trabalhos, não me lembro mais. Reclamei em vão. Um empregado da casa, juntamente com um amigo meu, procurou demoradamente nas oficinas da casa, na Lapa, o tal quadro que eu dizia estar faltando, mas não achou. Eu tinha certeza de que fora prejudicado, mas não dispunha de um recibo circunstanciado e, como sou homem de boa paz, não insisti na reclamação. Isso já aconteceu há algum tempo, de modo que nem me lembro mais qual era o quadro ou quais eram os quadros perdidos, embora tenha a ideia de que um deles era um desenho antigo de Di.

Outro dia fui à casa de Renato Archer e vi na parede, ricamente emoldurado, um óleo de Segall. Retirei-o da parede, olhei-o um instante e vi que era a cópia feita por mim. Renato me contou que o quadro lhe fora oferecido na véspera por 40 mil cruzeiros por um empregado da casa Exclusividades, um óleo de Segall vale certamente muito mais, mas como era apenas um esboço...

Aqui acaba a história e também a minha carreira de "falsificador". Agora que os homens da loja de arte se expliquem – e também, por fineza, devolvam o que é meu, inclusive o "meu" Segall feito em casa...

Diário de Notícias, 27 de fevereiro de 1958

LEMBRANÇA DE GUIGNARD

As pessoas retratadas por Alberto da Veiga Guignard têm um certo ar de família, alguma coisa que as liga – não importam cor, idade, classe. E já vi, em fila de cinema, em festinha de família, em *cabaret* do interior, em solenidade escolar – já vi pessoas que parecem retrato de Guignard. Esse ar de família só pode ser uma certa candura, uma insistente infância, alguma coisa que é Guignard e que banha numa luz especial tudo o que ele vê ou inventa. E suas flores e suas paisagens combinam com suas figuras. Aquela cabocla retratada ali, de blusa vermelha, pode rezar naquela igrejinha que está no alto do morro em outro quadro; e, com certeza, reza. E está tão integrada na paisagem ingênua do interior que o artista, amorosa e gentilmente, acabou enfeitando sua blusa com duas palmeiras.

Guignard nasceu em Nova Friburgo (fevereiro, 1896) e foi menino para Petrópolis, onde estudou no Franco-Brasileiro e morava numa daquelas casas de pé-direito alto, com varanda e escada, gradil e portão, jardim e quintal – e um avô de longas barbas brancas, e os tios Carvalhais que vinham almoçar aos domingos, e uma certa menina de chapéu de palha com fita que o nosso menino amou em segredo, e sua mãe, sua irmã, seu pai, que um dia morreu ali. Foi então (tinha um avô francês) levado para a Suíça e França – morou em uma bela casa tirolesa de madeira, perto de Zurique, morou no sul da França, onde começou a estudar Agronomia...

Mas o menino só gostava de desenhar. Então mandaram ele aprender desenho – mas não, meu Deus do céu, como se aprende nessas escolas vigaristas de hoje em dia, mas aprender deveras, ali no castigo, fazer pé, fazer mão, fazer flor. E pintura, e gravura; terminou seu curso em Florença, e expôs em Veneza, na Suíça, em Paris, amou, foi feliz, foi infeliz, separou, juntou, sofreu; em 1925 estava enjoado da arte acadêmica, foi deixando seu lirismo correr solto, como se estivesse pintando por música.

Em 1929, veio para o Brasil, ganhou prêmios, ensinou, morou em Copacabana, em Itatiaia, redescobriu o Brasil e descobriu Minas, e contou tudo isso – a gente, as casas, as montanhas, as flores, as igrejas, as festas de São João –, na arte mais autêntica, mais simples, mais feliz que já se fez neste país.

Um amigo encontrou-o um dia em Ouro Preto, ele parece que tinha tomado umas e outras, disse: "Belas moças aqui, lindas moças...".

Com o mesmo lirismo puro do menino de Petrópolis, 1905.

Diário de Notícias, 2 de setembro de 1969

O MILAGRE DA PINTURA

Estou sozinho em casa, por preguiça e prazer. Leio um livro; depois me canso e começo a ler outro. Mas tenho uma hora inteira à minha frente. Começo a escolher um disco, dos pouquíssimos que tenho; mas reparo que não é isso que estou querendo.

Abro um álbum de reproduções de quadros. Vou folheando devagar, bem devagar, reparando aqui e ali coisas que não tinha reparado antes; volumes que se compensam, linhas que se correspondem, cores... Fico a imaginar o que o pintor pensava ou sentia ao começar o quadro; o motivo que o guiou na escolha de uma figura, e como ele conseguiu criar essa atmosfera com meios tão simples; procuro o motivo além do assunto, o enredo íntimo, o sentimento pessoal que ele deu ao tema, o que ele conta de si mesmo nesse quadro.

Abstraio os detalhes da fatura e me deixo ver o quadro, como se o visse pela primeira vez, renovo em mim essa impressão primeira sem indagar se ela vem do claro-escuro ou do jogo de cores, se do arabesco do desenho ou do espaço criado pela perspectiva, do modelo ou da composição. Deixo-me ver o quadro com inocência, recebo a sua revelação virgem como se fosse uma bela desconhecida, que apenas achamos digna e triste, ou leve e tímida, sem sequer poder dizer a forma do seu nariz ou a cor de seus cabelos.

E de repente compreendo que minha música interior não a recebo pelo ouvido, impreciso e deseducado, mas pela visão das linhas e das cores. É de ver pintura e desenho que tenho saudade e fome quando o jogo da vida me cansa; é a pintura que me apazigua e me faz sonhar. Sou, entretanto, um viciado quase grosseiro e me culpo de não ter nunca afinado melhor essa regular sensibilidade que nasceu comigo. Apenas sei que de algum modo já aprendi a ver, pois me espanto com o gesto rudimentar de algum amigo menos interessado em pintura. Mas, quando leio uma página de Venturi, por exemplo, sobre algum quadro que conheço e amo, sinto-me invejoso e humilde, porque vejo que ele sabe amá-lo melhor que eu, exatamente como se ele tivesse notado um detalhe lindo da mulher que eu amo, um detalhe que eu nunca tivesse reparado. A boa crítica de arte o que é, senão um ato de amor?

E de repente tenho pena de tantos pintores que se agarram a teorias e escolas, do concretista apaixonado ou apenas acompanhador da moda que se proíbe a delícia que lhe poderia causar uma figura ou uma paisagem, do neorrealista para quem fica sendo um pecado gostar de uma composição abstrata – de todos os que amputam, por causa de teorias de momento, de paixões estranhas à arte, à própria sensibilidade e limitam sua alegria íntima nesse mundo maravilhoso da pintura. Mundo maravilhoso do qual sempre voltamos com um respeito maior pela dignidade e liberdade humana, um respeito por essa pobre coisa, o indivíduo que permanece fiel a si mesmo e procura contar sua tristeza, sua maravilha ou sua ânsia de infinito.

São coisas em que no fim fico pensando à toa quando estou em casa sozinho. Sinto que elas são quase vulgares, ou mesmo vulgares, tanto que já foram sentidas e ditas. O que nunca é vulgar – e aqui está o misterioso poder da natureza – é o objeto de arte em si mesmo, a curva de um ombro mais forte que a outra, o traço um pouco mais alto de um olho esquerdo sobre o direito, um nada qualquer que em si mesmo não diz nada e, entretanto, sugere o misterioso clima da beleza.

Dezembro, 1990

ASSIM É GOELDI

Outro dia o Caloca me deu (tinha bebido, mas é homem para fazer isso bom) o *Álbum de aves amazônicas*, organizado pelo dr. Emílio A. Goeldi, diretor do Museu Paraense, impresso em Zurique em 1900.

Uma vez, num rompante, escrevi uma nota áspera sobre um amigo jornalista que me entrevistou e depois escreveu que eu era um ornitólogo. Não sei se ele entendeu por que me senti ferido; foi porque tocou numa tristeza de minha vida: quanto tempo perdi lendo e fazendo coisas bobas no lugar de aprender alguma coisa sobre passarinhos! Depois de mulher não há bicho mais encantador na natureza, e é mais leve que mulher, e não dói dentro da gente, e agradece todo carinho.

Pois eu me estava distraindo olhando meu álbum de mil aves coloridas quando recebo a notícia de que Oswaldo Goeldi ganhou o grande prêmio internacional da Bienal do México. Larguei o álbum do pai, procurei na estante o álbum do filho, que o Ministério da Educação editou há poucos anos com um texto penetrante de Aníbal Machado. Repassei os olhos por essas gravuras de angústia noturna e descobri que, tirante poucas, aflitas gaivotas, só há uma ave na arte de Oswaldo Goeldi: o urubu. Eles pousam nas ruas e nas casas desertas e ali ficam, sinistros e ridículos; parece que depois de comer os cadáveres dos homens se preparam para comer aquelas ruas mortas, aquelas casas podres.

Solidão, depressão, angústia, tudo isso Oswaldo Goeldi consegue transformar em beleza. O que faz dele o maior gravador brasileiro não é apenas a fatura, a consciência artesanal que ele tem da madeira, do traço, do claro-escuro, a sua mão de mestre: é a alma que ele grava em tudo, a alma a custo contida para não arrebentar com todas as formas em uma explosão de soluços.

E esse homem atormentado é um cândido e um humilde. Ainda não fui ver sua exposição na Bonino, ainda não vi o riso sem jeito com que ele deve ter recebido esse grande prêmio internacional que honra o Brasil. Mas me lembro de uma vez que eu ia ao rio Doce, no Espírito Santo, e Goeldi me pediu que trouxesse para ele um pedaço de madeira de lá. Trouxe um bom pedaço de peroba, mandei para o artista. Meses depois nos encontramos, e ele agradeceu muito comovido o meu presente: "Que beleza, que beleza!". Perguntei, por mera curiosidade, se aquela madeira de minha terra era boa para gravar, o que ele fizera nela.

"Não gravei nada. Está lá em cima de minha mesa, uma beleza, gosto de olhar, de passar a mão nela. Estou com pena de estragar."

Assim é o humilde, assim é o grande Oswaldo Goeldi.

O Globo, 17 de setembro de 1960

UM BRASILEIRO

Nasceu um brasileiro. Não é um brasileiro novinho, zero quilômetro; já tem, na verdade, perto de 50 anos de uso, mas em excelente estado de funcionamento.

Hector Bernabó, mais conhecido pelo pseudônimo artístico de Carybé, natural da província de Buenos Aires, filho de pai italiano e mãe brasileira, desenhista de sua profissão, morador na Bahia de Todos os Santos, acaba de se naturalizar brasileiro.

Tendo passado a primeira infância na Itália e a adolescência no Rio, Carybé se fez homem e viveu anos e anos na Argentina, mas já era brasileiro muito antes de o Ministro da Justiça concordar com isso. Sua grande fascinação é a Bahia; ali vive há muitos anos, ali está construindo uma casa, e ali sua mulher teve uma filha. "Sou pai de uma baiana!" – me escreveu ele, maravilhado, quando a bichinha nasceu. Está visto que ele se naturalizou brasileiro simplesmente porque não existe, formalmente, uma nacionalidade baiana.

Tenho orgulho em dizer que a Bahia me deve um pouco esse baiano, que é o mais baiano que tem. Carybé vivia em Buenos Aires sonhando em viver na Bahia. Mas como, com que dinheiro? Além do mais o solteirão se casara, tinha um filho batizado por Newton Freitas; não podia mais fazer suas viagens vagabundas de antigamente, era um senhor de responsabilidade. E não conhecia ninguém na Bahia. Tive uma ideia: mandei uma carta para Anísio Teixeira, que era secretário de Educação de Otávio Mangabeira, e lhe pedi um absurdo: que nomeasse professor de desenho na Bahia o cidadão argentino Hector Bernabó. Eu não remetia nenhuma obra de Carybé, nem sabia de nenhum título oficial que ele pudesse apresentar. Reconhecia que estava pedindo uma coisa que podia parecer odiosa e que a oposição poderia explorar perfeitamente: nomear para um cargo um estrangeiro, quando havia muitos baianos capazes de ocupá-lo. Era, quem sabe, tirar o pão da boca de um artista nacional... mas pedi a Anísio que tivesse fé em mim, que tirasse o pão da boca de um artista nacional, que fizesse a coisa odiosa; e ele fez: nomeou o desconhecido Hector Bernabó e ficou à espera de que o gringo aparecesse.

316

Quem conhece os *Cadernos da Bahia* ilustrados por Carybé sente o que senti na última vez que estive em Salvador: Carybé não se inspira na Bahia, parece que a Bahia é que se inspira em Carybé. De repente a gente vê um negro de camiseta branca ou uma baiana de saia rodada, ou um sobradinho de telhado escuro "imitando" os desenhos de Carybé. Hoje ninguém canta e dança capoeira ou samba de roda melhor do que o meu gringo; ele pode dar aulas de Bahia a Caymmi e a Jorge Amado. E da alta roda até a gente mais humilde todo mundo conhece e ama Carybé, e quase ninguém sequer imagina que ele já foi gringo e se chamou Hector Bernabó. Nasceu um grande brasileiro, e eu e Anísio Teixeira nos sentimos, nesse momento, profundamente emocionados, um pouco pais da criança.

Diário de Notícias, 16 de fevereiro de 1957

O PINTOR

O apartamento dá para um pátio; e do outro lado desse pátio há dezenas de apartamentos, dezenas de retângulos de janelas. Esses vizinhos mandaram reclamar: não sabiam que um pintor viera morar ali e se espantavam adivinhando às vezes, na penumbra da sala, um dorso nu de mulata ou a figura de uma mulher alta e loura se despindo tranquilamente.

O zelador disse: "O senhor faça o favor de mandar pôr umas cortinas". O pintor disse: "bem". Pessoalmente não compreendia como a distante visão de suas amigas nuas poderia desagradar a ninguém. Mandou por um toldo amarelo. Sim, era, até bem pouco tempo, de um amarelo desmaiado de canarinha belga em vésperas de muda. Mas não há vizinhos apenas na frente: há também no alto. E o toldo amarelo começou a receber estranhos líquidos, uns escuros, outros vivos, lançados das janelas superiores. O pintor olha com melancolia seu toldo que rapidamente se mancha e enfeia. "Qualquer dia os vizinhos da frente reclamarão que meu toldo está muito feio" – diz ele com bonomia.

Sabe que é um condenado, um escravo desses vizinhos inumeráveis empilhados à sua volta e em sua frente, essa população que se esgueira por corredores e elevadores, acende e apaga suas lâmpadas, rega seus potes de flores e lança no vácuo, alegremente, suas pontas de cigarro. A vida pulula em volta do pintor: formas vivas ou mecânicas que se movem, volumes e cores que se deslocam, pés, cabeças, ancas passando. Mas no sossego de seu laboratório ele é o rei: de pincel na mão, em silêncio, ele refaz o mundo. Não apenas esse atual em volta dele, que se fragmenta em mil formas, desde a árvore empoeirada e o bonde moroso e cheio e os cubos estéreis dos edifícios de cimento até a nesga de mar azul além, lá muito além.

Quando ele olha quieto a mulher nua que dobrou o joelho, então emergem do tempo outros joelhos de neve ou de cobre, e sua mão lenta que traça a curva está recuperando essas visões antigas. E então essa curva deixa de ser um joelho, é um elemento da composição do quadro que nasce imperioso com sua própria lei. O mundo não existe mais, existe apenas um quadro que vive em seu próprio reino. Assim surgem no fundo esses peixes violetas, esse beiral de casa antiga, a leve ondulação, na sombra. Quem está no divã? Não existe mais a moça linda e rica que posa para o retrato, nem essa mulatinha humilde que veio com sua bolsa vermelha e seus sapatos cambaios e desnudou os jovens seios. O pintor cantarola ou diz coisas vagas, mas seu olhar não engana. A pessoa humana em sua frente sumiu, passou a viver apenas como forma e tons, entrou na longa teoria de imagens ligadas ou soltas, virou linha de tornozelo, penumbra de panturrilhas, curva de ancas. A vida que ela tem ou se imagina foi absorvida em um outro mundo onde um deus em mangas de camisa cria a sua própria luz e instaura a sua própria ordem. Tudo o que fica fora desse mundo é confuso e sem lei; e quem não o ama e compreende o pensará arbitrário e injusto.

O pintor assovia, abre a porta para receber o cobrador de gás e luz, contempla seu toldo manchado, senta na mesa, propõe jogar baralho. Mas de vez em quando olha seu quadro; ele está lendo as primeiras linhas do Gênesis e sabe que todo o resto, essa mulher de riso agudo, o amigo que trouxe a garrafa de vinho, o vizinho que ligou o rádio tão alto, tudo isso é anarquia e ilusão. O mundo verdadeiro está nascendo em azul, em verde, em terras quentes; está-se movendo lentamente sob seus olhos e suas mãos para viver sua harmonia feliz. Ele é que vai separar as águas e retirar as trevas da face do abismo. Ele é Deus na manhã do dia primeiro.

Rio, abril de 1951

IMITAÇÃO DA VIDA

Recebo muitos livros, e tenho pouco tempo de ler. Assim, devo confessar a João Vogeler que ainda não li sua peça radiofônica em três atos *Imitação da vida*.

O título me parece bom, ainda que um pouco triste. Mas o livro me agradou, pelo seu jeito feliz, a começar pelo retrato do autor na primeira página, meio espantado, meio sorridente, de camisa de peito duro, no dia de sua formatura. Também pelas muitas homenagens que rende a um tio seu, já falecido, o conhecido maestro Henrique Vogeler.

É o sentimento familiar intenso que torna simpático esse livrinho. Antes de chegar à primeira página do texto o leitor é apresentado a toda uma honesta e agradável família. Aqui está, por exemplo, um retratinho da esposa do autor, muito sorridente, de véu, no dia em que convolou as felicíssimas núpcias. E em "sincera homenagem ao grande patrício João Condé" aqui está o *flash* que o autor fez de si mesmo, um *autoflash* bastante sóbrio, graças ao qual posso informar com a maior segurança aos leitores que Teodoro Narciso de Melo Júnior (João Vogeler) nasceu em 1919, mede 1,66, pesa 63 quilos, é sócio da ABI, congregado mariano, fuma Hollywood com cortiça, aprecia a boa música e o basquetebol, adora lagarto com legumes, é gastador e ama sua dedicada esposa, idolatra sua mãe, admira seu pai, adora sua filhinha.

Quanto à sua esposa, devemos confessar que nasceu em 1913, fato cuja melancolia eu melhor do que ninguém posso aferir; porém não gosta de novelas radiofônicas, nem de cinema, é esposa exemplar e mãe amantíssima, professora de Corte e Costura, muito simples, gosta de passear com o marido e a filha aos domingos, e é econômica e "mui prudente". Costuma dizer o seguinte: "o mundo, com seu luxo e outras tolices, não vale o meu lar", o que não chega a ser declaração de caráter sensacional, mas é muito edificante. Confessa-nos a boa senhora que "quando solteira gostava muito de bailes em casa de família".

Vemos depois fotografias da dileta filhinha do autor, da senhora sua mãe e do senhor seu pai, do seu tio entre os seus, em 1911, de um primo falecido, "herói imortal da batalha do trabalho" e pensamentos finos como "viver é imitar", "só o Bem dificilmente é imitado", "é fácil começar bem" etc.

O livro traz ainda homenagens a algumas dezenas de pessoas, jornais, revistas, homens de rádio, ABI, Sbat, ABR, Teatro Recreio, Instituto Rabelo, queridos tios João, Helena, Mariquinhas, Albertina (Bubu), Sinhá etc., e mais vários patrícios e sacerdotes.

Não, confesso que não lerei a peça. Para que mentir? Já meus olhos andam cansados e a cabeça confusa de ler o triste livro da vida; para que ler imitações? Mas essas homenagens todas do livro já são um bom romance, não imitado da vida, e sim vivido, o romance de um homem no quadro de sua existência, associações, instituições, família, igreja, amizades, empregos, esperanças, altura, peso, esporte, vício, lagarto com legumes, ideais. Ah, um dia terei coragem de escrever um livro assim florido, onde o leitor entre como em jardim de afetos, e tome comigo o cafezinho da maior cordialidade, batendo uma boa prosa.

E eu lhe falarei de jenipapo assado com açúcar preto ou de sopa de fruta-pão, lhe darei uma pamonha rolada em folha de bananeira do meu quintal de outrora, lhe falarei de meu tio Quinca Cigano, que vivia de barganhar...

O leitor certo bocejará, sucumbindo ao mais horrível tédio. Mas por que essa mania de escrever livros e fazer coisas para os estranhos? O bom livro é assim como o de João Vogeler, uma festa em família e para o autor mesmo – não pomba nem corvo que se lança aos ares do mundo com mensagens vãs, mas um humilde canteiro de flores de papel que fazemos para enfeitar o nosso berço, a nossa casa, e a nossa própria sepultura.

Março, 1949

O MUNDO ESPECIAL DO POETA

Carta a uma velha amiga que me disse ter conhecido um grande poeta, que é meu amigo; e ter sofrido uma decepção:

"Querida –

Não achou você poético o poeta; e até se queixa de que, no tempo em que esteve em sua mesa, não lhe ouviu uma palavra sobre poesia, mas, unicamente, ao sabor da conversa, comentários sobre sapatos de homem e desastres de automóvel, quando você gostaria de conversar sobre William Shakespeare.

É, na verdade, um pouco mortificante. Nunca falam os poetas de poesia?, me pergunta você. Bem, eles falam. Cada homem tem costume de falar de seu ofício, e o poeta é um homem como os outros. Mas acontece que, além de ser um homem como os outros, e sem deixar de sê-lo, ele tem isso de grave e especial que é ser um homem a quem tudo concerne e de tudo tira seu mel e seu fel. Esse menino que passa com um barulhento carrinho feito de caixotes, a trazer verduras da feira; aqueles operários da construção, que, depois de almoçar no botequim da esquina com uma cerveja preta, ficam um pouco sentados na calçada, conversando à-toa, à espera do sinal para o trabalho; e o próprio carrinho de tábuas de caixote, e a própria garrafa de cerveja preta – tudo é matéria do poeta. Não concerne o peixe ao motorista nem a mangueira ao cirurgião; mas ao poeta tudo concerne, e nesse pedaço de jornal velho que o vento arrasta pelo chão ele se inspira tão bem quanto naquela moça que saiu às compras, na manhã fria do bairro, com calças compridas e um suéter vermelho. Apenas há isto: que a esse farrapo de jornal ou aos olhos verdes dessa moça, pode acontecer que tenham de esperar muitos anos para entrar em um verso do poeta, como podem entrar de repente, atravessando um braço de mar de 1938 ou a tarde de um agosto antigo. A moça tão linda julga ir onde quer, ao sabor de sua fantasia; na verdade ela é guiada por um controle remoto que a faz passar perante o poeta. Este pelo menos assim o crê: vê gestos de Deus na queda de uma folha ou no salto de um gato.

Quando o poeta fala de sapatos, de trânsito ou futebol, não está disfarçando: o último jogo do Flamengo, a corrida dos ônibus depois do túnel e a cor dos sapatos, tudo se filtra na alma do poeta. Tudo; e com certeza também você, que ele pode ter incorporado silenciosamente no seu mundo. E quando amanhã escrever "uma tarde castanha", se lembrará de seus cabelos e de sua voz serena.

Não o desame pois, por não ser poético; isso não é seu ofício: ele é poeta. Adeus."

Rio, 1954/1983

ODABEB

Contam de Murilo Mendes que um dia ele ia passando com um amigo por uma rua de Botafogo quando viu uma mulher na janela de um sobrado. Deu uma coisa no poeta, ele se deteve na calçada fronteira, ergueu o braço e gritou:

— Meus parabéns, minha senhora. Está uma coisa belíssima! Mulher na janela! Há muito tempo não se via! Está belíssimo!

A senhora, assustada, fechou a janela bruscamente, achando que estava diante de um louco. Mas o poeta prosseguiu seu caminho com o sentimento do dever cumprido.

Também contam que um bêbado ia pela rua e um enorme jacaré ia atrás dele. Cada vez que o homem entrava em um bar o jacaré gritava: bêbado! Quando o homem saía de um bar para entrar em outro, o jacaré gritava outra vez: bêbado! Até que uma hora o homem perdeu a paciência, agarrou o jacaré pelos queixos e o virou pelo avesso, jogando-o a um canto da calçada. Quando saiu do bar o jacaré lhe disse – odabeb! – que é bêbado de trás para diante.

Há outras histórias, mas penso nessa. Não matamos o nosso jacaré, nem nenhum outro bicho; apenas o que fazemos é virá-lo pelo avesso, o que é lamentável, mas ineficiente. E a última mulher na janela foi lá dentro atender ao telefone. Os prédios são altos e se espreitam traiçoeiramente com binóculos na sombra. E como todo mundo tem mais o que fazer, os poetas se tornam incômodos. Virá-los pelo avesso não é solução. Eles não silenciam – e você, que não entende os versos, pensa que ele não está querendo dizer nada. Mas "se meu verso não deu certo, foi seu ouvido que entortou", disse um mestre. Os pintores também foram virados pelo avesso, mas continuam a pintar tudo tão insistentemente que, vendo suas telas, uma pessoa mal informada pode pensar que o mundo é que foi virado pelo avesso.

A classe burguesa levou mais de um século para se abster, e não completamente, de ensinar moral aos seus artistas. A classe proletária começa agora a impor sua moral, em outra fútil e dolorosa campanha.

Deem-lhe tempo: ao fim de algumas gerações ela obterá centenas de pintores condecorados e acatados, músicos e poetas importantíssimos em suas academias – mas nenhum artista. O artista, virado pelo avesso, dirá apenas: odabeb. E muitos dos homens felizes consigo mesmos e com suas ideias e com sua vida ficarão desconfiados; e alguns ficarão pálidos.

Rio, abril de 1951

BEETHOVEN

Teu reino não é o da Música. Sempre olhaste com certo assombro os que vão a um concerto como quem vai a um ato de religião e, afundados em suas poltronas, gozam e sofrem em silêncio, e se entregam a um mundo misterioso de sensações e sentimentos de onde emergem com olhos brilhantes, dizendo coisas estranhas. Uma vez ou outra tiveste inveja desses apaixonados que, entretanto, no íntimo, assemelhas um pouco aos místicos e aos fumadores de ópio; mas nem sequer fizeste o menor esforço para entender o jargão dos iniciados e ouviste suas discussões distraído, como quem ouve falar uma língua estranha, ou doentes a contar sua febre e seu delírio. "Eles têm um outro mundo, maravilhoso e infinito, onde jamais entrarei" – pensaste com despeito. Mas a graça, e o gozo, e as aflições deste mundo em que vives sempre bastaram para te prender e te perder.

Foi assim, ao acaso de uma tarde vadia, que te deixaste ficar sozinho, na rede, a ouvir um desses discos *long-playing*, de tamanho grande, em que uma pianista de nome alemão gravou ao piano uma sonata de Beethoven, uma sonata de um número qualquer. Olhavas o mar cinzento que o sudoeste frio agitava de espumas; e às vezes parecia que não era apenas o vento, era também a música, na sua catadupa de notas graves, que assanhava o mar e fazia balançar no alto os grandes pinheiros.

"Beethoven" – pensaste um instante – um alemão nascido em Bonn, que andou muito em castelos de príncipes e arquiduques, que dizem que era gênio e que – reminiscência absurda de uma leitura de acaso – começou a ficar surdo em 1822. E como 1822 te lembra o grito do Ipiranga, associaste ao acaso esse grito e aquela surdez, como se o príncipe gritasse "Independência ou Morte!" e o músico perguntasse: "Hein, como assim?"

Sorriste a essa ideia ridícula; depois esticaste o corpo na rede e ficaste a olhar o céu, fechado de nuvens cinzentas e escuras. Tua rede ainda balançava devagar, e de olhos quase cerrados viste que as notas se precipitavam como água entre pedras, descendo um morro, como o córrego do Amarelo, em Cachoeiro, ou aquele outro, quase uma torrente, de água claríssima e gelada, a cuja margem deitaste, envolvido num capote, para descansar um instante durante a guerra, nos Apeninos.

Agora, uma revoada de coleiras-do-brejo, e tua amada vem dançando, a saltar de nuvem em nuvem, pois há pequenas nuvens brancas no céu azul. E ela marcha para ti de braços estendidos, suas pernas são longas, há um reflexo de sol na sua coxa que avança. Agora estás grave e só numa grande casa deserta, lá fora há sombra imensa de mangueiras e, no silêncio, uma chuva caprichosa tamborilando numa coberta de zinco. Mas pequenos seres se precipitam numa corrida frenética e caprichosa, fazendo curvas, se detendo, avançando, subitamente; serão corças pequenas? Tua amada está perto de ti, ouves bater seu coração, mas tu mesmo respiras opresso, sabes que talvez não dê pé, os dois vão morrer afogados, é preciso vencer essa onda de sons, é preciso encher o pulmão e, entretanto, a música se precipita sobre a tua cabeça e te afoga, mas agora te elevas, estás mais alto, numa crista, a água teimosa que avança com uma fúria reiterada ficou lá sob as pedras, triste e mesquinha... muito longe há moças com longos vestidos brancos, descalças, como nos balés, que avançam lentas, solenemente, levando a bela moça morta, tu és um grande bailarino, tens na mão uma flor, tu lhe ofereces essa rubra flor, ela revive, sorri e dança, tu adormeces feliz.

E apenas despertas ao ruído seco da vitrola rodando depois do disco acabado – *runc, runc, runc* – e na paz vesperal do sábado de Ipanema (na árvore, perto, há um casal de sanhaços azulados) tens vontade de agradecer e de pedir desculpas a esse homem rei de um mundo estranho, Ludwig van Beethoven, natural de Bonn.

Rio, dezembro de 1952

O POEMA QUE NÃO FOI APROVADO

Antigamente eu tinha aqui na *Manchete*, ao lado de minha crônica, uma pequena seção chamada "A poesia é necessária". Ali eu publicava toda semana um poema, quase sempre de autor novo. Depois houve mudança na direção da revista e fui informado de que a poesia não era mais necessária.

Não discuto com a direção. A prova de que a poesia não é necessária é que a revista continua crescendo, vende como pão quente, está cheia de anúncios e rendendo bela erva.

*

Na verdade aquela seção me fazia viver com eternos remorsos, pois recebia diariamente cartas com poemas e livros de versos de gente do Brasil inteiro (e até de Portugal e Algarve) que queria aparecer em *Manchete*. Como não podia publicar mais de um poema por semana, eu desgostava a muito mais gente do que agradava. Dez vezes, vinte vezes mais. Além disso, não respondia às cartas dos leitores-poetas, o que naturalmente só fazia aumentar minha sólida fama de sujeito antipático, mal-educado, metido a importante, "meio besta" etc.

Ah, que todos me perdoem, todos os poetas impublicados e todos os missivistas não respondidos. A eles dedico o pior poema que fiz em minha vida, e foi quando segui para a Itália como correspondente de guerra: "O pobre correspondente não era correspondido".

É tempo de Natal, sejamos todos amigos: perdoemo-nos as nossas más palavras e nossos maus versos.

*

Mas os poetas continuam a procurar-me. E desta vez a direção da revista que tenha paciência: vou publicar um poema. Este veio num cartão com o desenho de um sininho badalando.

Aqui está nosso cartão
Em prova de amizade

Desejando-lhe Boas-Festas
Saúde e Felicidade.

Entra ano e sai ano
Trabalhando sem cessar.
São os fiéis Lixeiros
Que vêm vos cumprimentar.

Mais um ano de trabalho
Aqui estão quem vos prestou
Apesar de bem cansados
Às vossas ordens estou.

Os vossos Lixeiros
Artur, Emílio e Agenor.

*

Fiquei comovido, e dei cinquenta cruzeiros aos poetas. Foi pouco, é verdade. Mas a caixa estava fraca, nesse dia.

O pior é que o fim do ano está chegando e ainda virão outros poetas: o da tinturaria, o da padaria, o carteiro etc. Preciso atender a todos esses poetas meus irmãos, e a caixa continua fraca. Além disso como enfrentar essas Festas com o bar vazio, só com um restinho de "Vovó Extra" que um amigo me trouxe de Fortaleza? Ah, aqui outrora retumbaram uísques...

Tive uma ideia: telefonar para Henrique Pongetti e Fernando Sabino e propor mandar imprimir uns cartões com versos para nossos leitores. Pensei no Leon Eliachar também, mas se ele entrasse na coisa o público poderia pensar que era piada.

Redigi uns versinhos, sujeitos a críticas e sugestões, e li pelo telefone aos dois colegas. Até que os versinhos não estão maus, embora talvez um pouco baseados na lira de nossos fiéis lixeiros:

Entra ano e sai ano
Escrevendo sem cessar
São os vossos fiéis Cronistas
Que vêm vos cumprimentar.
Feliz Natal e Ano-Novo!

Se o uísque estiver sobrando
Lembrai-vos destes Cronistas
Que de sede estão penando:
Henrique, Rubem e Fernando.

Para minha grande surpresa os dois colegas repeliram com indignação minha ideia. Disseram que não ficava bem. Argumentei que não é justo que o padeiro ganhe festas e o cronista, afinal de contas um padeiro espiritual, não possa nem pedir. Repeliram-me em nome dos bons princípios, da boa ética – e, desconfio, um pouco também de seus maus fígados.

De qualquer maneira, para fazer a coisa sozinho eu fico sem jeito. Desisto da ideia – embora, naturalmente, eu seja incapaz de fazer uma desfeita se alguém, apesar disso, insistir em mandar uísque para a casa de um cronista pobre sim, mas soberbo, nunca!

Rio, dezembro, 1957

DOIS ESCRITORES NO QUARTO ANDAR

A última crônica de meu livro *Um pé de milho* é sobre a Rue Hamelin, de Paris, "onde morreu Proust", faço notar doutamente, e onde vivi eu. Ao escrever aquela crônica eu ouvira cantar o galo, mas não sabia onde. Digo ali que "onde Proust morreu vive hoje um sindicato". Era o que eu pensava na ocasião. Eu vivia no quarto andar do número 44 e no segundo habitava meu amigo, o escritor gaúcho dom Carlos de Reverbel. Juntos fomos procurar o tal número onde morreu Proust e demos com o tal sindicato. Mas acontece que procurávamos um número errado. O verdadeiro – descobrimos depois – era o nosso 44 mesmo...

Não quero fazer pouco de dom Carlos de Reverbel, mas eu sou um proustiano mais íntimo do que ele. É verdade que meus inimigos assoalham que eu jamais li, no duro mesmo, todos aqueles volumes, embora, em conversas de salão eu seja capaz de discretear sobre Swan, descrever Combray ou Balbec, falar de Albertina ou da senhora duquesa de Guermantes. "O Braga tem as lantejoulas, mas não sabe as coisas" – murmuram os invejosos.

Pois que se mordam de inveja: Proust morreu exatamente no apartamento do quarto andar, de número 44, onde eu vivi. Dom Carlos morava, eu já disse, no segundo; pode alegar a seu favor que várias vezes foi ao quarto me visitar, o que o classifica, sem dúvida alguma, como o segundo proustiano do Brasil.

Léon Pierre-Quint conta que Marcel Proust alugou todo o quarto andar do edifício que então devia ser novo; ali morreu em 1922, ano em que pela primeira vez eu vinha ao Rio de Janeiro, vestido de marinheiro do *Encouraçado S. Paulo*, trazido pela minha irmã para ver a Exposição do Centenário. Eu tinha nove anos de idade, nunca ouvira falar de Proust e estava longe de supor que 25 anos depois iria dormir na cama em que ele morria aquele ano. Mais pobre do que Marcel, aluguei apenas o grande quarto de frente com uma entradinha e um banheiro, o que me custava 6 mil francos em 1947; não era caro, levando-se em conta que nesse tempo eu era casado.

Conta Léon Pierre-Quint que Proust escolheu um quarto muito frio (não diz qual) temendo que a calefação central fizesse mal à sua asma. Não posso afirmar, mas devia ser o meu quarto; era friíssimo. Imagino quantas vezes ele não se quedou, como eu, a olhar a rua lá embaixo, pela vidraça encardida, a esfregar as mãos de frio. Ah, bem que me parecia suspeita aquela velha cama, bem que notei certos estremecimentos nas cortinas e pressenti, no tapete desbotado, o rasto de antigos pés que o pisaram em noites de insônia, e vagas nódoas de remédio. Posso informar com a maior segurança que, pelo menos nos últimos anos de sua vida, Proust não tomava banho de chuveiro. Não havia chuveiro na casa. Encontrei uma banheira com manchas de sujos imemoriáveis; mandei lavá-la, esfregá-la, flambá-la com álcool, mas nem assim me animei a tomar um banho nela; preferi comprar um chuveirinho de borracha que adaptamos à pia. Eu não podia adivinhar que era a banheira de Proust...

Às vezes, pela madrugada – conta o biógrafo – Proust despachava Odilon em um táxi para procurar algum amigo que viesse conversar com ele. Imagino-o perfeitamente à espera, escutando o ruído agônico do pequeno elevador que, no quarto andar, para perigosamente entre dois degraus da escada, uma velha escada sempre às escuras em que os passos reboam absurdamente alto. O amigo o encontrava na cama, com um lenço no pescoço, todo vestido sob os cobertores, com luvas de algodão, vários pares de meias e o *plastron* branco sobre a camisa amarrotada, no quarto fechado cheirando a remédios, a asma, a fumigações, a Proust. Eu positivamente ainda recolhi ali um pouco desse cheiro, dentro do qual foi escrito o último volume de *Sodoma e Gomorra*; homem bárbaro de um país semibárbaro, me lembro de que muitas vezes combati esse cheiro abrindo de par em par as portas que dão para a sacada e a que dá para o corredor, formando corrente de ar para grande pânico da arrumadeira. Ah, se eu soubesse aproveitar bem aquele cheiro, que coisas sutis não haveria escrito no lugar das croniquinhas triviais que eu mandava para *O Globo*!

Proust cochilava três dias à custa de veronal, depois ficava três dias desperto à custa de cafeína, falando de literatura, de pintura (esses jovens: Giraudoux, Picasso...), recitando Anatole ou Baudelaire, discutindo finanças e mundanismo, falando em mandar vir seus livros, seus móveis, suas coisas, o que nunca chegou a fazer.

Também tive minhas noites de insônia na Rue Hamelin; não terá ficado dentro de mim um pouco da angústia proustiana? Seria distintíssimo, mas receio que não; três copos de Beaujolais me punham facilmente em boa forma.

De qualquer modo, os jovens intelectuais que quiserem escrever sobre Proust devem me consultar para "fazer ambiente". Posso, por exemplo, descrever o cubículo em que a *concierge* lá embaixo (uma velha, positivamente a mesma da era proustiana) está sempre fazendo contas, passando roupa a ferro ou espichando o nariz para ver quem entra, quando não atende ao telefone com sua voz chorosa:

— *Passy, soixante-et-un deux fois...*

Tomem nota, rapazes: Passy 61-61; é o antigo telefone do Proust e do Braga...

Rio, maio, 1958

NASCER NO CAIRO, SER FÊMEA DE CUPIM

Conhece o vocábulo escardinchar? Qual o feminino de cupim? Qual o antônimo de póstumo? Como se chama o natural do Cairo?

O leitor que responder "não sei" a todas estas perguntas não passará provavelmente em nenhuma prova de Português de nenhum concurso oficial. Mas, se isso pode servir de algum consolo à sua ignorância, receberá um abraço de felicitações deste modesto cronista, seu semelhante e seu irmão.

Porque a verdade é que eu também não sei. Você dirá, meu caro professor de Português, que eu não deveria confessar isso; que é uma vergonha para mim, que vivo de escrever, não conhecer o meu instrumento de trabalho, que é a língua.

Concordo. Confesso que escrevo de palpite, como outras pessoas tocam piano de ouvido. De vez em quando um leitor culto se irrita comigo e me manda um recorte de crônica anotado, apontando erros de português. Um deles chegou a me passar um telegrama, felicitando-me porque não encontrara, na minha crônica daquele dia, um só erro de português; acrescentava que eu produzira uma "página de bom vernáculo, exemplar". Tive vontade de responder: "Mera coincidência" – mas não o fiz para não entristecer o homem.

Espero que uma velhice tranquila – no hospital ou na cadeia, com seus longos ócios – me permita um dia estudar com toda calma a nossa língua, e me penitenciar dos abusos que tenho praticado contra a sua pulcritude. (Sabem qual o superlativo de pulcro? Isto eu sei por acaso: pulquérrimo! Mas não é desanimador saber uma coisa dessas? Que me aconteceria se eu dissesse a uma bela dama: a senhora é pulquérrima? Eu poderia me queixar se o seu marido me descesse a mão?)

Alguém já me escreveu também – que eu sou um escoteiro ao contrário. "Cada dia você parece que tem de praticar a sua má ação – contra a língua." Mas acho que isso é exagero.

Como também é exagero saber o que quer dizer escardinchar. Já estou mais perto dos cinquenta que dos quarenta; vivo de meu trabalho quase sempre honrado, gozo de boa saúde e estou até gordo demais, pensando em meter um regime no organismo – e nunca soube o que fosse escardinchar. Espero que nunca, na minha vida, tenha escardinchado ninguém; se o fiz, mereço desculpas, pois nunca tive essa intenção.

Vários problemas e algumas mulheres já me tiraram o sono, mas não o feminino de cupim. Morrerei sem saber isso. E o pior é que não quero saber; nego-me terminantemente a saber, e, se o senhor é um desses cavalheiros que sabem qual é o feminino de cupim, tenha a bondade de não me cumprimentar.

Por que exigir essas coisas dos candidatos aos nossos cargos públicos? Por que fazer do estudo da língua portuguesa uma série de alçapões e adivinhas, como essas histórias que uma pessoa conta para "pegar" as outras? O habitante do Cairo pode ser cairense, cairel, caireta, cairota ou cairiri – e a única utilidade de saber qual a palavra certa será para decifrar um problema de palavras cruzadas. Vocês não acham que nossos funcionários públicos já gastam uma parte excessiva do expediente matando palavras cruzadas da *Última Hora* ou lendo o horóscopo e as histórias em quadrinhos de *O Globo*?

No fundo o que esse tipo de gramático deseja é tornar a língua portuguesa odiosa; não alguma coisa através da qual as pessoas se entendam, mas um instrumento de suplício e de opressão que ele, gramático, aplica sobre nós, os ignaros.

Mas a mim é que não me escardincham assim, sem mais nem menos: não sou fêmea de cupim nem antônimo de póstumo nenhum; e sou cachoeirense, de Cachoeiro, honradamente – de Cachoeiro de Itapemirim!

Rio, novembro, 1959

A MINHA GLÓRIA LITERÁRIA

"Quando a alma vibra, atormentada..."

Tremi de emoção ao ver essas palavras impressas. E lá estava o meu nome, que pela primeira vez eu via em letra de forma. O jornal era *O Itapemirim*, órgão oficial do Grêmio Domingos Martins, dos alunos do Colégio Pedro Palácios, de Cachoeiro de Itapemirim, estado do Espírito Santo.

O professor de Português passara uma composição: "A lágrima". Não tive dúvidas: peguei a pena e me pus a dizer coisas sublimes. Ganhei dez, e ainda por cima a composição foi publicada no jornalzinho do colégio. Não era para menos:

"Quando a alma vibra, atormentada, às pulsações de um coração amargurado pelo peso da desgraça, este, numa explosão irremediável, num desabafo sincero de infortúnios, angústias e mágoas indefiníveis, externa-se, oprimido, por uma gota de água ardente como o desejo e consoladora como a esperança; e esta pérola de amargura arrebatada pela dor ao oceano tumultuoso da alma dilacerada é a própria essência do sofrimento: é a lágrima."

É claro que eu não parava aí. Vêm, depois, outras belezas; eu chamo a lágrima de "traidora inconsciente dos segredos d'alma", descubro que ela "amolece os corações mais duros" e também (o que é mais estranho) "endurece os corações mais moles". E acabo com certo exagero dizendo que ela foi "sempre, através da História, a realizadora dos maiores empreendimentos, a salvadora miraculosa de cidades e nações, talismã encantado de vingança e crime, de brandura e perdão".

Sim, eu era um pouco exagerado; hoje não me arriscaria a afirmar tantas coisas. Mas o importante é que minha composição abafara e tanto que não faltou um colega despeitado que pusesse em dúvida a sua autoria: eu devia ter copiado aquilo de algum almanaque.

A suspeita tinha seus motivos: tímido e mau falante, meio emburrado na conversa, eu não parecia capaz de tamanha eloquência. O fato é que a suspeita não me feriu, antes me orgulhou; e a recebi com desdém, sem sequer desmentir a acusação. Veriam, eu sabia escrever coisas loucas;

dispunha secretamente de um imenso estoque de "corações amargurados", "pérolas da amargura" e "talismãs encantados" para embasbacar os incréus; veriam...

Uma semana depois o professor mandou que nós todos escrevêssemos sobre a Bandeira Nacional. Foi então que – dá-lhe, Braga! – meti uma bossa que deixou todos maravilhados. Minha composição tinha poucas linhas, mas era nada menos que uma paráfrase do Padre-Nosso, que começava assim: "Bandeira nossa, que estais no céu..." Não me lembro do resto, mas era divino. Ganhei novamente dez, e o professor fez questão de ler, ele mesmo, a minha obrinha para a classe estupefata. Essa composição não foi publicada porque *O Itapemirim* deixara de sair, mas duas meninas – glória suave! – tiraram cópias, porque acharam uma beleza.

Foi logo depois das férias de junho que o professor passou nova composição: "Amanhecer na fazenda". Ora, eu tinha passado uns quinze dias na Boa Esperança, fazenda de meu tio Cristóvão, e estava muito bem informado sobre os amanheceres da mesma. Peguei da pena e fui contando com a maior facilidade. Passarinhos, galinhas, patos, uma negra jogando milho para as galinhas e os patos, um menino tirando leite da vaca, vaca mugindo... e no fim achei que ficava bonito, para fazer *pendant* com essa vaca mugindo (assim como "consoladora como a esperança" combinara com "ardente como o desejo"), um "burro zurrando". Depois fiz parágrafo, e repeti o mesmo zurro com um advérbio de modo, para fecho de ouro:

"Um burro zurrando escandalosamente."

Foi minha desgraça. O professor disse que daquela vez o senhor Braga o havia decepcionado, não tinha levado a sério seu dever e não merecia uma nota maior do que cinco; e para mostrar como era ruim minha composição leu aquele final: "um burro zurrando escandalosamente".

Foi uma gargalhada geral dos alunos, uma gargalhada que era uma grande vaia cruel. Sorri amarelo. Minha glória literária fora por água abaixo.

Rio, janeiro, 1960

O MISTÉRIO DA POESIA

Não sei o nome desse poeta, acho que boliviano; apenas lhe conheço um poema, ensinado por um amigo. E só guardei os primeiros versos: *"Trabajar era bueno en el Sur. Cortar los árboles, hacer canoas de los troncos"*.

E tendo guardado esses dois versos tão simples, aqui me debruço ainda uma vez sobre o mistério da poesia.

O poema era grande, mas foram essas palavras que me emocionaram. Lembro-me delas às vezes, numa viagem; quando estou aborrecido, tenho notado que as murmuro para mim mesmo, de vez em quando, nesses momentos de tédio urbano. E elas produzem em mim uma espécie de consolo e de saudade não sei de quê.

Lembrei-me agora mesmo, no instante em que abria a máquina para trabalhar nessa coisa vã e cansativa que é fazer crônica.

De onde vem o efeito poético? É fácil dizer que vem do sentido dos versos; mas não é apenas do sentido. Se ele dissesse: *"Era bueno trabajar en el Sur"* não creio que o poema pudesse me impressionar. Se no lugar de usar o infinito do verbo *cortar* e do verbo *hacer* usasse o passado, creio que isso enfraqueceria tudo. Penso no ritmo; ele sozinho não dá para explicar nada. Além disso, as palavras usadas são, rigorosamente, das mais banais da língua. Reparem que tudo está dito com os elementos mais simples: *trabajar, era bueno, Sur, cortar, árboles, hacer canoas, troncos*.

Isso me lembra um dos maiores versos de Camões, todo ele também com as palavras mais corriqueiras de nossa língua:

"A grande dor das coisas que passaram."

Talvez o que impressione seja mesmo isso: essa faculdade de dar um sentido solene e alto às palavras de todo dia. Nesse poema sul-americano a ideia da canoa é também um motivo de emoção.

Não há coisa mais simples e primitiva que uma canoa feita de um tronco de árvore; e acontece que muitas vezes a canoa é de uma grande beleza plástica. E de repente me ocorre que talvez esses versos me emocionem particularmente por causa de uma infância de beira-rio e de beira-mar. Mas não pode ser: o principal sentido dos versos é o do trabalho; um trabalho que era bom, não essa "necessidade aborrecida" de hoje. Desejo de fazer alguma coisa simples, honrada e bela, e imaginar que já se fez.

Fala-se muito em mistério poético; e não faltam poetas modernos que procurem esse mistério enunciando coisas obscuras, o que dá margem a muito equívoco e muita bobagem. Se na verdade existe muita poesia e muita carga de emoção em certos versos sem um sentido claro, isso não quer dizer que, turvando um pouco as águas, elas fiquem mais profundas...

Fevereiro, 1949

O CRIME (DE PLÁGIO) PERFEITO

Aconteceu em São Paulo, por volta de 1933, ou 4. Eu fazia crônicas diárias no *Diário de S. Paulo* e além disso era encarregado de reportagens e serviços de redação; ainda tinha uns bicos por fora. Fundou-se naquela ocasião um semanário humorístico, *O Interventor*, que depois haveria de se chamar *O Governador*. Seu dono era Laio Martins, excelente homem de cabelos brancos e sorriso claro, boêmio e muito amigo. Pediu-me colaboração; o que podia pagar era muito pouco, mas eu não queria faltar ao amigo. Escrevi algumas crônicas assinadas. Depois comecei a falhar muito, e como Laio reclamasse, inventei um pretexto para não escrever. Seu jornal era excessivamente político (perrepista, se bem me lembro) e eu não queria tomar partido na política paulista, mesmo porque tinha muitos amigos antiperrepistas. Laio não se conformou: "Então ponha um pseudônimo!"

Prometi de pedra e cal, mas não cumpri. Laio reclamou novamente, me deu um prazo certo para lhe entregar a crônica. No dia marcado eu estava atarefadíssimo, e quando veio o contínuo buscar a crônica para *O Interventor* eu cocei a cabeça – e tive uma ideia. Acabara de ler uma crônica de Carlos Drummond de Andrade no *Minas Gerais*, órgão oficial de Minas, com um pseudônimo – algo assim como Antônio João, ou João Antônio, ou Manuel Antônio, não me lembro mais; ponhamos Antônio João. Botei papel na máquina, copiei a crônica rapidamente e lasquei o mesmo pseudônimo.

Dias depois recebi o dinheiro da colaboração, juntamente com o pedido urgente de outra crônica e um recado entusiasmado do Laio: a primeira estava esplêndida!

Daí para a frente encarreguei um menino da portaria, que estava aprendendo a escrever a máquina, de bater a crônica de Drummond para mim; eu apenas revia, para substituir ou riscar alguma referência a qualquer coisa de Minas. Pregada a mentira e praticado o crime, o remédio é perseverar nesse rumo hediondo; se às vezes senti remorso, eu o afogava em chope no bar alemão ao lado, e o pagava (o chope) com o próprio dinheiro do vale do Antônio João.

O remorso não era, na verdade, muito: Carlos não sabia de nada, e o que eu fazia não era propriamente um plágio, porque nem usava matéria assinada por ele, nem punha o meu nome em trabalho dele. E Laio Martins sorria feliz, comentando com meu colega de redação: "O Rubem não quer assinar, mas que importa? Seu estilo é inconfundível!"

O estilo era inconfundível e o chope era bem tirado; mas você pode ter a certeza, Carlos Drummond de Andrade, que muitas vezes eu o bebi à sua saúde, ou melhor, à saúde do Antônio João, isto é, à nossa. Dos 25 mil-réis que Laio me pagava, eu dava 5 para o menino que batia à máquina; era muito dinheiro para um menino naquele tempo, e isso fazia o menino feliz. Enfim, lá em São Paulo, todos éramos felizes graças ao seu trabalho: Laio, o menino, os leitores e eu – e você em Minas não era infeliz.

Não creio que possa haver um crime mais perfeito.

Agosto, 1956

ANTIGAMENTE SE ESCREVIA ASSIM

Caio Prado, em seu prefácio à edição fac-similada da *Corografia Brasílica*, nega a Aires de Casal "qualidades de observação, análise, comparação e síntese", mas abre uma exceção para suas descrições de animais e plantas. E tem razão.

Imagine se você tivesse de explicar como é caju a uma pessoa que nunca viu caju. Duvido que fizesse melhor do que isto:

> *Seu fruto singular é do tamanho e figura de pimentão roliço, de pele fina, lisa, avermelhada ou amarelada, e às vezes d'ambas estas cores, com uma substância branca, esponjosa, assaz suculenta, agridoce, sem caroço, nem pevides; e tem na extremidade um apêndice duro, com forma de rim de lebre, e casca cinzenta, cheia de óleo cáustico, e que cobre uma substância alva e oleosa: dão-lhe com propriedade o nome de castanha, porque só se come assado, e seu sabor nada difere do da castanha europeia, quando assada.*

Vejam agora sua bela perplexidade ao descrever certa espécie de beija-flor:

> *Quando virado para o observador, a garganta e o peito tomam num instante várias cores, segundo os movimentos do passarinho; umas vezes a da aurora, quando mais rutilante, ou de oiro derretido no cadinho, fugindo de repente umas vezes para verde, outras para azul, outras para branco, sem nunca perder um brilhante tão inimitável como inexpressável; a cabeça, que é negra, e ornada com um penachinho da mesma cor quando a ave está de costas ou de lado para a gente, parece cravejada*

de cintilantes rubis quando lhe apresenta a dianteira;
ou toda dum escarlate brilhante, que insensivelmente
passa a um amarelo refulgente.

Será mal escrito; mas é bem descrito. O homem se esbaldou para dar uma impressão da coisa, e deu. Não sei de ninguém que fizesse isso melhor hoje em dia – a não ser o saudoso Guimarães Rosa, naquele seu jeito lá dele.

Dizem que Fernando Pessoa não era muito dado a mulheres. Eu não sei. Em todo caso, leiam a primeira quadra de um de seus poemas:

> *Dá a surpresa de ser*
> *É alta, de um louro escuro.*
> *Faz bem só pensar em ver*
> *Seu corpo meio maduro.*

E agora leiam a última:

> *Apetece como um barco.*
> *Tem qualquer coisa de gomo.*
> *Meu Deus, quando é que eu embarco?*
> *Ó fome, quando é que eu como?*

Ele queria comer a moça, o Fernando.

De *O soldado prático* de Diogo do Couto (1542-1616), sobre as varas dos juízes da Índia:

> *Algumas vi eu já lá tão delgadas, que com um rubi ou*
> *diamante se dobravam logo; porque já com alcatifas,*
> *colchas, peças de sedas, e louça da China, e outras desta*
> *sorte, isto fá-las inclinar até o chão; e o bem que têm,*
> *que nunca quebram, por muito peso que lhes ponhais,*

porque haverá destas que pode com um cavalo selado e enfreado, sem fazer mais que torcer. Quebram elas algumas vezes, mas os focinhos aos pobres, quebram-lhe a honra e a fazenda.

Do mesmo livro, sobre a corrupção dos tribunais da Índia, onde as testemunhas eram compradas:

E bem se lembra Vossa Mercê daquele dito do grande Afonso de Albuquerque, que, queixando-se já disso, dizia a alguns: – Sabeis quão má gente é a da Índia, que me puseram que eu era puto, e mo provaram? – sendo ele um fidalgo tão honrado, tão cristão e tão honesto, que afirmam que nunca criado seu lhe viu o pé descalço.

Julho, 1981

POR QUEM OS SINOS BIMBALHAM

Escrever mal é fácil; há pessoas que escrevem naturalmente mal, sem nenhum esforço no sentido de escrever muito bem. São os maus escritores vulgares. Neste momento estou pensando é nos outros, nos iluminados (iluminados aqui, naturalmente, quer dizer, demoníacos) da arte de escrever mal.

O primeiro caso que me ocorre não é o de um mau escritor habitual; não. Trata-se de um homem que normalmente até escreve bem, com certa dignidade e limpeza; mas um dia lhe deu um estalo... Vou contar.

Joel Silveira dirigia um semanário, e há muito tempo aquele amigo lhe prometia um artigo. Seria sobre política ou economia; ou talvez as duas coisas embrulhadas em História, pois o amigo, além de poeta, era historiador. Mas não havia jeito de o artigo sair. Joel cobrava, o amigo dizia que estava caprichando. Até que chegou o dia fatal. O escritor entrou na redação e, em silêncio, tirou o artigo do bolso e o pôs na mesa, sob os olhos de Joel.

— Oh, até que enfim!

Silveira abriu-se num sorriso, ergueu-se para abraçar o amigo; depois sentou-se outra vez, pegou o artigo, leu apenas duas palavras e ficou de uma palidez mortal. Com um gesto de invencível repulsa afastou as laudas de sua frente e mal conseguiu articular:

— Não!

O outro estacou surpreso. Joel parecia ir sucumbir; apelou para todas as energias sergipanas, ergueu-se novamente e, pegando o artigo sem lhe lançar mais os olhos, devolveu-o ao autor:

— Não!

O outro ficou sem saber se aquilo era de brincadeira ou deveras; mas Joel Silveira recobrou sangue, e recobrou até demais. Estava rubro, seus olhos faiscavam:

— Você está louco? Eu fecho este jornal, mas este artigo não sai!

E berrou para mim, a duas mesas de distância, como quem pede socorro:

— Rubem!

Quando me aproximei, ele retomou o artigo da mão do amigo e me mostrou:

— Veja se é possível publicar isto! Leia só as três primeiras palavras: você não chegará à quarta! Ninguém, no mundo, conseguirá chegar até a quarta palavra, a linotipo vai engasgar na hora de compor isso!

Olhei – mas Joel já bradava para toda a redação ouvir, aquele começo genial: "Tirante, é óbvio, ..."

E indignado:

— A gente tropica na primeira vírgula, passa por cima desse óbvio, bate com a cabeça na segunda, morre!

*

O outro caso foi o de uma senhora. Uma senhora que tinha seus encantos, usava perfume francês. Estava muito bem recomendada. Caio de Freitas, que era o secretário da redação, tinha ordem de publicar a sua crônica. Ela entrou na sala com seu andar musical, abriu a bolsa, meteu lá a longa mão branca (lembro-me das veias azuis) e com um sorriso encantador estendeu o original:

— Aqui está...

Caio sorria com seus olhos verdes, encantado com aquela presença. Vi, porém, que seu sorriso murchava. Por um instante senti que seus lábios tremiam ligeiramente, como se estivesse reprimindo um acesso de cólera. Conteve-se. Fechou a cara. Meteu a crônica na gaveta. Fez um ar apressado, levou a senhora até o elevador, beijou-lhe a mão, conseguiu forjar um sorriso de despedida, mas quando voltou sua expressão era de ódio impotente misturado com desalento.

Tirou a crônica da gaveta e me mostrou: "Natal! Natal! Bimbalham os sinos..."

O demônio é forte. Até hoje sou incapaz de ouvir falar em Natal ou ver aqueles horríveis anúncios com Papai Noel na televisão sem me lembrar daquelas palavras, que me perseguem há mais de trinta anos: "Natal! Natal! Bimbalham os sinos..."

E muitas vezes, quando me sento diante da máquina, principalmente nos dias de mormaço e tédio, sinto que o demônio me domina e me vem a tentação terrível de começar com as palavras fatais: "Tirante, é óbvio, ...".

O VELHO

Faz 60 anos este mês esse grande pessimista de coração de menino que se chama Graciliano Ramos.

Para mim ele sempre foi "o velho Graça". Tenho tido na minha obscura vida mais honras que mereço: uma grande, e que especialmente me comove, foi a de ter sido seu companheiro de pensão, há uns quinze ou dezesseis anos atrás.

Meu quarto era de frente, na Corrêa Dutra, e dava para a ruazinha cheia de pensões, inclusive a casa das irmãs Batista. Seu quarto era o dos fundos, e dava para o zinco de uma grande garagem imensa, onde passeavam gatos vagabundos. Acho que foi Lúcio Rangel que nos levou para ali, eu com minha mulher, ele com a dele e duas meninas.

Até hoje não descobri com que artes heroicas sempre conseguimos, ainda que com atraso, pagar a pensão àquela velhinha meio pancada que só o chamava de Braziliano e nos explicava tranquilamente, quando a comida piorava muito, ou não havia manteiga no café da manhã, que fora infeliz na roleta; jogava sempre no número da catacumba do Flori, seu marido; mas o finado não dava muita sorte.

Eu ainda poderia lembrar aquele "tira" que ficou estupefato, quando começou a falar de Victor Hugo na mesa, para brilhar na conversação, e Graciliano, chateado, decretou rispidamente: "Victor Hugo era uma besta"; do intendente naval e sua senhora, que não era sua senhora; do Vanderlino; da alegre pensão do lado, com a bela morena que às vezes ficava nua com a janela aberta; da cerveja do botequim da esquina de Bento Lisboa.

Mas são tudo coisas vulgares em si mesmas, e ainda mais o seriam para o leitor, que as não viu, nem viveu. O que as torna grandes para mim é a sua ligação com a figura desse sertanejo amargo e amigo que saíra da cadeia de cabeça raspada, saúde estragada e sem tostão, e não se queixava, nem pedia nada a ninguém. Acordava cedo, lavava a cara quando o dia ainda estava clareando e ali no quarto onde a mulher e as filhas ainda dormiam, abria o armário de pinho envernizado, tomava um trago de cachaça, tirava da carteira seis cigarros Selma, batia-os e apertava o seu fumo até que a parte da ponta da cortiça ficasse vazia, dispunha-os na mesa, colocava ao lado seis paus de fósforos, abria o tinteiro, pegava a caneta – e lentamente, com sua letra retilínea, onde até as emendas são rigorosamente corretas, escrevia um capítulo de romance numa prosa seca, precisa, limpa e entretanto estranhamente sensível, que é das melhores que já foram escritas em língua portuguesa. Doente e pobre, o velho Graça vai fazer 60 anos. Nossa amizade, que nenhuma diferença de política jamais afetou, sempre foi seca de expressões, econômica de gestos e palavras. Conheço o velho. Ele dirá algum desaforo amigável quando ler estas linhas. Mas não evitará o comovido abraço que lhe mando.

Correio da Manhã, 21 de outubro de 1952

LOBATO

Li apenas o primeiro volume (o segundo sumiu) do bom livro sobre a vida e a obra de Monteiro Lobato que Edgard Cavalheiro escreveu. E outro dia fiquei pensando na influência tremenda que Lobato exerceu; influência muito maior do que parece à primeira vista, porque foi extensa e profunda.

Eu me lembro quando o conheci em São Paulo. Com aquela simpatia, aquela generosidade fabulosa que ele dedicava a todo moço, e que o levava a fazer os prefácios mais descaradamente elogiosos a qualquer obrinha de autor novo, ele me abraçou e disse que eu alterara um dia de sua vida. Como? Eu escrevera uma crônica sobre um almoço mineiro, falando de couve, lombinho de porco, tutu, torresmo. Ele disse que leu e ficou com água na boca; telefonou para casa, cancelou um almoço que tinha de ir, mandou fazer um "virado" mais ou menos assim. "Você é um escritor! – ele me dizia — isso é que é um escritor, um homem capaz de fazer a gente sentir fome!"

Monteiro Lobato fazia um pouco mais que isso; fazia e fez, na realidade, o brasileiro ter fome de ferro e de petróleo, ter fome de resolver seus problemas de base. Foi ele, ele sozinho, ele muito mais do que qualquer partido ou campanha, que meteu na cabeça do povo – do menino, do velho, do militar e do paisano, do médico e do operário – estas duas verdades simples, fundamentais: de que o país precisava formar seu esqueleto de ferro e de que tínhamos petróleo e devíamos e podíamos explorá-lo nós mesmos.

Foi inutilmente que um dos mais poderosos *trusts* do mundo mobilizou contra ele toda a força de seus advogados administrativos, seus técnicos, sua imprensa, seus políticos, seus homens de negócios: sozinho, com sua pena, esse fabuloso escritor venceu.

Não importa que o seu forno elétrico não fosse uma solução para a nossa siderurgia ou que suas pequenas companhias particulares não fossem uma solução para nosso petróleo; o que importa é que Lobato deu ao Brasil a consciência profunda de suas próprias necessidades e de sua própria capacidade.

Não sou um pessimista. Acredito que este país chegou a um ponto tão avançado de seu progresso industrial que não será mais possível detê-lo. Isto não é mais uma colônia. O Brasil vai em frente. E quem lhe deu ordem de marchar não foi nenhum político, nenhum general, nenhum técnico nem homem de negócios: foi, para honra deste pobre oficio de escrever, um simples escritor, José Bento Monteiro Lobato.

Diário de Notícias, 24 de abril de 1956

ALVINHO

Nesse domingo, 23 de novembro, em que Álvaro Moreyra faz 70 anos, eu não estarei no Rio para abraçá-lo: vou a Cachoeiro tomar meu banho anual de civilização...

A revista *Leitura* promove uma reunião de homenagem a Álvaro no auditório do Ministério da Educação, com apoio das outras revistas literárias – *Jornal de Letras, Para Todos* e *Boletim Bibliográfico Brasileiro*. Álvaro reúne em torno de si pessoas de todos os quadrantes porque é o nosso mais ameno professor de cordialidade. É um homem que acredita na bondade e na poesia da vida, embora sabendo o quanto elas são vasqueiras.

Conheci-o quando eu andava pelos 21 anos, naquela saudosa casa de Xavier da Silveira, onde qualquer pessoa se sentia em casa, tão simples e natural era a acolhida de seus donos. Para mim como para muitos outros jovens a casa de Alvinho era um lar dominical. Tenho-lhe até hoje uma gratidão física, porque muitas vezes aquela generosa feijoada era a única refeição decente e substancial que eu fazia durante toda a semana. Mas o que ele fornecia ao nosso espírito não era uma feijoada: era algo de leve, de limpo, era ao mesmo tempo ironia e ternura pela vida, era bom gosto e boa-fé. Ria-se muito, mas rindo a gente aprendia a levar a sério o que vale a pena.

Devo muito a Álvaro, ao convívio de seus quadros, de seus livros, de inteligência e de sua estima. Muita gente de mais de uma geração poderia dizer o mesmo.

Diário de Notícias, 23 de novembro de 1958

MEU PROFESSOR BANDEIRA

Pela volta dos 15 anos, o poeta de quem eu mais gostava era mesmo Olavo Bilac. Lembro-me de ler seus versos sozinho no Campo de São Bento, em Niterói. Eu tivera de deixar o ginásio lá de Cachoeiro, no meio do 5º ano, devido a um incidente com um professor. Vim terminá-lo no Salesiano de Santa Rosa, e morava na rua Lopes Trovão, em Icaraí, na casa de uma família aparentada à minha, os Paraíso.

Não tinha amigos de minha idade: apenas companheiros de escola e outros de praia; com estes nadei muitas vezes de Icaraí até o fim da praia das Flechas, passando por fora de Itapuca. Tinha até um sujeito que queria me levar para sócio atlético do Clube Icaraí; naquele tempo havia a prova de travessia da Guanabara a nado, e ele fazia fé em mim; mas foi aí que veio uma sinusite gravíssima e me atrapalhou a vida.

Bem, mas não estou escrevendo para contar vantagem de nadador; falava de Bilac. Seu livro era como um amigo íntimo que me fazia confissões e ouvia as minhas. Até hoje guardo uma terna lembrança de seus versos, e sempre me dói ouvir falar dele com pouco caso, como faz o Paulo Mendes Campos; acho um desaforo...

Pois logo depois de Bilac, o poeta que me empolgou foi Manuel Bandeira. Não sei como me caiu nas mãos *Libertinagem*; acho que foi meu irmão Newton quem me deu, em 1930 ou 1931. Logo depois arranjei *Poesias*, que reunia os três livros anteriores do poeta. Minha adesão a Bandeira foi imediata e completa. Ele me ajudou não apenas a namorar minhas namoradas e me conformar com o desprezo de outras, como a suportar rudes golpes afetivos que sofri, com a morte de pessoas queridas. Os versos de Bandeira passaram a fazer parte de minha vida íntima, ficaram ligados a momentos, pessoas, emoções; até hoje.

Lembro-me da surpresa e vaidade que senti, quando, um pouco mais tarde, fazia crônicas para um jornal de Belo Horizonte, e me contaram que várias pessoas pensavam que Rubem Braga era pseudônimo de Manuel Bandeira. É que na verdade sofri uma grande influência de Manuel; não de suas crônicas, pois estas eu não conhecia então, mas de seus poemas. A linguagem limpa e ao mesmo tempo familiar, às vezes popular, de muitos de seus poemas, influiu em minha modesta prosa. E da melhor maneira: no sentido da clareza, da simplicidade, e de uma espécie de franqueza tranquila de quem não se enfeita nem faz pose para aparecer diante do público. Acho que nenhum prosador teve influência maior em minha escrita do que o poeta Manuel.

Sim, muita coisa ele me ensinou. Só não me ensinou o milagre de sua condensação lírica e musical, o pulo de gato da poesia; mas também um escrevedor de jornal e revista não precisava saber tanto...

Diário de Notícias, 23 de setembro de 1967

CLARICE LISPECTOR, UMA CONTISTA CARIOCA

Muito francesa esta curta informação do *Petit Larousse* sobre Virginia Woolf: *"Romancière anglaise, née à Londres (1882-1941); sa finesse rappelle la manière du romancier français Marcel Proust"*.

Seria possível dizer de Clarice Lispector que sua finura lembra Virginia Woolf – que parece ser, realmente, a sua mais forte influência. Mas o que me surpreende e me encanta, principalmente, nos contos de Clarice, como os desse admirável volume *Laços de família*, que aparece em terceira edição, é, nessa escritora tão vivida no estrangeiro, o forte sabor carioca. Por mais introspectiva que seja a escritora, ela não é alerta apenas aos tumultos e confusões da alma, mas também, com uma sensibilidade especial, às luzes, aos rumores, às brisas e à temperatura, a detalhes da paisagem e do ambiente.

Seus personagens não são apenas do Rio, são de certas ruas, de certos bairros, e trazem a marca disso: no ajantarado de Copacabana "a nora de Olaria apareceu de azul-marinho, com enfeites de *pailletés* e um drapejado disfarçando a barriga sem cinta"; e ela permanece o tempo todo como que bloqueada em seu reduto espiritual de Olaria, fitando com desafio a sua concunhada de Ipanema.

A portuguesita preguiçosa e lúbrica só poderia viver na rua do Riachuelo e jantar com vinho verde na praça Tiradentes. A senhora da *Imitação da rosa*, essa moça "castanha como obscuramente achava que uma esposa devia ser", é basicamente *Moça da Tijuca*. E o Rio vive nesse livro, com seu jardim botânico e seu jardim zoológico, seus antigos bondes, seu calor, suas noitinhas, seu jardinzinho de São Cristóvão, suas moscas, seus sábados e famílias.

Isso que estou dizendo é apenas uma nota marginal ao livro de Clarice, cujo interesse maior reside na intensa vibração interna de seus seres, e na maestria de estilo e composição em que ninguém a supera no Brasil. Mas a todos nós, que vivemos no Rio, e ficamos pela primeira vez vagamente patriotas cariocas depois da mudança da capital, é doce sentir a cidade arfar e tremer sobre as cabeças dessas criaturas, como se quisesse prendê-las e condicioná-las.

E neste ano do Quarto Centenário sentimos, com orgulho e prazer, que a ucrano-pernambucana Clarice Lispector é, na verdade, uma grande contista carioca, da boa e nobre linhagem de Machado de Assis.

Manchete, 11 de dezembro de 1965

GENTE QUE MORRE

Vou a São Paulo, e é a primeira vez que o faço depois da morte de Sérgio Milliet. Sua sombra amiga, divisei-a na rua São Luís, na saída de uma galeria de arte, entre as árvores da sua Biblioteca Municipal, na mesinha do bar. Lembro-o mais, porém, na sua antiga mesa, na velha redação d'*O Estado de S. Paulo*, no tempo em que lá trabalhamos juntos. Sérgio teve a morte boa, súbita, fulminante. Os amigos que foram ao seu apartamentinho, que eu não conhecia, contaram que era pobre como um quarto de estudante. Desde que o filho, moço e brilhante, morreu, Sérgio era uma espécie de órfão desencantado e boêmio. Mas nunca deixou de ser um grande trabalhador intelectual – e seus dicionários de tradutor lá estavam, abertos, sobre a pequena mesa atulhada de papéis. Deixou um romance inédito, não sei se acabado. Não imagino o que ficará de sua obra poética. Sua obra de crítico, esta sei que teve uma poderosa influência na literatura e na pintura do Brasil de hoje; mais do que crítico, ele era um ensaísta, um orientador, um homem de sensibilidade e de cultura que sabia ensinar, mesmo quando tinha o ar de estar apenas divagando.

Durante essa estada em São Paulo tomo conhecimento de mais duas mortes: a de Pedro Mota Lima, em um desastre de avião na Europa Oriental, e a de Bercelino Maia, atropelado na rua de um arrabalde paulistano. Dois homens de jornal que há muito haviam se afastado de meu caminho, tanto que eu nem sabia por onde andavam, mas que lembro com melancolia e saudade.

"Vivo!" – é como o pintor Scliar costuma responder quando a gente pergunta como vai ele. Esse número cada vez maior de amigos que se vão me impediria talvez de responder com tanta certeza à mesma pergunta. Percebo que me ficaria melhor responder, sem entusiasmo e sem aflição: "sobrevivendo..."

Diário de Notícias, 2 de dezembro de 1966

O DOUTOR PROGRESSO ACENDEU
O CIGARRO NA LUA

"Eu sou apenas o pai do Chico" – dizia Sérgio Buarque de Holanda quando alguém pretendia entrevistá-lo. Modéstia do orador e ao mesmo tempo orgulho (justíssimo) de pai. Esse homem que morreu há dois anos ocupava um lugar todo especial em nossa cultura pela penetração e equilíbrio de seus ensaios de História e Psicologia Social. Mostrou-se grande logo em seu primeiro livro, *Raízes do Brasil*, tão famoso que faz esquecer os outros. Afonso Arinos protestava outro dia contra o relativo esquecimento em que caiu o livro *Do Império à República*; eu por mim tive um grande prazer há pouco tempo em ler *Caminhos e fronteiras*, que fui encontrar, com uma dedicatória carinhosa, mas todo fechado ainda, no caos de minha estante. Um livro de grande erudito, mas livro saboroso em que aprendemos muita coisa séria através de trivialidades antigas – o monjolo, a rede, a tanajura, a canoa, o moquém, a cutia, o mel de pau...

Mas para nós, de Cachoeiro de Itapemirim, Sérgio Buarque de Holanda era também o doutor Progresso.

Foi o caso que, em 1925, o jornalista e caricaturista Vieira da Cunha fundou em Cachoeiro um jornal diário chamado *Progresso*. Vejo, em uma publicação antiga, o clichê muito reduzido da primeira página do número 11, de 1º de maio de 1925. Aí um correspondente do Rio manda opiniões de vários escritores sobre o jornal. São elogios de Graça Aranha, Prudente de Moraes Neto, Américo Facó, José Geraldo Vieira, Elói Pontes, Olegário Mariano e, entre outros, Sérgio Buarque de Holanda. Pouco depois, Vieira da Cunha convenceu Sérgio a ir para Cachoeiro dirigir o jornal. Ele partiu. Manuel Bandeira saudou essa "aventura" dizendo que ele era o coronel Fawcet de Cachoeiro de Itapemirim, lembrando um explorador inglês que se perdeu na Amazônia...

Não sei quanto tempo Sérgio ficou lá em Cachoeiro. Lembro-me que logo pegou o apelido de doutor Progresso, e que usava óculos. Pouco antes, segundo atestam Afonso Arinos e Manuel Bandeira, ele usava monóculo. Escreve Bandeira em uma crônica recolhida no livro *Flauta de papel*:

Nunca me esqueci de sua figura certo dia em pleno largo da Carioca, com um livro debaixo do braço e no olho direito o monóculo que o obrigava a um ar de seriedade. Naquele tempo não fazia senão ler. Estava sempre com o nariz metido num livro ou numa revista – nos bondes, nos cafés, nas livrarias. *Tanta eterna leitura me fazia recear que Sérgio soçobrasse num cerebralismo...*

E mais adiante:

Lia todas as novidades da literatura francesa, inglesa, alemã, italiana e espanhola. Sérgio não soçobrou: curou-se do cerebralismo caindo na farra. Dispersou a biblioteca, como se já a trouxesse de cor (e trazia mesmo, que memória a dele!) e acabou emigrando para Cachoeiro de Itapemirim.

Escreve, a seguir, Bandeira, que quem poderia contar as andanças de Sérgio em Cachoeiro era... *o Rubem Braga, que naquele tempo era ainda menino, e suspeito que fez parte das badernas que acompanhavam de assuada os passos malseguros do doutor Progresso.*

Por um triz que Sérgio se perde, e foi quando pretendeu ser professor no Ginásio de Vitória. O Estado do Espírito Santo até hoje não sabe a oportunidade que botou fora quando o seu governador de então voltou atrás do ato que nomeava professor de História Universal e História do Brasil o futuro autor de Raízes do Brasil. Benditos porres de Cachoeiro de Itapemirim! Eles nos valeram a devolução, em perfeito estado, de Sérgio, enfim descerebralizado, pronto para a aventura na Alemanha, de volta da qual já era a figura sem-par a que me referi no começo destas linhas.

Sérgio já não lia mais nos cafés, desinteressara-se bastante da poesia e da ficção, apaixonara-se pelos estudos de história e sociologia, escrevia Raízes do Brasil *e* Monções – escreveu Bandeira.

Sim, eu me lembro do doutor Progresso; seus porres afinal não eram tão grandes, e ele nunca ofendia ninguém. Costumava tomar umas e outras com o saudoso coronel Ricardo Gonçalves e outros bons homens da terra, que formavam o Clube do Alcatrão, assim chamado porque um deles era o representante local do Conhaque de Alcatrão de São João da Barra, que todos bebiam de brincadeira. Sérgio foi promotor adjunto. Logo que saiu de Cachoeiro ele embarcou para a Alemanha, de onde mandava artigos e reportagens para *O Jornal*. O pessoal de Cachoeiro via aquele nome no jornal: será o doutor Progresso? Que o quê!, dizia alguém. Então o Chateaubriand ia mandar um bêbado daquele para a Europa? Mas o Motinha do nosso *Correio do Sul* dizia que sim; ficassem sabendo que Sérgio era um homem muito culto, muito preparado, tanto assim que trocava língua com os alemães da fábrica de cimento. "Vocês acham que ele não vale nada é porque ele não ia mostrar o que sabia, a verdade é esta, não tinha com quem conversar, nós aqui somos todos umas bestas!", argumentava o bom Motinha.

Lembro-me sobretudo de uma noite de verão de lua cheia, na saída de um baile – não em Cachoeiro, mas na Vila de Itapemirim. Ele dizia que ia acender o cigarro na Lua. E partiu, cambaleando entre as palmeiras. Vai ver que acendeu.

Janeiro, 1982

LEMBRANÇA DE CASSIANO RICARDO

Apesar de ter lido toda a sua obra poética, a certa altura, para fazer uma antologia para a Editora do Autor, nunca fui amigo do Cassiano Ricardo. Considero-o um dos grandes poetas do Brasil de todos os tempos, principalmente pelo que ele escreveu depois dos 50 anos de idade. Nunca li a "Marcha para o Oeste" e como um amigo dele, e meu, insistisse em que eu lesse o ensaio, respondi de brincadeira: "Para quê? Aposto como esse livro todo é para provar que os bandeirantes eram partidários do dr. Getúlio Vargas".

Estávamos, exatamente, sob o Estado Novo, na fase mais direitista do ditador, ali por 1940. Cassiano sempre me pareceu um homem da direita. Lembro-me de um jornal diário, dirigido por ele, o *Anhanguera*, órgão de um movimento bandeirista subvencionado pelo Governo de Armando Sales de Oliveira, com o propósito de fazer concorrência, em seu campo, ao integralismo.

Lembro-me também de que Mário de Andrade, então diretor do Departamento de Cultura da Prefeitura de São Paulo, assinou o manifesto que lançava esse movimento, fato que lamentei em uma revista de Minas, para maior horror de Mário, que já me detestava. Ele explicava aos amigos que fora compelido a assinar o manifesto para não perder o lugar em que acreditava (com razão) estar realizando uma grande obra, o Departamento Municipal de Cultura.

Mas, se eu estranhava a atitude de Mário, achava natural a de Cassiano, velho companheiro de Plínio Salgado, na *Anta*. Ele sempre me pareceu um escritor oficioso, escrevendo para o governo ou jornal do governo. Seu nacionalismo era coisa de caçar papagaios, com borrões de verde e amarelo – para lembrar os títulos de seus livros modernistas.

Soube que Cassiano acolheu com bom humor minha piadinha sobre seu ensaio. Muitos anos depois, quando fiz sua antologia e me correspondi com ele para acertar pequenas coisas, ficamos de nos encontrar para um papo tranquilo, mas isso não aconteceu.

Relendo agora seus últimos livros, confirmo a minha opinião de que raramente terá havido no Brasil um poeta com maior carga de emoção libertária e social. Por uma circunstância ou outra, essa fase da poesia de Cassiano não teve o impacto que merecia na juventude de nosso tempo.

"Quero escrever um poema/ no muro/ que dá para o amanhã...", disse ele a certa altura – e denunciava, a seu modo, a loucura institucionalizada do mundo moderno, com seus armazéns de bombas atômicas e seu desprezo pelo homem.

É verdade que seus versos estão longe da literatura que pretende fazer efeito político; era como que um anarquista lírico perdido no meio da rua, um bêbado falando sozinho entre o povo. Mas basta prestar atenção ao que ele diz para ver que ele tem momentos de alta beleza. E de força.

JOÃO CAETANO NÃO ESTUDOU ANATOMIA

Terão nossos atores de hoje alguma coisa ou muito a aprender nessas *Lições dramáticas* de João Caetano? Não sei; eles que o digam; o livro foi reeditado há tempos pelo Serviço de Documentação do Ministério da Educação com prefácio e notas de Lopes Gonçalves.

Essas lições foram dadas em 1861, quando o artista já tinha 35 anos de batente no palco e estava em plena glória. Glória ingratíssima essa, que exige toda a devoção de uma vida e no fim não é nada – um nome, uma estátua, mas nenhuma "coisa de beleza" que perdure. É somente através desse livrinho que o gênio e a humanidade de João Caetano consegue chegar um pouco até nós. E nisso está seu interesse para quem não é de teatro.

Na primeira lição o autor lembra que o ator não deve igualar a natureza; seu jogo é todo de convenção... "Comovendo-se, arrebatando-se até o ponto que lhe convém." Lembra então que, sempre que representou *Otelo*, ao matar a esposa tinha o maior cuidado não só em não a magoar, como em deitá-la de maneira que ficasse decente aos olhos do espectador; "entretanto, tinha a ideia clara para me recordar disto e não esfriava a paixão que estava pintando".

Aconteceu-lhe, porém, que, ao representar em outra peça uma cena semelhante, quase matou de verdade a atriz; foi preciso que os companheiros se precipitassem em cena para evitar isso... "É, porque eu tinha 24 anos de idade e a dama 22... e parece-me que o meu coração a amava muito mais como mulher do que como atriz."

Conta também como, tendo perdido há pouco o pai, chorou e soluçou de dor ao fazer Hamlet; errou como ator sempre que se deixou dominar pela emoção. Aborda a questão da voz, da declamação, da postura, do gosto, às vezes com muita minúcia do profissional, e fala de seus próprios defeitos, que foi pouco a pouco, e com muito esforço, corrigindo. Há um capítulo inteiro sobre a maneira de morrer ou desmaiar em cena, outro sobre respiração. O autor encarece a necessidade de o ator estudar a fundo seu papel, socorrendo-se, quando necessário, do estudo da história, da

363

pintura, da escultura e principalmente da psicologia. Entre outros conhecimentos úteis, cita o da anatomia, lembrando que o grande Talma, que fora educado para ser dentista, estudou muito essa ciência e disse ter-lhe servido muito em sua arte, mas ter-lhe dado muito desapontamento na vida "porque, quando olho uma mulher, por mais famosa e elegante que seja, representa-se-me o seu esqueleto, e esfrio".

O nosso João Caetano não ia tão longe:

"Quanto a mim, confesso-lhes, senhores, que fui mais feliz do que Talma, pois, não tendo estudado anatomia na minha juventude, todas as mulheres me pareceram sempre mais ou menos belas, e sempre conservei para com elas a mais perfeita ilusão."

Antes isso, João, antes isso.

Janeiro, 1989

OS QUE VIERAM MORRER NO OUTONO

São dias desagregados, num país desagregado – é difícil escrever algo que diga coisa com coisa. O mal de um cronista idoso é sua tendência de só falar de mortos – os novos mortos que, afinal, são, para ele, as únicas verdadeiras novidades. Digo por mim. Há os mortos particulares, como o Waldemar Bombonati, bom amigo, cuja risada era fácil de ouvir, entre o tilintar do gelo nos copos de uísque, nos bares do Rio, desde o Cassino da Urca. O Bombom boêmio, valente, alegre, mulherengo, que acabou acertando na vida e no casamento; que Deus o guarde. Logo me transporto para um apartamento da Avenida dos Democráticos, em 1954, onde Elizete Cardoso insiste em que eu fique para o jantar feito por ela mesma: "Olha, Rubem, eu sou cantora porque isso dá mais, e o pessoal não reconhece o valor de uma artista da cozinha, mas minha vocação mesmo era para prendas domésticas..."

Que vida de altos e baixos, desde os quinze anos quando foi porta-estandarte do bloco "Turunas de Monte Alegre" – "menino, eu estava linda com um vestido cor-de-rosa, uma capa de lamê dourado e um diadema enorme de todas as cores" – fazendo tijolinhos de sapólio "Lux" na rua Teófilo Otoni, ou dois anos no "Salão Antonieta", em Catumbi, esticando o cabelo das "roxinhas" locais, até as glórias do Municipal, de Corberville, do Vogue, do Japão, incluindo um casamento com o cômico Tatuzinho em Belém do Pará, do que resultou ela voltar, separada e barriguda de oito meses, ao "Salão Antonieta".

Depois, começaram a dizer que ela tinha "voz enluarada" e que era "a Divina"; ela achava graça, mas gostava. Quem não gostaria?

Lembro-me de que uma vez ela me perguntou o que eu achava de um vestido que estreou em um show; eu disse que sim, gostava, apenas me parecia um tanto coruscante. "Coruscante?" – perguntou ela e desatou a rir — "Coruscante!"

Era coruscante. Eu dizia que ela era "minha contralto mais querida", e era verdade. Uma vez me queixei de que uma coisa que ela cantava era muito bonita, mas me dava vontade de chorar. "Pois chore, meu filho, é para chorar mesmo. Eu choro..."

Quem também se foi, nesta virada de outono, foi o editor José Olympio, amigo de mais de meio século. Conheci-o ainda em São Paulo, quando tomava coragem para vir para o Rio. "Estou alugando uma loja na Rua do Ouvidor, bem em frente da Garnier!" Já no Rio, em janeiro de 1936, ele editava meu primeiro livro de crônicas, *O conde e o passarinho*. Durante décadas foi o melhor editor da literatura brasileira, a começar pela turma toda do Nordeste. Era amigo de gente de todas as tendências políticas. E um amigo muito especial, discreto, carinhoso e prestativo, capaz de tirar um cara da cadeia, botar outro na Academia ou lhe arrumar um empreguinho maneiro. Quando soube que eu e o Fernando Sabino íamos fazer uma editora ele disse que nós tínhamos tudo para sair bem da empreitada. Como eu insistisse em lhe pedir conselhos, ele pegou um papel, escreveu alguma coisa, dobrou a folha e me deu. Estava escrito: *cuidado*. Ele resumia assim todos os endiabrados equívocos e peripécias a que está sujeito quem se mete em negócio tão especial, como aquele seu. Pena que ele próprio nem sempre pôde seguir esse conselho: era um editor de coragem e instinto, ousado e generoso. E assim foi, dignamente, até o fim.

Maio, 1990

DE COMO EU ACABEI (NÃO) TRABALHANDO NO TEATRO

O homem me olhava com uma certa complacência:

— Você tem sorte, porque sábado não há vesperal. Há somente duas sessões, às 20 e às 22h30.

— Mas eu tenho que estar lá a essa hora?

Ele me explicou que eu devia chegar com bastante antecedência para me vestir e maquilar. Voltei a protestar: eu não sou ator de teatro, não ia fazer peça nenhuma, ali estava Tônia Carrero que me conhecia bem e sabia que nunca trabalhei em teatro. Ao dizer isso eu me voltei para ela; mas Tônia disse com secura:

— Você se comprometeu a fazer esse papel. Agora não há mais jeito.

Explicou que era um pequeno papel; tudo o que eu tinha a fazer era me vestir, me maquilar e entrar no palco na hora certa. Então eu diria aquelas duas frases.

Insisti: eu não sei trabalhar em teatro, minha voz é muito ruim, eu não podia fazer o papel, o público não ia gostar.

— Então por que V. combinou?

Expliquei a Tônia que eu combinara fazer naquela noite, não no dia seguinte; era só uma noite, e assim mesmo porque eu bebera; não era para fazer uma temporada.

— Paulo, quanto tempo *O homem elefante* esteve em cartaz em São Paulo?

Paulo (eu agora reconhecia aquele homem, era Paulo Autran) voltou-se para mim, disse que em São Paulo a peça ficara um ano e meio, aqui no Rio ia indo muito bem, embora aquela noite a casa estivesse fraca; mas isso é natural, depois de uma semana de feriados. E explicou:

— Você tem de fazer seu papel pelo menos uns seis meses. Vou lhe explicar uma coisa: o importante em teatro é chegar com antecedência para entrar no palco na hora certa e fazer o papel. Seu papel não tem muita importância, o público nem vai reparar em você, não quer saber se você representou bem ou mal: o importante é estar lá na hora certa, no Teatro João Caetano, Praça Tiradentes.

Tônia aprovou o que ele dizia:

— É isso aí.

Paulo voltou-se para uma senhora que o acompanhava, e que era Karin Rodrigues.

— Explique para ele, Karin.

A atriz começou a me explicar com delicadeza, mas de maneira firme, que devia fazer como eles todos, e cumprir o horário que me tocara. Isso era realmente o que tinha importância.

— Não é, Silvinha?

Sílvia Bandeira, que estava em uma poltrona meio recuada, confirmou tudo. (Senti-me condenado para o resto da vida ou, pelo menos, por seis meses, a ir à cidade à noite, naquela hora certa. O pior é que o público nem iria prestar atenção em mim, coisa humilhante. Domingo, a sessão começava às 18 horas, a peça devia terminar às 19h40, o que é que ficaria fazendo no centro até as 21 horas, quando começava a sessão da noite? Eu não gosto de ter hora marcada para trabalho nenhum, há anos e anos que não tenho horário para trabalhar, não sou escravo...) Notei então que, embora eu não tivesse dito nada, todos estavam indignados comigo, porque eles podiam ler meu pensamento, e eu os insultara dizendo que era um homem livre e eles eram escravos. Não, não é isso! Teatro é formidável, teatro também é cultura! – protestei sem muita convicção.

Expliquei minha situação. Eu fora à casa de Tônia para ver junto com ela não sei o que na televisão. Lá estavam Paulo Autran e Karin Rodrigues e mais Silvinha Bandeira vestida de creme – é assim que se diz, vestida de creme? Tem uma cor que as mulheres dizem muito, bege. Todos ficaram falando de teatro: me perguntaram se eu assistira ao *Parto da búfala,* eu ia dizer que achava aquilo de mau gosto, assistir parto de búfala – e *O beijo da mulher aranha?* Foi então que me retirei e resolvi ir para casa, porque percebi que queriam me enredar naquelas coisas, e me olhavam com tanta severidade que eu apelei para o supremo recurso: acordei. Lembro meu último e consolador pensamento: segunda-feira é descanso da companhia! Eu amo as segundas-feiras.

Julho, 1990

A LUA SEMEAVA CRISÂNTEMOS

Recordo, sem nenhuma saudade, o tempo que passei redigindo anúncios. O leitor comum não pode imaginar que um pequeno anúncio é tão trabalhoso como um soneto. Foram os americanos que fixaram as normas do anúncio comercial. E essas normas funcionam. O redator tem de respeitar estes e aqueles princípios, tocar nestes e naqueles pontos. São regras fáceis de decorar e difíceis de aplicar. Claro que vale muito "bolar" alguma novidade para atrair ou prender o leitor, mas isto dentro de certos limites. O publicitário tem de examinar a frase depois de escrita, pesar sua força, limpá-la de todo o supérfluo, imaginar o efeito psicológico que ela poderá ter. Deve estudar todos os elementos de que pode lançar mão para convencer o leitor, pensar em tudo que lhe vai sugerir, despertar nele a vontade de comprar, apelando para o seu senso de economia, ou de conforto, ou sua vaidade, ou seu desejo de êxito social ou amoroso. E para isso, de acordo com o produto ou serviço que pretende vender, deve atender a mil pequenas circunstâncias, meditar sobre o estado psicológico do tipo de pessoa a que se dirige, nível social, sexo, idade, situação financeira, problemas, enfim uma interminável chateação.

Bons escritores brasileiros fizeram publicidade: basta citar Bilac e Álvaro Moreyra; mas não viviam disso. O primeiro verdadeiro profissional que eu conheci foi Orígenes Lessa, lá por 1933. Ele acabara de publicar *Não há de ser nada*, crônicas sobre o movimento de 1932, de que participara: trabalhava, se não me engano, na Thompson, e era casado com a mulher mais bonita de São Paulo e provavelmente da América do Sul, chamada Elsie (Pinheiro) Lessa, essa mesma que ainda hoje escreve de vez em quando no *O Globo*. Vem daí, talvez, o prestígio que aos meus olhos sempre tiveram os homens de publicidade; além do mais, Orígenes falava inglês, coisa rara naquele tempo.

Hoje os grandes homens da publicidade nada têm com a literatura, e talvez mesmo a olhem com um certo desprezo condescendente. São figuras de alta proa, que em geral nem usam nomes, mas apenas iniciais de misteriosos triunviratos – este é o P da GMP, aquele é o J da NRJ, assim por diante. Cavalheiros eminentes e ricos, jorges amados sem literatura, profetas de nosso capitalismo frenético.

Mas voltemos ao escritor comum que faz publicidade. Valerá de alguma coisa o treino publicitário com toda a sua minuciosa disciplina? Não lhe será esse "serviço militar" útil para desenvolver o senso de economia verbal, precisão, clareza? "Não", me diz um deles, "emburra".

A menos que na hora de folga ele jogue tudo aquilo fora e se entregue à literatura mais solta, escrevendo coisas assim: "A lua de agosto semeava crisântemos e bicicletas verdes no abril de teu sonho de mariposa tonta..."

Fevereiro, 1990

Memória

PROCURA-SE

Procura-se aflitivamente pelas igrejas e botequins, e no recesso dos lares e nas gavetas dos escritórios, procura-se insistente e melancolicamente, procura-se comovida e desesperadamente, e de todos os modos e com muitos outros advérbios de modo, procura-se junto a amigos judeus e árabes, e senhoras suspeitas e insuspeitas, sem distinção de credo nem de plástica, procura-se junto às estátuas e na areia da praia, e na noite de chuva e na manhã encharcada de luz, procura-se com as mãos, os olhos e o coração um pobre caderninho azul que tem escrita na capa a palavra "endereços" e dentro está todo sujo, rabiscado e velho. Pondera-se que tal caderninho não tem valor para nenhuma outra pessoa de boa-fé, a não ser seu desgraçado autor. Tem este autor publicado vários livros e enchido ou bem ou mal centenas de quilômetros de colunas de jornal e revista, porém sua única obra sincera e sentida é esse caderninho azul, escrito através de longos anos de aflições e esperanças, e negócios urgentes e amores contrariadíssimos, embora seja forçoso confessar que há ali números de telefone que foram escritos em momentos em que um pé do cidadão pisava uma nuvem e outro uma estrela e os outros dois... – sim, meus concidadãos, trata-se de um quadrúpede. Eu sou um velho quadrúpede e de quatro joelhos no chão eu peço que me ajudeis a encontrar esse objeto perdido.

Pois eis que não perdi um simples caderno, mas um velho sobrado de Florença e um pobre mocambo do Recife, um arcanjo de cabelos castanhos residente em Botafogo em 1943, um doce remorso paulista e o endereço do único homem honrado que sabe consertar palhinha de cadeira no Distrito Federal.

O caderno é reconhecível para os estranhos mediante o desenho feito na folha branca do fim, representando Vênus de Milo em birome azul, cujo desenho foi feito pelo abaixo-assinado no próprio Museu do Louvre, e nesse momento a deusa estremeceu. Haverá talvez um número de telefone rabiscado no torso da deusa, assim como na letra K há trechos de um poema para sempre inacabado escrito com letra particularmente ruim.

Na segunda página da letra D há notas sobre vencimentos de humildes, porém nefandas dívidas bancárias e com uma letra que eu não digo começa o nome de meu bem, que é todo o mal de minha vida.

Procura-se um caderninho azul escrito a lápis e tinta e sangue, suor e lágrimas, com setenta por cento de endereços caducos e cancelados e telefones retirados e, portanto, absolutamente necessários e urgentes e irreconstituíveis. Procura-se, e talvez não se queira achar, um caderninho azul com um passado cinzento e confuso de um homem triste e vulgar... Procura-se, e talvez não se queira achar.

Outubro, 1948

MARIONETES

O menino ganhou uma grande caixa vermelha vinda de Praga. Dentro há um teatrinho de marionetes. Um palco de madeira e papelão e cenários em cores ingênuas. Os bonecos são muitos; são personagens de lendas estranhas, fugidos de castelos medievais. Há pequenas camponesas de vestes coloridas, velhotas gaiatas que estão sempre rindo e agitando as mãos, um diabo todo preto, de nariz e sobrancelhas vermelhas e uma cauda inquieta; um rei de barba cor de prata, um guerreiro e um guarda campestre de espingardas e bigodes; a Morte, naturalmente sob forma de esqueleto; meninas, palhaços, um narigudo de casaca preta e nariz vermelho, um juiz que também pode ser um velho feiticeiro – e um pequeno dragão verde, esplêndido, que meneia o rabo e escancara de modo prodigioso a bocarra de enormes dentes.

O menino já descobriu que o pequeno palhaço tem a cabecinha desmontável – e com um rápido jogo da cortina de papel pode dar a ilusão de que o dragão o divide em dois. E que a bailarina, apesar de tcheca, é craque no *Tico-tico no fubá*.

Disseram-me para escrever uma peça para o menino, mas não tive jeito. Sinto-me burro e cinzento diante desse pequeno mundo vivo e colorido. Leio muitos jornais, e até escrevo neles; acompanho os trabalhos do Parlamento; interesso-me pelo noticiário da missão Abbink e pelos argumentos contra e a favor da exportação de manganês; fico atento, sem nada ter com isso, às manobras em torno da recomposição do PSD em Minas e aos debates da Comissão Central de Preços... Estou, na verdade, muito burro. Acabaria inventando uma história fria, cacete e de mau gosto. Não tenho o direito de levar meu pessimismo pardo e minha cansada estupidez a esse palco de sonhos coloridos.

O menino, então, leva horas, sozinho, a mexer com os bonecos. Puxa-lhes os cordéis, faz com que briguem, se abracem, ou desmaiem. Depois chegam outros meninos e começa a representação. Não escreveu, nem sequer imaginou nenhuma peça. Vai inventando. E assim, ao acaso, lança os personagens no palco, pegando às vezes o que está mais perto, seja capeta, mulher ou guerreiro antigo. Inventa falas, improvisa enredos, cria situações terríveis que resolve muito naturalmente com sua prepotência de pequeno deus. Quando está cansado de um personagem, seja a Morte ou seja o Rei, faz com que outro lhe aplique uma surra e o expulse de cena – ou simplesmente o lança fora, sem explicar por que veio, nem por que se foi. Como tem uma vitrolinha francesa, faz com que tudo isso aconteça ao som de *Au clair de la lune* ou *Sur le pont d'Avignon*. E haja o que houver tudo acaba sempre muito bem, com bonecos dançando e o dragão a abanar alegremente o rabo.

As crianças fazem demasiado barulho. Fecho a porta do escritório, volto a ler meus jornais. Pacientemente percorro os telegramas das agências, o noticiário da Câmara, as audiências do senhor presidente da República, noticiário de institutos, editoriais sobre a situação de Berlim, sobre o preço do café... E tudo isso é também absurdo; há enredos estranhos, personagens que entram e saem ninguém sabe por que, ministros, bailarinas, moleques...

Tenho vontade de ir lá dentro chamar o menino, entregar-lhe o Brasil e o Mundo, pedir-lhe para organizar, com todos esses bonecos terríveis e gaiatos, uma história mais coerente e mais divertida.

Dezembro, 1948

O INVENTÁRIO

Peço a um amigo que me ajude neste transe melancólico; aluguei uma casa mobiliada, e o velho casal de proprietários fez uma lista de seus trecos para eu conferir. A lista é minuciosa e, por isso, imensa; são mil grandes e pequenas coisas, duas marquesas, um quadro a carvão representando São Francisco de Assis (mas o desenho é ruim e o santo está gordo), uma horrível, incomodíssima cômoda de metal, dois *choapinos*, um espelho quadrado que agora será visitado pela minha cara e talvez por hábito me faça meio parecido com esse velho chileno que sofre do coração.

Ah, sim, o piano. O velho quer levar o antigo piano alemão; resisto; quero o piano; não sei tocar, mas me agrada ter em casa um piano; não seria possível deixar o piano? Os velhos se consultam; sim, ficará o piano. Em compensação há essa absurda mesa de pôquer que eles insistem em deixar, enorme, horrível, esses quadros a óleo detestáveis que eles elogiam tanto e que eu meterei todos dentro de um armário, um tinteiro de cobre, uma estatueta japonesa, coisas antigas como um *violetero* onde jamais colocarei violetas, um licoreiro que nunca verá licor, um *paragüero* que sonha com os guarda-chuvas d'antanho, e essa feia *mesita ratona*, e essas coisas inúteis de metal e cristal, o relógio de cuco com o passarinho sempre cantando errado, pobre passarinho extraviado no tempo...

A lista é terrivelmente minuciosa; eu terei de apresentar, ao sair desta casa, tantos ganchos de pendurar roupa e tantos cinzeirinhos de cobre; e já que insisti pelo piano, tenho de me conformar com a presença de um enorme e sinistro *mueble musiquero*, onde se guardam velhos tangos e valsas.

Meu amigo confere as coisas, de lista na mão, e a velha vai repetindo os nomes e apontando os objetos, numa ladainha interminável; bocejo no meio de meu reino desordenado e precário; uma a uma terei de entregar um dia todas essas coisas de volta a esses velhos; e para eles são coisas de certo modo sagradas, com o longo contato de seus olhos e de suas mãos, coisas de suas vidas que incorporaram minutos e anos, lembranças, palavras, emoções. Bocejo, depois fumo; nego-me a examinar, como eles gostariam, o detalhe de cada coisa, e minha indiferença parece que vagamente os ofende. Creio que sentem no fundo da alma um ódio deste estranho que vai morar em sua casa, com suas coisas; sou um intruso, o mais antipático dos intrusos, o intruso que paga o direito de ser intruso. E então eles ficam mais minuciosos, gastam meia hora para acrescentar na lista algumas coisinhas sem importância que tinham omitido, são avaros do que me alugam...

Partem. Chego à janela, vejo-os que fecham com todo o cuidado o portão. E sorrio. Esses velhos são uns insensatos. Arrolaram centenas de cacarecos inúteis e se esqueceram do mais importante, do que me atraiu a esta casa, dos bens sem preço que um vândalo poderia destruir e, entretanto, não estão no inventário; daqueles bens que, se sumissem, fariam esses dois velhos desfalecer de espanto e dor; o que eles não compraram com dinheiro, mas com o longo amor, o longo, cotidiano carinho: as árvores altas, belas, ainda úmidas da chuva da noite, brilhando, muito verdes, ao sol.

Santiago, abril, 1955

AS LUVAS

Só ontem o descobri, atirado atrás de uns livros, o pequeno par de luvas pretas. Fiquei um instante a imaginar de quem poderia ser, e logo concluí que sua dona é aquela mulher miúda, de risada clara e brusca e lágrimas fáceis, que veio duas vezes, nunca me quis dar o telefone nem o endereço, e sumiu há mais de uma semana. Sim, suas mãos são assim pequenas, e na última noite ela estava vestida de escuro, os cabelos enrolados no alto da cabeça. Revejo-a se penteando, com três grampos na boca; lembro-me de seu riso e também de suas palavras de melancolia no fim da aventura banal. Eu quis ser cavalheiro, sair, levá-la em casa. Ela aceitou apenas que eu chamasse um táxi pelo telefone, e que a ajudasse a vestir o capote; disse que voltaria...

Talvez telefone outro dia, e volte; talvez, como aconteceu uma vez, entre suas duas visitas, fique aborrecida por me telefonar em uma tarde em que tenho algum compromisso para a noite. "A verdade" – me lembro dessas palavras de uma tristeza banal – "é que a gente procura uma aventura assim para ter uma coisa bem fugaz, sem compromisso, quase sem sentimento; mas ou acaba decepcionada ou sentimental..." Lembrei-lhe a letra de uma velha música americana: "*I am getting sentimental over you*". Ela riu, conhecia a canção, cantarolou-a um instante, e como eu a olhasse com um grande carinho meio de brincadeira, meio a sério, me declarou que eu não era obrigado a fazer essas caras para ela, e dispensava perfeitamente qualquer gentileza e me detestaria se eu quisesse ser falso e gentil. Juntou, quase nervosa, que também não lhe importava o que eu pudesse pensar a seu respeito; e que mesmo que pensasse o pior, eu teria razão; que eu tinha todo o direito de achá-la fácil e leviana, mas só não tinha o direito de tentar fazê-la de tola. Que mania que os homens têm...

Interrompi-a. Que ela, pelo amor de Deus, não me falasse mal dos homens; que isso era muito feio; e que a seu respeito eu achava apenas que era uma flor, um anjo *y muy buena moza*.

Meu bom humor fê-la sorrir. Na hora de sair disse que ia me dizer uma coisa, depois resolveu não dizer. Não insisti. "Telefono." E não a vi mais.

Com certeza não a verei mais, e não ficaremos os dois nem decepcionados nem sentimentais, apenas com uma vaga e suave lembrança um do outro, lembrança que um dia se perderá.

Pego as pequenas luvas pretas. Têm um ar abandonado e infeliz, como toda luva esquecida pelas mãos. Os dedos assumem gestos sem alma e todavia tristes. É extraordinário como parecem coisas mortas e ao mesmo tempo ainda carregadas de toda a tristeza da vida. A parte do dorso é lisa; mas pelo lado de dentro ficaram marcadas todas as dobras das falanges, ficaram impressas, como em Verônica, as fisionomias dos dedos. É um objeto inerte e lamentável, mas tem as rugas da vida, e também um vago perfume.

O telefone chama. Vou atender, levo maquinalmente na mão o par de luvas. A voz é de mulher e hesito um instante, comovido. Mas é apenas a senhora de um amigo que me lembra o convite para o jantar. Visto-me devagar, e quando vou saindo vejo sobre a mesa o par de luvas. Seguro-o um instante como se tivesse na mão um problema; e o atiro outra vez para trás dos livros, onde estavam antes.

Santiago, outubro, 1955

COISAS ANTIGAS

Já tive muitas capas e infinitos guarda-chuvas, mas acabei me cansando de tê-los e perdê-los; há anos vivo sem nenhum desses abrigos, e também, como toda gente, sem chapéu. Tenho apanhado muita chuva, dado muita corrida, me plantado debaixo de muita marquise, mas resistido. Como geralmente chove à tarde, mais de uma vez me coloquei sob a proteção espiritual dos irmãos Marinho, e fiz de *O Globo* meu *paraguas* de emergência.

Ontem, porém, choveu demais, e eu precisava ir a três pontos diferentes de meu bairro. Quando o moço de recados veio apanhar a crônica para o jornal, pedi-lhe que me comprasse um chapéu de chuva que não fosse vagabundo demais, mas também não muito caro. Ele me comprou um de pouco mais de trezentos cruzeiros, objeto que me parece bem digno da pequena classe média, a que pertenço. (Uma vez tive um delírio de grandeza em Roma e adquiri a mais fina e soberba *umbrella* da Via Condotti; abandonou-me no primeiro bar em que entramos; não era coisa para mim.)

Depois de cumprir meus afazeres voltei para casa, pendurei o guarda-chuva a um canto e me pus a contemplá-lo. Senti então uma certa simpatia por ele; meu velho rancor contra os guarda-chuvas cedeu lugar a um estranho carinho, e eu mesmo fiquei curioso de saber qual a origem desse carinho.

Pensando bem, ele talvez derive do fato, creio que já notado por outras pessoas, de ser o guarda-chuva o objeto do mundo moderno mais infenso a mudanças. Sou apenas um quarentão, e praticamente nenhum objeto de minha infância existe mais em sua forma primitiva. De máquinas como telefone, automóvel etc., nem é bom falar. Mil pequenos objetos de uso mudaram de forma, de cor, de material; em alguns casos, é verdade, para melhor; mas mudaram.

O guarda-chuva tem resistido. Suas irmãs, as sombrinhas, já se entregaram aos piores desregramentos futuristas e tanto abusaram que até caíram de moda. Ele permaneceu austero, negro, com seu cabo e suas invariáveis varetas. De junco fino ou pinho vulgar, de algodão ou de seda animal, pobre ou rico, ele se tem mantido digno.

Reparem que é um dos engenhos mais curiosos que o homem já inventou; tem ao mesmo tempo algo de ridículo e algo de fúnebre, essa pequena barraca ambulante.

Já na minha infância era um objeto de ares antiquados, que parecia vindo de épocas remotas, e uma de suas características era ser muito usado em enterros. Por outro lado, esse grande acompanhador de defuntos sempre teve, apesar de seu feitio grave, o costume leviano de se perder, de sumir, de mudar de dono. Ele na verdade só é fiel a seus amigos cem por cento, que com ele saem todo dia, faça chuva ou sol, apesar dos motejos alheios; a estes, respeita. O freguês vulgar e ocasional, este o irrita, e ele se aproveita da primeira distração para sumir.

Nada disso, entretanto, lhe tira o ar honrado. Ali está ele, meio aberto, ainda molhado, choroso; descansa com uma espécie de humildade ou paciência humana; se tivesse liberdade de movimentos não duvido que iria para cima do telhado quentar sol, como fazem os urubus.

Entrou calmamente pela era atômica, e olha com ironia a arquitetura e os móveis chamados funcionais: ele já era funcional muito antes de se usar esse adjetivo; e tanto que a fantasia, a inquietação e a ânsia de variedade do homem não conseguiram modificá-lo em coisa alguma.

Não sei há quantos anos existe a Casa Loubet, na rua 7 de Setembro. Também não sei se seus guarda-chuvas são melhores ou piores que os outros; são bons; meu pai os comprava lá, sempre que vinha ao Rio, e herdei esse hábito.

Há um certo conforto íntimo em seguir um hábito paterno; uma certa segurança e uma certa doçura. Estou pensando agora se quando ficar um pouco mais velho não comprarei uma cadeira de balanço austríaca. É outra coisa antiga que tem resistido, embora muito discretamente. Os mobiliadores e decoradores modernos a ignoram; já se inventaram dela mil versões modificadas, mas ela ainda existe na sua graça e leveza original. É respeitável como um guarda-chuva, e intensamente familiar. A gente nova a despreza, como ao guarda-chuva. Paciência. Não sou mais gente nova; um guarda-chuva me convém para resguardo da cabeça encanecida, e talvez o embalo de uma cadeira de balanço dê uma cadência mais sossegada aos meus pensamentos, e uma velha doçura familiar aos meus sonhos de senhor só.

Rio, novembro, 1957

OS EMBRULHOS DO RIO

Encontro o amigo Mário em seu escritório, à volta com papéis e barbantes, fazendo um grande embrulho. São encomendas e presentes que vai mandar para sua gente em Santa Catarina. Inábil e carinhosamente ele compõe o grande embrulho, que sai torto e frágil. Não me proponho a ajudá-lo, porque sou seu irmão em falta de jeito. Aparece, a certa altura, um rapazinho, que olha em silêncio a faina de Mário. Este compreende a ironia e compaixão do tímido sorriso do rapaz e, com um gesto, pede sua ajuda. Em meio minuto, o moço desmancha tudo e faz daquele embrulho informe e explosivo um pacote simples, sólido e firme.

Mas não estou pensando nessa qualidade que sempre me pareceu milagrosa, essa certeza das mãos em ordenar as coisas para nós rebeldes e desconjuntadas, para esses privilegiados, obedientes e fáceis. Penso nas mãos que, em uma praia distante, vão desembrulhar essas coisas; na alegria com que no fundo da província a gente recebe os presentes.

Quando meus pais ou minha irmã voltavam de um passeio ao Rio, nós todos, os menores, ficávamos olhando com uma impaciência quase agônica as malas e valises que o carregador ia depondo na sala. A alegria maior não estava no presente que cada um recebia, estava no mistério numeroso das malas, na surpresa do que ia surgindo. Uma grande parte, que despertava exclamações deliciadas das mulheres, não nos interessava: eram saias, blusas, lenços, cortes de trapos e fazendas coloridas, joias e bugigangas femininas. A mais distante das primas e a mais obscura das empregadas podia estar certa de ganhar um pequeno presente: a alegria era para todos da casa e da família, e se derramava em nossa rua pelos vizinhos e amigos. Além dos presentes havia as inumeráveis encomendas, três metros disto ou daquilo, um sapatinho de tal número para combinar com aquele vestidinho grená, fitas, elásticos, não sei o que mais.

Se esse mundo de coisas de mulher nos deixava frios e impacientes, os brinquedos e os presentes para homens e coisas para uso caseiro eram visões sensacionais. Jogos de papelões coloridos, coisas de lata com molas imprevistas, fósforos de acender sem caixa, abridores de latas, sopa juliana seca, isqueiro, torradeiras de pão, coisas elétricas, brilhantes e coloridas – todo o mundo mecânico insuspeitado que chegava ao nosso canto de província. E também programas de cinema, cardápios de restaurantes...

Seriam, afinal de contas, coisas de pouco valor: os grandes engenhos modernos estrangeiros estavam fora de nossas posses e de nossa imaginação. Mas para nós tudo era sensacional; e depois de esparramado sobre a mesa ou pelo chão o conteúdo da última valise, e distribuídos todos os presentes, ainda ficávamos algum tempo aturdidos por aquela sensação de opulência e de milagre. E o dia inteiro ouvindo a conversa dos grandes, que davam notícias de amigos, comentavam histórias, falavam da última revista de Aracy Cortes, no Recreio, da última comédia de Procópio ou de Leopoldo Fróes ou da doença dos nossos parentes de Vila Isabel – ainda ficávamos tontos, pensando nesse Rio de Janeiro fabuloso, tão próximo e tão distante.

Aos 9 anos de idade, vim pela primeira vez ao Rio, trazido por minha irmã. Voltei muitas vezes; estou sempre voltando. Aqui já me aconteceram coisas. Mas o grande encanto e o máximo prestígio do Rio estavam nas malas e nos embrulhos abertos diante dos olhos assombrados do menino da roça.

Março, 1952

OS SONS DE ANTIGAMENTE

Conta-se na família que, quando meu pai comprou a nossa casa de Cachoeiro, esse relógio já estava na parede da sala; e que o vendedor o deixou lá, porque naquele tempo não ficava bem levar.

(Hoje, meu Deus, carregam até uma lâmpada de 60 velas, até o bocal da lâmpada, e deixam aquele fio solto no ar.)

Há poucos anos trouxe o relógio para minha casa de Ipanema. Mais velho do que eu, não é de admirar que ele tresande um pouco. Há uma corda para fazer andar os ponteiros, outra para fazer bater as horas. A primeira é forte, e faz o relógio se adiantar: de vez em quando alguém me chama a atenção, dizendo que o relógio está adiantado quinze ou vinte minutos, e eu digo que é a hora de Cachoeiro. Em matéria de som, vamos muito mais adiante. É comum o relógio marcar, digamos, duas e meia, e bater solenemente nove horas. "Esse relógio não diz coisa com coisa", comenta um amigo severo. Explico que é uma pequena disfunção audiovisual.

Na verdade, essa defasagem não me aborrece nada; há muito desanimei de querer as coisas deste mundo todas certinhas, e prefiro deixar que o velho relógio badale a seu bel-prazer. Sua batida é suave, como costuma ser a desses Ansonias antigos; e esse som me carrega para as noites mais antigas da infância. Às vezes tenho a ilusão de ouvir, no fundo, o murmúrio distante e querido do Itapemirim.

Que outros sons me chegam da infância? Um cacarejar sonolento de galinhas numa tarde de verão; um canto de cambaxirra, o ranger e o baque de uma porteira na fazenda, um tropel de cavalos que vinha vindo e depois ia indo no fundo da noite. E o som distante dos bailes do Centro Operário, com um trombone de vara ou um pistom perdidos na madrugada.

Sim, sou um amante da música, ainda que desprezado e infeliz. Sou desafinado, desentoado, um amigo diz que tenho orelha de pau. Outro dia fiquei perplexo ouvindo uma discussão de jovens sobre um som que eu achava perfeito e eles acusavam de *flutter, wow, rumble, hiss* e outros males estranhos.

Meu amigo Mario Cabral dizia que queria morrer ouvindo *Jesus, Alegria dos Homens*; nunca soube se lhe fizeram a vontade. A mim, um lento ranger de porteira e seu baque final, como na fazenda do Frade, já me bastam. Ou então a batida desse velho relógio, que marcou a morte de meu pai e, vinte anos depois, a de minha mãe; e que eu morra às quatro e quarenta da manhã, com ele marcando cinco e batendo onze, não faz mal; até é capaz de me cair bem.

Abril, 1977

Ainda a memória

FUMANDO ESPERO AQUELA...

Fumar é um prazer
sensual
sem igual...
Fumando espero
aquela que mais quero...

Estou me lembrando agora desta letra (acho que é um tango traduzido) que sempre me pareceu um tanto exagerada. Faz parte de uma literatura tabagista que esteve em moda, e que Augusto dos Anjos marcou de maneira inesquecível:

Toma um fósforo.
Acenda teu cigarro!
O beijo, amigo,
é a véspera do escarro.

Também há o poeminha desimportante, mas gostoso do meu amigo argentino, o titeriteiro Villafañe:

Mate y cigarrillo
cigarrillo y mate
y hablar de mujeres
se nos van las tardes.

Que me dá um nostálgico sentimento de vadiação.

Lembrarei ainda aquele samba em que o sujeito, para esquecer a desgraça, tira mais *uma fumaça do cigarro que filei de um ex-amigo que outrora sustentei.* Acho que é Noel. Dou-vos de graça, ó frenéticos pesquisadores universitários, a ideia de um estudo sobre cigarro e literatura. O poeta e humorista Bastos Tigre (cujo centenário se celebra este mês) ganhou muito dinheiro fazendo quadrinhas de propaganda "do bom cigarro York, marca Veado" – isso no tempo em que veado era um honesto animal comum. E Olavo Bilac chegou a pegar nada menos de cem mil-réis por uma quadrinha assim:

Aviso a quem é fumante:
Tanto o Príncipe de Gales
como o Doutor Campos Sales
usam fósforos Brilhante.

Rapazinho, eu lia a *Revista Sousa Cruz* que, do começo ao fim, só publicava poemas. Quem tiver uma coleção dessa revista, que durou anos, verá que muitos dos melhores poetas brasileiros começaram publicando versos ali – dos melhores e dos piores também. Era, de qualquer maneira, uma publicação que dava uma certa aura de benemerência cultural aos cigarros da Companhia, que passou das mãos do comendador português que lhe deu o nome para as da British American Tobacco. O diretor era, se não me engano, o bom Herbert Moses. Não sei se a ideia poética de propaganda institucional foi ainda lusitana ou já multinacional. Sei que era muito inteligente, porque atuava sobre milhares de adolescentes poetas – e naquele tempo todos os adolescentes éramos poetas.

Depois os nomes dos cigarros foram mudando e, em geral, se inglesando ou americanizando, quando antigamente havia, por exemplo, Pour la Noblesse e Sans Atout.

Alguns fabricantes de cigarros distribuíam cheques, e dou testemunho de que meu pai, depois de ganhar duas vezes aparelhos de chá de porcelana chinesa, ganhou nada menos que um Pateck Phillip, um cebolão de ouro, que usava, com uma bela corrente, no bolso do colete. Eram tempos honrados.

Lembro-me agora de um triste poema de Manuel Bandeira, escrito no bairro da Mosela, em Petrópolis, em 1921. É o "Noturno da Mosela", que diz assim:

Fumo até quase não sentir mais que a brasa e a cinza
[em minha boca.
O fumo faz mal aos meus pulmões comidos pelas algas.
O fumo é amargo e abjeto.
Fumo abençoado, que és amargo e abjeto!

A mesma servidão ao vício está naquele samba:

Atirei meu cigarro no chão e pisei
Sem mais nenhum, aquele mesmo apanhei e fumei.
Através da fumaça neguei minha raça – chorei...

Samba que, por sinal, eu achava que era de Lupicínio. O Otto Lara Resende também achava que era de Lupicínio – e não é de Lupicínio. É de Noel. Para me convencer disto foi preciso o Sérgio Cabral tocar perto do telefone o disco de Marília Batista, e só então admiti: "é, mas merecia ser de Lupicínio".

Nos dois casos fumar aparece como algo fatal – fumar é humilhante e ao mesmo tempo é viril.

Lamartine Babo descreve alegremente (gravação de Carmen Miranda) as atividades de um "moleque indigesto":

Esse moleque
Sabe ser bom
Faz o futingue
Lá no Leblon
Bebe, joga,
Fuma Yolanda
Toca trombone na banda.

Os simbolistas usavam piteira. (Não tenho provas, mas acho que os simbolistas usavam piteira.) E fumavam Abdullah.

Quem fazia mais charme ao fumar a partir dos anos 30 era Osvaldo Aranha, que falava com o cigarro pendurado a um canto da boca. Como era homem bonito, importante e tremendamente simpático, aquilo era uma propaganda viva de cigarro. Já o astucioso doutor Getúlio Vargas, ao ser perguntado sobre alguma coisa, costumava tirar uma baforada de seu charuto e sorrir em silêncio. Achavam isso formidável.

A propaganda do tabaco é múltipla e aliciante. Na televisão ele é um festival de saúde e beleza juvenil, com esportes finos do ar e do mar. (Agora me lembro de um esporte terrestre, o hipismo.) Uma das marcas de cigarro promete levar seus fumantes "à vitória".

Não me lembro quando comecei a fumar. Em todo caso a minha mesada de estudante era tão pequena que, se eu fumava ali pelos dezessete, dezoito anos, era muito pouco. Aos dezenove anos comecei a trabalhar em jornal (o *Diário da Tarde*, de Belo Horizonte) e comecei a fumar regularmente. Fumar, beber e jogar campista ou pavuna com um azar monótono e lamentável: duas vezes pedi dinheiro em casa para registrar meu diploma de bacharel em Direito e ir para Cachoeiro advogar, e duas vezes perdi o dinheiro em uma casa de jogo clandestina da rua Caquende, ou Kakende, em Sabará. Vergonha. Mandei dizer que tinha arranjado um emprego muito bom e fui ficando em jornal, fui ficando, e eis-me ainda aqui, senhores, precisamente cinquenta anos depois. "De jornalista é que me não demitem" – conforme disse Rui Barbosa na abertura de um artigo que, segundo parece, ele nunca escreveu, pois um dia citei esta frase e fui tão contraditado que hoje estou convencido de que eu mesmo a fiz, sonhando. Não será uma grande frase; mas que parece Rui, parece. Ela começava um artigo feroz escrito por Rui quando ele foi dispensado de não sei qual função pública. Começava assim e *lept, lept!* tome paulada no governo. Grande Rui! Mesmo inventado ele é bom.

Continuei a fumar por muitos anos, pois tudo me induzia a isso. Lembro-me de que no cinema, por exemplo, todo mocinho fumava, só que não riscava o fósforo na caixa, mas na sola do sapato; e dar fogo à mocinha era um ritual de aproximação amorosa.

Tive binga (para fazer obreirismo rural), tive isqueiro Dunhill (mais de um, sempre roubado ou perdido) e confesso que, por volta de 1950, indo entrevistar Sartre, e vendo que ele usava, em sua mesa de trabalho, aquela grande caixa de fósforos que na França a gente usa em geral na cozinha, achei aquilo bacana e passei a usar também – um desvio existencialista.

Mas aqui dou uma marcha a ré de treze anos para uma última contribuição à tese sobre tabagismo e literatura que eu não vou escrever, mas alguém pode tentar.

Em 1937, quando estava escrevendo *Vidas secas*, em uma pensão da rua Correia Dutra, no Catete, Graciliano Ramos fumava Selma, um cigarro com ponta de cortiça. Com um palito de fósforo ele premia o fumo, de maneira que a ponta de cortiça ficasse vazia, como se fosse uma boquilha. (Não gostava do contato do tabaco com os lábios.) Arrumava em sua frente seis desses cigarros. Ao lado punha a caixa de fósforos, de onde tirava seis palitos, também alinhados ali sobre a mesa. (Antes, em jejum, ele tinha tomado uma cachaça de uma garrafa guardada no fundo de seu armário de roupa.) Então molhava a caneta no tinteiro e, com uma letra exemplar (e um estilo também), começava: "A cachorra Baleia estava para morrer. Tinha emagrecido..."

Haviam-lhe raspado a cabeça no presídio da Ilha Grande, e seus cabelos ainda estavam curtos.

*

Um dia descobriram que eu tinha "um ponto no pulmão". Fui operado pelo famoso cortador de tórax, doutor Jesse Teixeira. Um médico amigo meu, o doutor Marcelo Garcia, assistiu à operação – e deixou de fumar.

— Quando o Jesse abriu seu pulmão, levei um choque. Lembrei-me do tempo da faculdade: eu guardara aquela imagem do pulmão, um órgão rosado... O seu era todo escuro, e com uns picumãs dependurados...

Eu fumava, a essa altura, em média, dois maços e meio por dia. Daí o enfisema, e aquele "ponto" que depois me disseram que era "benigno" – não que fosse benévolo ou bondoso, como o nome parece indicar, mas apenas que não era "maligno" ou, em linguagem corrente, câncer. (O único remédio certo contra o câncer é não pronunciar esta palavra, ou bater na madeira quando ela aparecer; remédio que pode não valer nada, mas é bem mais barato e tão bom quanto qualquer outro. Batam, pois, na madeira, e prossigamos.)

Aquela foi a segunda grande cirurgia que eu sofri. A primeira foi uma hérnia rara, no meu flanco esquerdo; lembro-me que o médico francês, que a diagnosticou, disse um nome elegante: era hérnia "do triângulo de Luís Filipe", uns músculos que funcionam no local. Que estranho esforço eu fizera para romper aquilo? Contei-lhe que acordara à noite com um acesso de tosse, e sentira aquela dor violenta. Apesar disto não liguei a hérnia à tosse, como não ligava a tosse ao cigarro.

Eu tinha uma das mais feias tosses do mundo, que praticamente me impedia de ir a teatros e concertos, e me causava os piores vexames; eu mesmo dizia que era bronquite, embora mais de um médico dissesse que era por causa do cigarro. Só me convenci disto quando deixei de fumar, e a tosse passou imediatamente; hoje só volta, e atenuada, quando vou a alguma boate noturna em que há muitos fumantes.

Entre as duas operações continuei a fumar, e então tive outra hérnia, esta no esôfago ou lugar parecido. Não dói, e geralmente não se opera, mas é muito feia, a gente fica de estômago saliente. Lembro-me que me queixei dela ao saudoso Pascoal Carlos Magno, e ele me botou a mão no ombro:

— Não ligue para isso não, meu filho. Eu também tenho. É a hérnia papal.

E me disse que dava muito em papas – afinal de contas, um consolo.

Não tenho a menor dúvida de que essa minha segunda hérnia também foi motivada pela tosse e, logo, pelo cigarro.

Que é um vício cheio de mumunhas e mutretas. A gente pensa, por exemplo, que não liga para a fumaça – até a primeira vez que fuma no escuro e sente falta de ver a fumaça. Também só na primeira vez que fuma de luvas você repara a falta que lhe faz o contato do cigarro com os dois dedos da mão. Você, de luvas, parece que tem outra pessoa lhe botando o cigarro na boca, o que é muito esquisito, parece um vício feio.

Quando a gente para de fumar é que começa a sentir como o fumo embota o paladar e o olfato. A gente volta a sentir sabores e cheiros que tinha esquecido. Mas não é só isto que o fumo embota. Quem fumou muito, e durante muito tempo, e parou, é que pode falar. Tudo melhora, desde a disposição geral até a memória, a capacidade de trabalho, a respiração e... o vigor sexual.

396

Nem todo fumante tem aquela tosse horrorosa que eu tinha: meu caso é, como se costuma dizer hoje em dia, atípico. Muitas vezes eu tossia dormindo e acordava outras pessoas. Outras vezes a tosse me acordava – e então antes de dormir, eu fumava outro cigarro. Com o tempo cheguei a despertar duas, três vezes durante a noite, para fumar. O pior é que o cigarro não me dava nenhum prazer, era uma coisa compulsiva.

Às vezes acontecia que meus cigarros acabavam e, como havia fumado o dia inteiro, e era tarde da noite, eu resolvia ir dormir assim mesmo, sem fumar. Dali a pouco, acordava: estava sonhando que havia um maço de cigarros na gaveta da mesinha de cabeceira... Era preciso muito caráter para não me vestir e sair de madrugada a procurar algum boteco aberto para comprar cigarro – coisa que, aliás, fiz mais de uma vez. Não quero falar do vexame de juntar baganas dos cinzeiros sujos, e até do chão.

Mas chega, não falarei mais nisto. Fumar foi das piores bobagens que fiz na vida, mas não pretendo convencer ninguém. Já tentei fazer isto, e o sujeito ainda caçoa da gente, de cigarro no bico. Ah, quem quiser que se fume.

Abril, 1982

TERRAÇO

A respeito de jardins suspensos eu me nego a falar daqueles da Babilônia, mas é inevitável referir Roberto Burle Marx, nosso paisagista de fama internacional. O primeiro que ele fez foi numa casa projetada a quatro mãos por Gregori Warchavchik e Lúcio Costa, em Copacabana, em 1934 (já foi derrubada), e o segundo foi o do Ministério da Educação, no terraço da Sala de Exposições, em 1937.

Depois fez jardins suspensos para os irmãos M. Roberto no edifício da ABI e no dos Resseguros.

Sobre a laje, naturalmente bem impermeabilizada e com bom caimento, ele manda pôr umas pedras e areia grossa, para drenar, e por cima cinquenta centímetros de terra. Seus últimos jardins suspensos são do Museu de Arte Moderna do Rio (projeto de Affonso Reidy), os do Itamarati (com uma escultura de Maria Martins), do Ministério do Exército e do Ministério da Justiça, em Brasília, e o da editora Bloch do Rio, todos projetos de Niemeyer, e do Centro Cívico de Santo André, São Paulo, projeto Rino Levi, este para ser visto de cima para baixo, todos bem integrados na arquitetura.

Roberto Burle Marx pega uma planta do terraço, estuda bem, toma nota, pensa em formas, cores e volumes e começa a desenhar e a "receitar": aqui algumas dracenas (geralmente a *Marginata*), ali *Ceiba erianthos* e alguns filodendros, e as pontas agudas e a bela floração branca da *Yucca*, e também vriésias (usa a *Imperialis* e a *Reginae*, principalmente) que são aquelas bromeliáceas, em forma assim de gravatá, e pândanos, que parecem ter um movimento espiral, e *Aloe arborescens*, que é a babosa, e as clusias de folhas carnudas, que a gente chama de "cebola da praia", e a *Vellozia candida* que existe no alto das serras do Rio, e Martius chamava de "lírio das montanhas", e *Coccoloba uvifera*, cujas largas folhas às vezes ficam vermelhas (agora por exemplo, outubro) e parece a amendoeira de praia, que os paulistas chamam de chapéu-de-sol; e *Crinum amabile*, de belas flores, *Nolina recurvata*, e a *Ipomoea pes-caprae*, que o pessoal chama de "salsa da praia", tem umas flores arroxeadas em forma de campânulas, e *Mimusops elengi*, que é o abricó-de-praia ou abricó-de-mato, que se pode ver em uma praia de Ubatuba ou na praça Antero de Quental, no Leblon; e muitas coisas mais.

Foi Roberto Burle Marx quem desenhou o jardim do meu terraço, e tudo o que ele "receitou" pegou bem, e aguenta o sol e os ventos do sudoeste e a lestada cheia de sal do mar; mas com o tempo eu fui mudando, acabei por exemplo com as iúcas, que ferem como punhais, plantei a grama japonesa (*Zoysia matrella*) que ele próprio, Burle Marx, me deu muito mais tarde e que invadiu tudo. Uma parte do jardim virou pomar, e Zanine fez a meu pedido a horta, porque eu sempre quis ter uma horta nos fundos, e plantou pitangueiras e pés de romã, que são lindos, têm flores bonitas e frutos adstringentes que fazem bem à boca da gente pela manhã, e duas goiabeiras, uma vermelha e outra branca, nenhuma delas aqui dá bicho, apesar de que há muitas pragas em meu terraço. (Esse Zanine não é o pintor Mário nem o crítico Walter, ambos com *i* final, é Zanine mesmo com *e*, como convém a um baiano, José Zanine Caldas, que começou como maquetista, fez muitos jardins municipais no interior de São Paulo e hoje é o arquiteto residencial da moda no Rio).

A obra-prima do Zanine foi uma mangueirinha carlota, enxertada, que dá uma fruta deliciosa, e boa sombra, mas vamos deixar meu terraço para mais adiante, falar de outro jardinista.

É uma senhora, dona Lila Coimbra, que se associou a outra, dona Marilia Voght, e as duas fizeram uma firma que agora funciona no Rio (base em sítio de Jacarepaguá) e em São Paulo (chácara em Osasco). O famoso problema de infiltração convenceu Lila que em matéria de jardim de terraço o melhor é plantar em caixas (de cimento ou de eternite) que podem ser grandes e altas, cabendo muita terra, mas estão apoiadas em pés, alguns centímetros acima da laje, de maneira que a água sai e corre normalmente pela laje. Assim, em caso de infiltração, não é preciso tirar terra nenhuma. Não desdenhando de pitangueiras e romãzeiras, essas senhoras pensam menos em árvores e mais em flores, e usam uma grande variedade, conforme o lugar e o clima; por exemplo, verbenas vermelhinhas, e a *Lantana camara*, que é florzinha cor-de-rosa, amarela ou branca, e muitos hibiscos que uns chamam de papoulas, outros de graxa-de-estudante, e seus jardins são principalmente delicados e alegres. Foram elas que fizeram o jardim do terraço que era de Chico Buarque de Holanda, na Lagoa, de Jean Claude Luccas, de Jean Ricomard, na Vieira Souto, do terraço de Dina Sfat e Paulo José, no Leblon.

De todas as plantas que tenho, a que faz mais sucesso é uma que elas me deram, uma espécie de feto ou samambaia chamada *Platycerium alcicorne*, muito estranha, com as folhas em forma de chifres de alce, aquele veado da Europa.

Quem é muito procurado também é Carlos Perry, bacharel em direito e homem de teatro que desde 1948 vem fazendo jardins; em matéria de terraços fez por exemplo o de Tonia Carrero na Fonte da Saudade, o de Becki Klabin na Vieira Souto. Perry também usa uma grande variedade de dracenas, e gosta de iúcas, de *Hibiscus plumeris*, que é o chamado jasmim-manga (eu tinha um aqui em casa, mas impliquei com ele porque no inverno perde todas as flores e além disso dava uma praga chata que passava para outras plantas); usa a *Setcreasea purpurea*, que é uma trapoeiraba gigante, a brilhantina (*Pilea microphylla*), agaves e arecas (palmeirinhas) azaleas e *Chlorophytum comosum* e muitas coisas, mas o que é diferente nele, em matéria de terraço, é que ele cerca um pedaço do chão com pedras, seixos trabalhados pelo tempo, dá uma mão de neosin ali dentro para ajudar a impermeabilização, bota a terra (uns trechos mais altos que outros) e planta. Nos primeiros dias, quando se rega esse jardim, escorre alguma terra, mas logo as raízes das plantas vão segurando a terra e o que desce é apenas um resto de água. A vantagem desse processo é que o jardim é fácil de aumentar ou diminuir, e não exige nem caixas nem divisões de tijolos ou cimento. Perry usa muitas alamandas, coroas de Cristo, margaridas amarelas, e um de seus últimos jardins suspensos é o do sr. José Carlos Leal, na avenida Atlântica.

Quanto à minha experiência, a ideia inicial foi do Juca Chaves, não o cantor, sim o engenheiro, o Juca do Juca's Bar, que construiu o prédio onde moro, e ia ficar com o terraço, mas depois passou para mim. Mandei reforçar a impermeabilização, fazer um sistema de drenagem, gastei imensos caminhões de terra, fiz o jardim como o Burle Marx falou, depois fui mudando umas coisas, trazendo mudas de todo o lugar onde ia, depois o Zanine ia comigo comprar mudas para os lados de Jacarepaguá, e do que ele plantou o que deu resultado foi, como eu já disse, goiabeira, romãzeira, a tal mangueira, pitangueiras (tenho umas cinco), lima da Pérsia (dá pequena, mas gostosa, e meu corrupião e meu rouxinol do rio Negro gostam muito), abricó-de-praia, limão verdadeiro, carambola. Também plantou ameixa amarela (néspera), dois pés: este ano, pela primeira vez um deles deu um só fruto, esperemos 1974.

Fracassamos, não sei por que, no capítulo do maracujá: plantei várias mudas de espécies diferentes, todas cresceram, apenas um pé floriu, e pouco, e nenhuma fruta jamais; bananeira também plantei, cresceu, depois mirrou; mamão também não deu certo, e a jaboticabeira não ia para adiante, desisti. Não sei se alguma dessas plantas não deu por ter raiz pivotante, (eu só tenho 40 centímetros de terra) ou porque a muda era ruim ou foi mal plantada. A cultura mais impressionante da horta é o rabanete, que dá em três luas, desde a hora de a gente botar aquela sementinha até a hora de colher; é sempre bom ter essas plantinhas de tempero, salsa, pimenteiras, cheiros, erva-cidreira; e uma das coisas que faz mais sucesso é o que ninguém plantou: uma toucerinha de dormideira ou sensitiva (*Mimosa pudica*) que veio na terra e eu mandei cercar antes que ela invadisse todo o gramado como acontece no interior, prejudicando os bois que não podem pastar por causa de seus espinhos. Essa praga da roça aqui em Ipanema é novidade para muita gente, que fica pasma ao ver as folhinhas se encolherem ao menor toque; ela dá uma flor bonita, redondinha, cor-de-rosa. Uma coisa que ficou bonita foi o caminho que fiz, com rodelas do tronco já seco de uma velha jaqueira tombada, que mandei serrar.

Plantei um cafeeiro, mas o ar do mar queimou muito; para atrair beija-flores o cientista Augusto Ruschi me aconselhou a plantar balão-zinho ou barrete de turco (*Malvaviscus penduliflorus*) que dá uma flor vermelha, uma espécie de hibisco sempre fechado e com muito néctar no cabinho; o resultado é que minha garrafinha de água-com-açúcar (o açúcar deve entrar com 20 por cento) é visitada por quatro dife-rentes espécies de beija-flores, embora o terraço se situe em Ipanema entre uma favela superpovoada (Cantagalo) e uma praça movimentadíssima (Gal. Osório); além dos beija-flores, que se imobilizam no ar para sugar a água açucarada através de orifícios cercados de flores artificiais, no fundo da garrafinha, as cambacicas, ou "sebinhos", agora aprenderam a posar nas flores de plástico, dobrar o pescocinho e sugar a água. Além desses, meu terraço é frequentado por outros passarinhos, como tico-tico (mais de uma vez já fizeram ninhos aqui, e de uma delas um chupim botou ovos lá, e o pobre tico-tico teve de criar aqueles filhotões pretos, maiores do que ele), rolinha, pombos, bem-te-vis (que às vezes comem peixinhos de um pequeno tanque que eu tenho) e, sempre que tem fruta madura, sanhaços; é interessante que os pardais, que enchem as árvores da praça, não aparecem aqui. Por volta de agosto e setembro, sabiás.

No fim eu devo confessar que não entendo nada de jardim, tenho mão ruim para plantar qualquer coisa, meu terraço vive sempre meio bagunçado e com mudas novas (outro dia plantei canela, pegou, mas não está crescendo muito), às vezes espalho sementes de flores francesas e ficam uns recantos bonitos, às vezes semeio, semeio e não nasce nada.

Há o problema da tiririca, o que aconselho é todo dia você ir arrancar tiririca, puxando fora a batatinha; é um bom exercício e com o tempo dá certo.

Já aconteceu de o síndico dizer que uma senhora se queixou de que a frutinha da *Coccolobus* caía lá embaixo e manchava seu vestido, o que achei lamentável. Que fazer? Evito plantar *Ficus* (tanto *benjamim* que é aquele imenso do Passeio Público, como o *elastica*, chamado de italiano) para que suas raízes não irrompam pelo banheiro ou envolvam o lustre da sala de algum vizinho de baixo.

A verdade é que o jardim reflete um pouco a gente, o meu é desarrumado como eu. Outra vez plantei cana trazida daquela usina que o Maurício Goulart tinha na fronteira de Minas com São Paulo e adubei com o fosfato que o Antiógenes Chaves extraía em Olinda, Pernambuco; de onde vou trago mudas, já tive boa safra de milho híbrido e sem querer me nasceu um abacateiro que acabei transferindo para o quintal da Editora Sabiá. Agora estou esperando umas sementes de urucu, para uma futura moqueca capixaba.

Não, o que os meus inimigos no condomínio dizem não é verdade, jamais tentei plantar aqui nem fruta-pão nem jaqueira de jaca mole. Sou um homem quieto, o que eu gosto é ficar num banco sentado, entre moitas, calado, anoitecendo devagar, meio triste, lembrando umas coisas, umas coisas que nem valia a pena lembrar.

ORIGEM DAS CRÔNICAS

LIVROS

O conde e o passarinho
* "O conde e o passarinho", "Cuspir", "Animais sem proteção" e "Cangaço".

Crônicas da Guerra na Itália (com a FEB na Itália)
* "Comidas", "Frente calma", "A menina Silvana", "Cristo morto" e "Os alemães em Ca' Berna".

Um pé de milho
* "Divagações sobre o amor", "História do corrupião", "Aventura em Casablanca", "Fim da aventura em Casablanca" e "Verdadeiro fim da aventura em Casablanca".

Três "primitivos"
* "O velho Cardoso".

O homem rouco
* "Sobre o amor, etc.", "Uma lembrança", "Lembrança de um braço direito", "A visita do casal", "Biribuva", "Histórias de Zig", "Do temperamento dos canários", "O motorista do 8-100", "Imitação da vida", "Procura-se" e "Marionetes".

A borboleta amarela
* "Os amantes", "O senhor", "Do Carmo", "Mudança", "A viajante", "Mangue", "Um sonho", "Visão", "Quinca Cigano", "A borboleta amarela", "Impotência", "A velha", "O sino de ouro", "O telefone", "Manifesto", "Os perseguidos", "Cansaço", "O pintor", "Odabeb" e "Beethoven".

O verão e as mulheres

* "Encontro", "Opala", "Neide", "O novo caderno", "Rita", "O gesso" e "Dalva".

Ai de ti, Copacabana!

* "Sobre o amor, desamor...", "O amigo sonâmbulo", "O pavão", "O homem e a cidade", "A corretora de mar", "Os amigos na praia", "A moça", "A primeira mulher do Nunes", "Viúva na praia", "Lembranças da fazenda", "Ele se chama Pirapora", "História triste de tuim", "O gavião", "História de pescaria", "Homenagem ao sr. Bezerra", "Um mundo de papel", "Bilhete a um candidato", "O poema que não foi aprovado", "Dois escritores no quarto andar", "Nascer no Cairo, ser fêmea de cupim", "A minha glória literária", "O inventário", "As luvas" e "Coisas antigas".

A traição das elegantes

* "Não ameis à distância!", "A moça chamada Pierina", "O desaparecido", "Conversa de compra de passarinho", "O compadre pobre", "Os Teixeiras moravam em frente", "As Teixeiras e o futebol", "A vingança de uma Teixeira", "Monos olhando o rio", "Apareceu um canário", "Negócio de menino", "A traição das elegantes", "Uma certa americana", "Em Roma, durante a guerra", "O mistério da poesia", "O crime (de plágio) perfeito" e "Os embrulhos do Rio".

Recado de primavera

* "Era um sonho feliz", "A inesquecível Beatriz", "A mulher que ia navegar", "A grande mulher internacional", "Lembrança de Tenerá", "Passarinho não se empresta", "Procura-se fugitivo em Ipanema", "Olhe ali uma toutinegra!", "Clamo e reclamo e fico", "O chamado Brasil brasileiro", "Na revolução de 1932", "Um combate infeliz", "Onde nomeio um prefeito", "Antigamente se escrevia assim", "O doutor Progresso acendeu o cigarro na Lua" e "Fumando espero aquela...".

As boas coisas da vida

* "Aproveite sua paixão", "O verdadeiro Guimarães", "O enxoval da negra Teodora", "O sr. Alberto, amigo da natureza", "Por quem os sinos bimbalham" e "Lembrança de Cassiano Ricardo".

200 crônicas escolhidas

* "O homem dos burros" e "Os sons de antigamente".

O golpe de 64: a imprensa disse não

* "Trivial variado".

Um cartão de Paris

* "Amor em tempo de gripe", "Viver sem Mariana é impossível", "O milagre da pintura", "João Caetano não estudou anatomia", "Os que vieram morrer no outono", "De como eu acabei (não) trabalhando no teatro" e "A lua semeava crisântemos".

Dois repórteres no Paraná (coautoria Arnaldo Pedroso d'Horta)

* "Londrina".

1939: um episódio em Porto Alegre (Uma fada no front)

* "Bruno Lichtenstein", "Sobre livros" e "Poetisas".

Retratos parisienses

* "Duke Ellington" e "Frans Post".

A poesia é necessária

* "O mundo especial do poeta".

Os moços cantam & outras crônicas sobre música

* "Carmen", "Caymmi, compositor", "Ary Barroso, compositor" e "Vanja Orico, artista".

Bilhete a um candidato & outras crônicas da política brasileira

* "Plínio e Prestes" e "Lobato".

Os segredos todos de Djanira

* "José Pedrosa, escultor", "O 'meu' Segall", "Lembrança de Guignard", "Assim é Goeldi" e "Um brasileiro".

O poeta e outras crônicas de literatura e vida

* "O velho", "Alvinho", "Meu professor Bandeira", "Clarice Lispector, uma contista carioca" e "Gente que morre".

PERIÓDICOS (JORNAIS E REVISTAS)

Cadernos de Literatura Brasileira

* "Terraço".

SOBRE O AUTOR

Rubem Braga nasceu a 12 de janeiro de 1913, em Cachoeiro de Itapemirim, Espírito Santo, e já em 1928 começou a escrever para o *Correio do Sul*, jornal fundado por seus irmãos. Graduou-se em Direito em 1932, e consta que nem foi buscar o diploma porque, nesse mesmo ano, se profissionalizou no jornalismo. Escreveu para os mais importantes jornais e revistas brasileiros, como cronista, repórter, comentarista político, comentarista de artes e espetáculos. Residiu em várias capitais brasileiras e, por sua franca oposição a determinados governos (tal como o de Getúlio Vargas), viu-se perseguido e detido várias vezes pela polícia política. Entre as décadas de 1940 e 1950, viveu alguns anos na Europa. Primeiro, com a Força Expedicionária Brasileira na Itália, como correspondente do *Diário Carioca* durante a Segunda Guerra Mundial; logo em seguida, como cronista e correspondente do *Correio da Manhã*, em Paris. Também como jornalista, viajou por diversos países das Américas, África e Ásia. Chefiou o escritório comercial do Brasil em Santiago, no Chile, em 1955; foi embaixador do Brasil no Marrocos, África, de 1961 a 1963, e durante uma década, na companhia de Fernando Sabino, criou e dirigiu a Editora do Autor e a Editora Sabiá. Refinado poeta bissexto (integrante da famosa antologia de Manuel Bandeira), destacou-se ainda na tradução e adaptação de clássicos (traduziu *Terra dos homens*, de Antoine de Saint-Exupéry; adaptou a *Carta a El Rey Dom Manuel*, de Caminha) e teve intensa atuação como comentarista de arte, apaixonado que era, principalmente, por artes plásticas. A partir de 1975, trabalhou no jornalismo da TV Globo, com reportagens que marcaram época pela rara qualidade poética que imprimia aos textos televisivos. Estreou em livro com *O conde e o passarinho* (1936), e a seguir publicou obras clássicas no gênero, como *Um pé de milho* (1948), *O homem rouco* (1949), *A borboleta amarela* (1953), *A cidade e a roça* (1957), *Ai de ti, Copacabana!* (1960), *A traição das elegantes* (1967) e *Recado de primavera* (1984), entre muitas outras. Faleceu a 19 de dezembro de 1990 e suas cinzas foram, conforme seu pedido, jogadas no rio Itapemirim, nas proximidades do local onde nasceu e passou a sua infância.

SOBRE O SELECIONADOR

André Seffrin nasceu em Júlio de Castilhos, Rio Grande do Sul, em 1965. Entre 1975 e 1986, residiu no Paraná. Em 1987 se fixou no Rio de Janeiro, onde no mesmo ano começou a colaborar com jornais e revistas. Crítico literário, ensaísta e pesquisador independente, escreveu cerca de uma centena de apresentações, prefácios e posfácios para edições de autores brasileiros, tais como Gregório de Matos, Manuel Antônio de Almeida, Raul Pompeia, Aluísio Azevedo, Castro Alves, Visconde de Taunay, Manuel Bandeira, Cecília Meireles, Carlos Drummond de Andrade, José Américo de Almeida, Lúcio Cardoso, Rachel de Queiroz, Nelson Rodrigues, Ferreira Gullar, Alberto da Costa e Silva, Ariano Suassuna e Carlos Heitor Cony, entre outros. Foi colaborador de *Última Hora, Jornal do Brasil, Jornal da Tarde, O Globo, Manchete, Gazeta Mercantil, EntreLivros* etc., e coordenou coleções de clássicos para diversas editoras. Autor de ensaios críticos e biográficos, alguns deles em edições de arte (*Joaquim Tenreiro, Paulo Osorio Flores, Sérgio Rodrigues*), organizou cerca de 30 antologias; destas, três são de Rubem Braga: *A poesia é necessária* (2015), *Os segredos todos de Djanira* (2016) e *150 crônicas escolhidas* (2023).

OUTRAS OBRAS DE RUBEM BRAGA

Segundo Gustavo Henrique Tuna, responsável pela seleção das crônicas e pelo prefácio, "o cronista lança-se no âmago daquilo que vê ou lhe contam", jamais se distanciando "do que narra". O próprio autor afirmava não ter imaginação para criar romances, por isso escolheu escrever sobre o que via.

Estas 50 crônicas proporcionam uma visão do universo do escritor ao abordar amizades, desilusões amorosas, a magia da natureza e os desrespeitos da vida urbana, entre tantos outros temas típicos de Braga.

O autor em seu ofício conviveu com escritores brasileiros e estrangeiros. Nesta obra, seus protagonistas são esses companheiros de jornada literária. Com típico humor, Rubem conta histórias que envolvem Monteiro Lobato, Clarice Lispector, Drummond, entre outros.

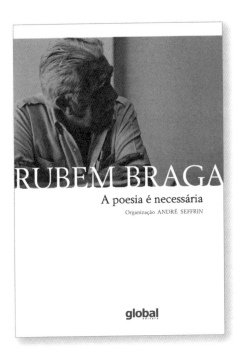

Neste livro, foram reunidos poemas dos poetas brasileiros que Rubem Braga divulgou na sua seção "A poesia é necessária", durante o tempo em que trabalhou na revista *Manchete* (1953 a 1956) e na *Revista Nacional* (1979 a 1990, ano de sua morte). Assim, como diria Mario Quintana, esta obra é um baú de espantos, repleto de curiosidades sobre poetas e poesia.